뉴욕 백년 식당

100 Years Of Food Drink And Legacy

뉴욕 백년 식당

초판 1쇄 발행 2020년 2월 15일
초판 2쇄 발행 2020년 3월 1일

지은이	구혜란
펴낸이	이혜경
편집	강연옥, 손기은
디자인	여혜영

펴낸곳	니케북스
출판등록	2014년 4월 7일 제300-2014-102호
주소	서울시 종로구 새문안로 92 광화문 오피시아 1717호
전화	(02) 735-9515
팩스	(02) 735-9518
전자우편	nikebooks@naver.com
블로그	nikebooks.co.kr
페이스북	www.facebook.com/nikebooks
인스타그램	www.instagram.com/nike_books

ⓒ 구혜란, 2020
ISBN 979-11-89722-20-3 (03900)

이 도서의 국립중앙도서관 출판예정도서목록(CIP)은 서지정보유통지원시스템
홈페이지(http://seoji.nl.go.kr)와 국가자료종합목록 구축시스템(http://kolis-net.nl.go.kr)에서
이용하실 수 있습니다. (CIP제어번호 : CIP2020001574)

100 Years Of Food Drink And Legacy

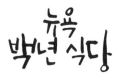

구혜란 지음

니케북스

일러두기

1. 맞춤법과 외래어 표기는 국립국어원의 현행 규정과 표기법을 따랐다. 단, 일부는 저자의 의견을 존중하여 현지 발음이나 관용에 따랐다.

2. 주요 인명과 서명은 최초 1회에 한해 원어를 병기했다. 다만 이해를 돕기 위해 수시로 병기된 부분도 있다.

3. 단행본과 잡지는 《 》로, 시와 단편, 음악, 회화, 영화 등의 작품명은 〈 〉로 묶었다.

4. 이 책에 실린 모든 사진과 도판은 저작권자의 동의를 얻어 게재되었다.

5. 이 책에 제시된 식음료 가격은 2019년 기준 판매가로, 세금(8.75%)과 봉사료(15~20%)가 포함되지 않은 금액이다.

세상을 꽤 살았음에도 여전히 나는 새로운 것을 발견하면서 얻는 작은 기쁨을 사랑한다. 이국땅이나 새로운 도시를 처음 방문했을 때 관광객으로서 느낄 수 있는 그런 희열처럼 말이다. 나는 뉴욕에 거주하고 있지만, 주변 사람들에게는 아주 긴 여행을 하고 있는 '뉴욕의 장기 관광객'으로 나를 소개한다. 뉴욕은 사실 작은 섬이다. 하지만 전 세계를 품고 있는, 사람과 문화라는 물이 고이지 않고 끝없이 흘러가는 땅이다. 맨해튼에 처음 도착했을 때 느꼈던 그 희열이 바로 엊그제처럼 생생한 것은 쉴 새 없이 나를 놀라게 하는 맨해튼의 풍성함 때문일 것이다.

나의 첫 맨해튼 방문은 1980년대 초반이었다. 미국 뉴저지의 햇병아리 한인 학생이었던 나는 친구와 함께 차로 조지워싱턴교를 건넜다. 맨해튼 외곽의 자동차전용도로^{FDR}를 지나치는 바람에 너무 일찍 시내로 진입해 이스트 할렘으로 들어서게 되었다. 치안이 불안하기로 유명한 그곳을 동서로 관통하는 125가에서 무의식적으로 차 문이 잠겼는지 계속 확인해야 했다. 길이 막혀 천천히 굴러가는 차 안에서 나는 숨죽이며 맨해튼을 처음으로 관찰했다. 아직도 여기저기 부서지거나 무너진 상태로 방치된 낡은 건물들이 줄지어 선 그 길을 잊을 수가 없다. 그 순간 하필 바람에 휘날리는 쓰레기 때문에 낙후된 분위기가 한층 더 무섭게 느껴졌다. 질서 없이 늘어선 노점과 다양한 인종의 행인들을 바라보며 이곳에서 빨리 빠져나가기만을 기다렸던 것 같다.

그래도 뉴욕 지하철역에 비하면 이스트 할렘에서의 일은 그리 충격적인 것도 아니었음을 몇 시간 뒤에 바로 깨달았다. 지금도 뉴욕을 찾는 관광객들은 뉴욕 지하철에 흠칫 놀랄 것이다. 하지만 뉴욕 지하철의 변천사를 지켜본 나로서는 그래도 지금이 매우 많이 좋아진 편이다. 맨해튼에 처음 도착한 날, 차를 주차하고 지하철을 타러 역사 안으로 들어섰는데, 글쎄, 형광등은 오래되어 어두침침했고 곳곳에서 나는 지독한 악취 때문에 도저히 코로 숨을 쉴 수가 없었다. 코를 찌르는 냄새 때문에 숨을 몰아쉬며 지하철 플랫폼에 겨우 서 있는데 공포영화에서나 들어봤을 법한 기괴한 괴성을 내지르며 잡아먹을 듯이 지하철이 밀려들어 오는 것을 보고 다시 겁에 질리고 말았다. 차체는 물론이고 창문까지 그래피티로 빈틈없이 도배된 괴물 형상의 지하철 문이 열리고, 피곤한 듯 암울한 얼굴로 코트를 뒤집어쓰고 있는 여러 인종의 사람들이 한꺼번에 시야에 들어왔다. 나는 계속된 문화적 충격과 이질감에 지하철 문이 다시 닫힐 때까지 꼼짝도 하지 못했다. 뉴욕의 뒷골목을 배경으로 하는 옛 영화를 본 이들이라면 나의 심정을 이해할 것이다.

이처럼 맨해튼은 나에게 두려움의 도시이기도 했지만, 동시에 무엇보다 사막의 소중한 오아시스 같은 도시이기도 했다. 서울 시내 한복판에서 자라온 나는 뉴저지에 머무는 동안에도 늘 도심이 그리웠다. 1년 뒤, 드디어 고대하던 맨해튼으로 이사를 오면서 나는 물 만난 고기가 된 심정으로 기뻐했다. 그때부터 지금까지 내 눈에만 보이는 나만의 추억 보따리를 뉴욕 골목 곳곳에 쌓아놓았다. 오랜만에 그 길들을 걷다 보면 세월이 흘러 변해버린 골목 풍경에 놀라기도 하면서 나조차도 잊고 있었던 추억 보따리를 하나씩 들춰보게 된다. 바쁘게 사느라 잊었던 친구, 지인, 옛 애인 등이 그 보따리에서 두서없이 나오곤 한다. 그렇게 몰려오는 추억들이 어떤 때는 나를 길 위에서 실없이 웃게 만든다. 애틋한 추억과 그리운 얼굴이 내게는 다 귀중하다.

맨해튼에 살면서 나도 모르는 사이 나 자신이 여러모로 변화했음을 느낀다. 매년 먹는 나이 때문에 찾아오는 신체적, 정신적 변화와 함께 맨해튼에 더욱 동화된 삶을 살고 있다. 사실 한국의 유교적, 권위적 문화에서 살던 내가 처음 뉴욕에 왔을 때는 교수님을 이름으로 부르는 것조차 어색했다. 하지만 내가 가르치는 입장이 되었을 때는 나를 이름이 아닌 '교수님'이라고 부르는 것이 더 어색하게 느껴질 정도로 시간이 흘렀다. 처음 맨해튼에서 느꼈던 두려움도 모두 사라졌다. 내가 익숙해진 것도 있겠지만, 이 도시 자체도 변했다. '좋은 동네'와 '나쁜 동네'라는 구분은 이제 뉴욕에서 거의 사라졌다. 긍정적인 변화이지만, 한편으로는 젠트리피케이션이라는 도시화의 어두운 그늘이 부각되고 있다. "뉴욕에서 찾을 수 없는 것은 세계의 어느 곳에서도 찾을 수 없다"라는 말처럼 이 작은 섬 안에 온 세계가 있다. 그중에는 나의 세계도 있다. 세계의 다양한 종족이 모여 살면서 그들의 문화와 음식을 이 섬 안에서 동시에 경험할 수 있다는 것은 이 섬의 가장 큰 축복이다. 공간과 디자인을 다루는 일을 하는 나에게 더 이상 바랄 것이 없는 '디즈니랜드'이기도 하다. 나는 맨해튼 외 다른 도시에서 살아가는 내 모습을 쉽게 상상할 수가 없다. 직업 덕분에 뉴욕의 고급 사무실과 주택, 음식점 들을 찾아가 볼 기회가 많았고, 건축 자재나 가구, 장식품을 취급하는 고급 브랜드의 전시실이나 그와 연관된 행사나 파티에도 자주 참여했다. 이 역시도 맨해튼에서 누릴 수 있는 특권 중 하나다.

뉴욕을 방문하는 친구와 지인이 많은 편이라 종종 그들의 뉴욕 투어 가이드가 되곤 한다. 가장 '뉴욕'스러운 곳, 그들의 여행이 더 풍성해질 수 있는 곳을 위주로 소개하는 일이 많았다. 특히 구글맵 같은 검색이 활발하지 않았던 이민 초창기에는 뉴욕 친구들에게 많은 정보를 얻었다. 그렇게 현지인들로부터 얻은 정보는 나에게도 좋은 길잡이가 되어줬다. 뉴요커들 사이에서 유행하는 레스토랑이나 술집에 대한 정보가 쌓이면서 나의 활동 반경도 점점 더 넓어졌다. 뉴욕은 작은 세계들로 이루어진 도시라 대륙을 정하고 나라를 정하면 음식과 문화를 마음껏 즐길 수 있다. 전통적인 문화 행사부터 컨템포러리 전시와 공연까지 각양각색으로 선택지가 펼쳐진다. 지인들과 늘 중요한 전시는 놓치지 않으려고 하는데, 바쁘게 살다 보니 기간이 끝나기 직전에 겨우 방문해 "드디어 숙제를 끝냈다"라며 한숨을 돌리곤 한다. 새로운 곳을 관광하다 보면 그곳의 역사까지 경험하게 되듯, 뉴욕에서 바쁘고 즐겁게 살면서 뉴욕에 대한 역사와 배경 지식이 많이 축적되었다. 이제는 뉴요커들이 되려 나에게 뉴욕에 관한 정보를 물어보게 될 정도가 되었으니 말이다.

뉴욕에 관한 책을 써보라는 권유를 많이 받아오긴 했지만, 어느 날 뉴욕을 찾은 출판사 대표를 비롯한 몇몇 지인들과 이야기를 나누던 도중 엉겁결에 책을 쓰자는 모의 작당을 하게 되었다. 평소 글을 전문적으로 쓰던 사람이 아니었기에 나에게는 매우 새로운 도전이었다. 뉴욕을 많이 안다고 자부했지만, 막상 글을 쓰다 보니, 특히 100여 년 전에 문을 연 음식점들의 이야기들을 쓰다 보니 당시의 시대적 배경을 이해하기 위해 뉴욕의 역사 공부는 필수적이었다. 어떤 날은 로어 이스트 사이드의 유대인 이민사를 공부하다가 호기심이 꼬리에 꼬리를 물어 15세기 스페인의 종교재판에 관한 책까지 읽고 있는 나를 발견하기도 했다. 이 책을 쓰면서 배움을 통한 또 한 번의 성장을 경험했다. 짧게나마 쌓은 역사 지식으로 뉴욕을 더 잘 이해할 수 있게 되었다.

원고를 집필하는 과정에서 나는 여기저기 뿌려놨던 나의 추억 보따리가 열리는 즐거움을 만끽했고, 더불어 여러 음식점 주인들을 만나면서 또 하나의 새로운 추억을 써 내려갈 수 있었다. 몇 세대에 걸쳐 가족 경영을 해온 곳도 있고, 주인이 바뀌었지만 그 정신과 전통을 그대로 고수하는 곳도 있고, 전통을 기반으로 새롭게 재생된 곳도 있었다. 방식은 조금씩 다르지만 3대 혹은 4대에 걸쳐 한 가게가 쭉 이어져가면서 도시에 새로운 바람을 불러일으키는 것을 보면서 제삼자지만 뿌듯할 때도 많았다. 어쨌든 이 각

박한 시대에 전통을 이어나가느라 고전분투하는 그들에게 어떤 식으로든 도움이 되고 싶다는 마음이 컸다. 장구한 역사를 자랑하는 가게가 비싼 임대료 때문에 문을 닫거나 계승자가 없어 사라지는 것이 너무 안타까웠다.

뉴욕의 오래된 음식점들을 소개하면서 그곳의 음식 몇 개를 골라 소개하는 일은 쉽지 않았다. 그 집의 가장 대표적인 음식도 소개했지만, 혹시나 나처럼 새로운 메뉴에 도전하기를 좋아하는 모험적인 입맛의 독자분들을 위해 일부러 잘 알려지지 않은 음식도 선택했다. 음식 사진들을 찍기 위해 나와 함께 레스토랑을 방문한 친구, 동료, 지인 모두에게 감사의 마음을 전하고 싶다. 또 사진 찍는 것을 기꺼이 도운 모든 음식점의 주인과 종업원 모두에게 감사의 마음을 전한다. 더불어 이 책을 완성하는 동안 나의 여정을 응원해준 이들에게도 감사의 마음이 전해지기를.

2020년 1월
구혜란

차례

들어가며 005

4	*Midtown* 미드타운

5	*Uptown*
	업타운

1

Financial District, China Town, Little Italy

금융가, 차이나타운, 리틀 이태리

술집인 줄 알았는데
알고 보니
미국 독립운동의 근거지

프런시스 태번
Fraunces Tavern   Since 1762

미국으로 건너와 대부분의 시간을 맨해튼에서만 보냈지만, 맨해
튼의 가장 남단인 이곳 다운타운은 여전히 나에게 새롭다. 맨해
튼 대부분의 도로가 도시건설 계획에 따라 바둑판 모양으로 구획
되어 있고 남북으로 뻗은 길을 애비뉴^avenue(-번가), 동서로 난 길
을 스트리트^street(-가)라고 하는데, 다운타운의 도로만큼은 획일
적인 바둑판 모양의 도시계획에서 벗어나 있고 각각의 도로에 이
름까지 있기 때문이다. 도시계획 이전에 생긴 지역이기 때문인
데, 그리하여 도로명의 유래를 찾다 보면 뉴욕의 역사까지 웬만
큼 알 수 있을 정도다. 다운타운 근처에 살던 시절, 지도를 보지

않고 길을 찾아다니기 위해 감각으로 길을 익히고자 했지만, 아직까지 완벽히 파악하지 못했다. 그 덕분에 길을 헤매다가 우연히 보물을 발견하기도 하는데, 그때 발견한 보물 하나가 프런시스 태번이다.

1719　화이트홀가^{Whitehall Street} 지하철역에서 나와 높은 빌딩 숲의 거리를 헤쳐오다 보면 브로드가^{Broad Street}와 펄가^{Pearl Street}가 만나는 남동쪽 코너에 오래된 벽돌 건물이 늘어선 것을 볼 수 있다. 그중 맨 끝에 있는 건물 모서리에 사방에서도 잘 보이도록 45도로 달아 놓은 연철 간판이 시선을 끈다. 미국 독립 시대에 그려졌을 법한 초상화가 새겨진 간판이라 더 예스럽고 정감이 간다. 간판 아래 투스칸 양식의 흰 기둥 사이로 계단을 따라 올라가면 18세기 말로 돌아간 것 같은 풍경이 펼쳐진다. 맨해튼에서 가장 오래된 이 건물은 1719년에 고급 주택용으로 지어졌으나, 오랫동안 창고로 쓰이다가 숙박요식업으로 이름을 떨쳤던 사무엘 프런시스^{Samuel Fraunces}에 의해 1781년 매입되었다. '퀸스 헤드 태번^{Queen's Head Tavern}'으로 처음 간판을 단 이곳은 '태번^{Tavern}'이라는 말 그대로 지역의 커뮤니티가 되어주는 작은 선술집에서부터 출발했다. 좋은 음식과 훌륭한 와

인이 구비된 이곳으로 지성인들과 예술가들이 모여들었고, 자연스레 이곳은 지식과 정보를 나누는 사교의 장으로, 사회 활동가들의 거점이 되는 아지트로 부상했다. 실제로 여러 사회단체가 이곳에서 태동했다고 한다.

미국이라는 나라가 생기기 전부터 뉴욕이라는 도시가 존재했고, 그것을 보란 듯이 증명하는 곳이 이 술집이 아닐까? 이곳과 조금이라도 관련이 있는 역사적인 사건을 모아 글로 엮으면 책 한 권이 되고도 남을 것 같지만, 가장 중요한 이야기 하나만 꼽자면 바로 미국의 초대 대통령 조지 워싱턴에 얽힌 일화들일 것이다.

1783   영국이 뉴욕을 점령한 지 7년이 지난 1783년, 뉴욕에서 영국군이 퇴진할 무렵 일어난 일이다. 자신이 미국의 초대 대통령이 되리라는 사실을 몰랐던 조지 워싱턴이 이 건물의 2층에서 독립전쟁 동안 전우애를 나누었던 185명의 장교들과 함께 마지막 만찬을 가졌다. 진수성찬이 차려졌지만, 버지니아로 돌아가는 조지 워싱턴의 슬픔이 워낙 커서 아무도 음식에 손을 댈 수 없었다고 한다. 조지 워싱턴은 자리에서 일어나 장교들 한 명 한 명과 일일이 악수와 포옹을 했고, 그때 그 장면을 묘사한 그림이 지금도 이 건물 2층에 전시돼

있다. 조지 워싱턴의 머리카락과 틀니에서 빠진 이로 만든 목걸이 장식까지 진열된 이곳은 조지 워싱턴의 발자취와 미국 독립의 역사가 고스란히 담긴 박물관으로도 운영되고 있다.

프런시스 태번은 뉴욕이 미국의 첫 번째 수도로 지정된 1785년에서 필라델피아로 수도가 옮겨지기 전인 1790년까지 외무성과 재정부, 국방부의 중앙 사무실로 사용되기도 했다. 사실 뉴욕에서 프랜시스 태번보다 미국 독립과 더 긴밀하게 연관이 있는 역사적인 장소를 찾기 힘들 정도다. 사무엘 프런시스는 자신의 술집을 찾는 영국군으로부터 기밀 정보를 빼내 독립군에게 은밀히 전해주는 독립군의 스파이였다. 더군다나 영국군의 조지 워싱턴 독살 음모를 눈치챈 것도 다름 아닌 사무엘 프런시스의 큰딸 엘리자베스다. 독이 든 음식을 버려 조지 워싱턴의 목숨을 구했으니 그녀야말로 미국 독립의 알려지지 않은 영웅 중 하나다.

1907　　　　　1789년, 조지 워싱턴이 대통령으로 추대되어 당시 미국의 수도인 뉴욕으로 돌아왔을 때 사무엘 프런시스는 초대 대통령의 집사로 일했다. 필라델피아로 미국 수도가 옮겨 갔을 때에도 조지 워싱턴과 함께 필라델피아로 건너가 집사 업무를 이어갔다. '프런시스'라는 이름

만으로도 미국의 건국 역사가 모두 응축된 이 건물은 안타깝게도 그 이후로 소유자가 여러 번 바뀌었고, 주위에 고층 오피스 빌딩이 늘어나면서 허물어질 위기에 처하기도 했다. 다행히 이 건물의 역사적인 의미를 눈여겨본 '미국독립여성회Daughters of the American Revolution, DAR'와 '역사문화경관보존회The Society for the Preservation of Scenic and Historic Places'의 반대로 건물은 철거되지 않았다. 그러나 이후 자본의 힘이 또다시 이 건물을 주차장으로 만들려는 시도가 이어졌는데, 이번엔 '뉴욕독립청년회The Sons of the Revolution℠ in the State of New York, Inc., SRNY'에서 강경하게 막아섰고 결국 이 건물을 매매해 복원 사업을 진행했다. 1907년 복구 작업을 끝낸 프런시스 태번은 박물관과 선술집으로 운영을 재개했다. 조지 워싱턴이 장교들과 포옹하며 작별인사를 했던 바로 그날, 12월 4일이었다. 재건된 시점으로 보아도 벌써 100년이 흘렀고, 처음 선술집을 시작하던 때로 따지면 200년이 훌쩍 넘은 보물 중의 보물이다.

2019   펄가 방향에서 바라보면 프런시스 태번 건물 왼편에 똑같이 빨간색 벽돌 건물이 있다. 이 두 건물 사이로 역시 빨간 벽돌로 지은 1층짜리 작은 공간이 있는데, 건물이라기보다는 양쪽 건물을 잇는 통로에 가까워

보인다. 왼쪽 건물 1층의 커다란 창에는 '프런시스 태번 포터하우스The Porterhouse at Fraunces Tavern' 간판이 걸려 있다. 이 창문은 가게를 확장하면서 생긴 옆 건물과의 연결 부분에 해당한다. 1층은 분위기가 모두 다른 여러 개의 방으로 나뉘어 있고, 예약 시 원하는 방을 요구할 수 있다. 방 하나하나가 모두 의미 있고 저마다 볼거리가 다르니 방문할 때 다른 방들도 한번 구경해볼 것을 추천한다.

입구에서 바로 오른쪽에 있는 방은 세월의 흔적이 느껴지는 커다란 원목 식탁 5~6개가 줄지어 놓여 있어 눈길을 끈다. 긴 식탁 앞에는 8~10명도 끼어 앉을 수 있는, 교회에서 봄 직한 긴 의자가 놓여 있다. 이 긴 식탁을 보면 가끔은 과거의 풍경이 상상되면서 현재와 과거가 교차가 된다. 그 옛날에는 병사들이 모여서 식사를 했을 테지만, 요즘에는 일행이 아니더라도 여러 손님들이 함께 앉아 식사를 한다. 이렇게 모르는 사람과 한 테이블을 공유하는 것이 요즘 유행이라던데, 이 집의 역사를 헤아려보면 요즘의 유행이 여기서 유래된 것이 아닐까 하는 생각이 들 정도다. 이 방이 '톨마지의 방The Tallmadge room'이다. 미국 독립전쟁 시 미국의 정보장교였던 벤저민 톨마지Benjamin Tallmadge의 이름을 땄다. 왼쪽 벽에는 벽난로가, 그 옆에는 다음 방으로 갈 수 있는 입구가 있다. 옆방은 미국 독립군 장군이었던 다니엘 비셀Daniel Bissell의 이름을 딴 '비셀의 방The Bissell Room'이다. 미국 독립군 장교들이 부인들과 함께 저녁을 즐길 수 있도록 격식을 차린 방이다. 식민지풍 가구가 배치되어 있고, 무늬가 박힌 주석 천장에는 샹들리에 여러 개가 달려 있다. 맞은편 벽에는 1717년 뉴욕의 풍경을 그린 벽화가 걸려 있고, 그 맞은편에는 초상화와 독립 당시의 그림들이 걸려 있다. 이어서 작은 모임을 할 수 있는 '주방장의 식탁Chef's Table' 또는 '와인방wine room'이라고 불리는 공간이 나온다. 여기까지 오게 되면 이제 끝일 것이라는 생각이 들겠지만, 여기서부터

1 • 톨마지의 방
2 • 비셜의 방

확장된 공간으로 좀 더 캐주얼한 분위기가 펼쳐진다. 이 방에서 나가 뒤쪽에 '라파예트 하이드아웃 방^{Lafayett's Hideout}'도 있다. 그 반대쪽으로 좀 더 들어가면 '프런시스 태번 포터하우스'의 간판이 걸린 입구와 통하는 장소가 나온다. 한쪽 벽에 갖가지 모양의 소켓에 달린 전구가 제각각 뻗어 있어 리듬감을 주는 바^{Bar}가 있고, 그 반대편으로 맥주병을 진열한 장식장이 보인다. 천장의 들보는 아무런 장식 없이 노출되어 있고 냉난방시설을 위한 구리 배관까지 보인다. 하얀 분필로 글씨를 써 놓은 칠판들이 여기저기 붙어 있는, 일부러 꾸민 것이 아니라 세월이 흐르면서 자연스럽게 보태진 실내 장식이 매력적인데, 아일랜드나 영국 사람이 흔히 말하는 "술맛 나는" 전형적인 아이리시 펍의 분위기가 물씬 느껴지는 곳이다.

이곳에서의 해피아워^{Happy Hour}는 놓칠 수 없다. 이곳의 해피아워는 주로 월요일부터 금요일, 오후 4시부터 7시까지인데, 퇴근길에 동료와 함께 술 한잔을 즐기는 이 근처의 회사원들이 주 고객이다. 가게 입장에서는 본격적인 저녁 영업시간이 아닐 때 고객을 유치해 매출을 올릴 수 있어 좋고, 고객 입장에서는 저렴한 가격에 즐길 수 있어 매력적이다. 상당히 저렴하게 제공하는 미트볼과 특히 생굴을 좋아한다면 단돈 1달러에 생굴을 즐길 수 있는 기회를 꼭 잡아야 한다. 이 시간만큼은 의미 없는 대화를 하며 일에서 벗어나든, 아니면 상사 욕을 하든, 끝마치지 못한 계약을 성사시키든, 잠시 행복해질 수 있을 것이다.

'프런시스 태번 포터하우스'에 진열된 맥주병의 종류만 보아도 저절로 감탄이 새어나온다. 여기서 판매하는 맥주의 종류는 모두 합쳐 140종이 넘는다. 최근의 크래프트 맥주 열풍으로 미국 내에서 만든 크래프트 맥주만으로도 이 숫자를 충분히 채울 수도 있겠지만, 이곳에서는 아일랜드의 '더 포터하우스 브루잉The Porterhouse Brewing Company' 맥주와 다른 데서 찾기 힘든 오래된 맥주를 포함해서 다양한 구색을 갖추고 있다. 드링크 메뉴판에 빽빽이 들어찬 생맥주와 병맥주의 종류를 보면 처음엔 누구라도 기가 질릴 것이다. 여기서 파는 맥주를 다 마시려면 몇 번을 더 와야 할지 감을 잡기가 쉽지 않다. 3가지 생맥주를 한 세트로 시음할 수 있는 '비어 플라이트Beer Flight'로 방문 횟수를 줄여보는 것도 방법이다. 생맥주 리스트를 자세히 보면, 그 달의 맥주가 따로 적혀 있으며 그중에서 세 가지를 정해 시음해볼 수 있다. 맥주뿐만 아니라 요즘 유행하는 사과주인 애플 사이더Apple Cider도 종류가 꽤 많으며, 오래된 사과주도 마셔볼 수 있다. 입구 쪽엔 '딩글 위스키 바Dingle Whiskey Bar'라고 쓰여 있는 아주 작은 공간이 있는데 뒷벽에 자리 잡은 고풍스러운 유리 장식장 안에 200종류 이상의 위스키가 진열되어 있어 한 잔씩 시음해볼 수 있다.

1 • 주방장의 식탁(외인방)
2 • 딩글 위스키 바
3 • 프런시스 태번 포터하우스의 아늑한 자리
4 • 프런시스 태번의 생맥주들
5 • 지배인 리사 Lisa Christensen와 함께

이곳 '딩글 위스키 바'가 있는 방을 지나칠 때마다 머릿속을 스치는 장면이 있다. 부슬부슬 내리는 눈으로 축축해진 옷, 옷자락을 타고 흘러내린 물방울로 발끝은 날카로운 것에 베인 듯 시리고, 미처 다 털어내지 못한 눈이 모자와 어깨에 몽글몽글 맺혀 있고, 그 눈을 털던 장갑마저 축축하고, 그래도 상관없다는 듯 스모킹 재킷Smoking Jacket(과거 남자들이 흡연 시 입던, 흔히 벨벳으로 된 상의)을 입고 난로 옆에 앉아 한 손에는 시가, 다른 한 손에는 황금색 술을 든 그 누군가……. 그 영화 같은 장면을 현실로 만들어주는 곳이 이 바에 있다. 그 누군가처럼, 푹신한 1인용 가죽 소파에 앉아 한 손에 든 잔 속의 술을 빙글빙글 돌리면서 혼자만이 느낄수 있는 그 아늑하고 따뜻한 순간을 최대로 만끽해보기를 추천한다. 그러나 난로 옆자리는 늘 인기가 많아서, 기회가 오면 맹수보다 빠르게 그 순간을 포착해야 할 것이다.

My Pick

트래디셔널 피시앤칩스

Traditional Fish and Chips

개인적으로 가장 추천하는 메뉴 중 하나다. 적어도 5살 난 어린이의 팔뚝만 한 생선튀김 하나가 나온다. 설마 그 안에 생선이 다 들어 있겠느냐는 의구심으로 잘라 보고 다시 놀란다. 싱싱한 대구살이 아주 가벼운 튀김옷 안에 꽉 차게 들어 있다. 사이드로 레몬 타르타르, 민트, 으깬 콩을 곁들여 먹을 수 있다.

price $20.00

오가닉 치폴레 바이슨 버거

Organic Chipotle Bison Burger

'음식 탐험가'에게는 소고기보다 기름이 적은 들소로 만든 '바이슨 버거'를 추천한다. 다른 가게에서는 찾기 힘든 메뉴 중 하나다. 브리오슈번을 쓰고, 구운 할라피뇨 크림 치즈, 상추, 토마토, 아보카도가 잘 어우러진다.

price $21.00

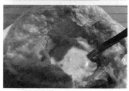

슬로 로스티드 치킨 팟 파이
Slow Roasted Chicken Pot Pie

만약 식탐과 눈썰미가 모두 좋다면, 이 집에서 단연 눈에 띄는 음식 하나를 발견할 것이다. 서버가 이 음식을 들고 테이블을 스쳐 지나갈 때 아마 나도 모르게 "방금 가져간 음식이 무엇이냐"고 물어보게 되는 그 메뉴! 바로 '천천히 구운 닭고기로 만든 팟 파이'다. 이 음식은 처음엔 그리스에서 유래했지만 로마시대 때 그 음식에 파이로 껍질을 만들어 위에 얹어 조리해 지금의 모습이 됐다. 다진 양고기, 소고기, 칠면조 혹은 닭고기를 넣고 솥에서 끓인 뒤 한식 국그릇 크기 정도 되는 그릇에 옮기고 파이 반죽으로 윗부분을 감싼다. 이 파이가 노릇노릇 익으면서 위로 한껏 부풀어 오르는데, 그릇을 뒤덮을 정도로 넘쳐 흘러 식탁 위에 올려 두면 큰 빵처럼 보이기도 한다. 이런 비주얼뿐만 아니라 파이의 고소한 냄새도 사람을 미치게 만든다. 크로와상처럼 겹겹이 부풀어 오른 파이를 포크로 팍 찔러 구멍을 내면, 그 사이에서 모락모락 냄새가 피어오른다. 이 음식을 시키지 않은 사람도 "한 번만 먹어 봐도 돼요?"라고 묻게 할 정도로 유혹적이다. 걸쭉하게 만든 크림 수프 안에 콩, 당근, 양파, 고기가 노릇한 파이 껍질과 함께 입에 들어가면 미국이 말하는 '컴포트 푸드Comfort Food가 바로 이것이구나' 깨닫게 된다. 이 메뉴는 조지 워싱턴이 특히 좋아했다고 알려져 있다.

price $21.00

스카치 에그
Scotch Egg

전채 요리 중 하나인 스카치 에그는 삶은 계란을 세 종류
의 간 고기로 감싸 튀긴 것이며, '포터 체더 치즈'가 함께
나온다. 아주 맛깔스러운 전채이니 두 개 다 먹으면 배가
부르다.

price $15.00

뉴욕 요식업의
새 장을 개척한
고급 레스토랑

델모니코스
Delmonico's

Since 1837

번쩍이는 초고층 유리건물들이 빼곡히 늘어선 빌딩 숲 사이로 버스와 택시가 꼬리를 물고 늘어서 있는 모습은 대도시 어디에서나 흔한 풍경이다. 하지만 택시와 소방차, 구급차들이 경쟁하듯 질러대는 경적 소리와 사이렌 소리는 뉴욕을 능가할 곳이 없을 것이다. 고막이 찢어질 듯 괴롭고 성가시지만 매번 귀마개를 할 수도 없으니 그저 무방비 상태에서 그 불쾌한 소음들을 참을 수밖에 없다.

'피하지 못할 상황이면 즐기자'라는 생각으로 모색한 나만의 방법이 하나 있다. 경적 소리에 맞춰 목이 터져라 큰소리를 질러쌓았던 스트레스와 짜증을 풀어내는 것이다. 지나가는 사람에게 미친 사람 취급을 받지 않으려면 표정을 최대한 우아하게, 미소를 띠면서 소리를 지른다. 차도 쪽으로 얼굴을 향해 소리를 질러야 안전하다. 그리고 경적 소리가 끝나기 몇 초 전에 끝내야 한다. 물론, 악쓰는 모습을 들킨다고 해도, 워낙 다양한 인간 군상들이 모여 있는 뉴욕에서는 그리 문제 될 건 없다. 다만 좀 창피하고 민망할 뿐. 이 '악 쓰기 스트레스 해소법'은 미드타운에서만 가능하다. 미드타운은 365일 관광객이 끊이질 않는 워낙 시끌벅적한 지역이기 때문이다.

그렇게 벅적거리는 미드타운에서 지하철로 몇 정거장 떨어지지 않은 세계 금융 중심의 월가Wall Street역에 내리면 마치 타임 캡슐을 타고 과거로 돌아간 듯한 착각이 들곤 한다. 웅장한 돌기둥과 매연으로 검게 변한 석조벽, 초고층 빌딩들이 만들어내는 건물 그림자가 이 지역을 전반적으로 우중충하게 만든다. 세계 경제의 중심지이며 미국의 역사가 시작되었던 이 지역에 미국 요식업의 역사를 쓴 음식점이 있다. 처음 음식점을 시작했던 형제의 성을 따서 이름을 지은 델모니코스다.

1827   원래 이들 형제의 성은 델-모니코Del-Monico이지만, 간판업자가 이름 사이에 있는 하이픈을 빼고 이

름을 새기는 바람에 델모니코로 굳어버렸다고 한다. 다시 돈을 들여 간판을 새로 만드느니 성을 바꾸는 게 낫겠다는 생각으로 아예 이름을 바꿨다고 한다. 사실 나는 이 마음을 이해한다. 미국에 처음 왔을 때 대학교 성적증명서에 내 이름이 실수로 'Koo'가 아닌 'Ku'로 기재되는 바람에 이때부터 어쩔 수 없이 내 영문 이름의 철자가 바뀌어버렸기 때문이다.

델모니코스 식당 건물은 위치나 모양 면에서 내가 뉴욕에서 가장 좋아하는 플랫 아이언Flat Iron 빌딩을 연상시킨다. 이름에서 유추할 수 있듯이 건물 모양이 다리미를 닮았다고 하여 플랫 아이언 빌딩이라 불린다. 도시계획의 일환으로 구도로들이 없어졌는데, 브로드웨이Broadway만이 예외였다. 그러다 보니 사선 모양으로 맨해튼을 통과하는 브로드웨이와 바둑판 모양의 새로운 도로가 만나면서 세모꼴의 자투리땅들이 생겨났는데, 이처럼 브로드웨이와 5번가와 23가가 만나는 삼각형 모양의 대지에 세워진 건물이 플랫 아이언이다. 위에서 보면 직각삼각형의 모양으로 건물 양쪽 면이 약 25도 각도로 만난다. 또 뾰족한 건물 모서리를 둥그렇게 만들어 모퉁이의 날카로움을 부드럽게 처리했다. 쓸모없는 땅으로 여겨질 수 있는 곳에 이렇게 대지 모양과 가장 잘 조화된 건물이, 그것도 매우 우아하고 평화롭게 자리 잡고 있다니 '적재적소'라는 말이 절로 생각난다. 내가 플랫 아이언 빌딩을 좋아하는 것도 바로 '적재적소'의 미덕을 잘 살렸기 때문이다.

플랫 아이언 빌딩과 마찬가지로 세모꼴 대지에 지어진 델모니코스 건물은 폼페이 유적지에서 가져온 두 개의 돌기둥이 둥그런 2층의 발코니를 받치고 있고, 돌기둥을 사이에 두고 몇 계단을 올라가면 '델모니코스' 간판이 보인다. 간판 아래 문을 열면 180년 역사가 그대로 펼쳐진다. 델모니코스는 뉴욕 요식업의 새로운 장을 여는 중요한 역할을 했다. 1788년 스위스 남부에서 태어난 지오바니 델모니코Giovani Del-Monico는 처음에는 스페인산과 프랑스산 와인과 시가를 미국으로 들여와 파는 무역상 일을 했다. 그 이후 미국에 정착하여 와인 소매업을 이어 갔고 3년 후 동생 피에트로Pietro도 미국으로 오면서 1827년부터 두 형제가 같이 일을 하게 되었다. 그러다가 프랑스식 빵과 따뜻한 코코아를 팔기 시작했는데, 미국에서는 최초였다. 이후 커피, 초코릿, 사탕, 와인, 하바나 시가 등 점차 판매 품목들이 늘어나면서 가게 안에 식탁과 의자도 놓이게 되었다. 이렇게 작은 가게에서 델모니코스가 시작되었다.

1837   현재 위치의 델모니코스 건물은 1835년 뉴욕 대화재 사건 이후 이곳으로 이주, 1837년에 새롭게 지어진 것이다. 미국 최초의 고급 음식점이 탄생한

1 • 델모니코스가 입점해 있는 건물 외관
2 • 출입구를 받치고 있는 폼페이 돌기둥 유적

순간이었다. 그 당시 뉴욕의 음식점이란 여인숙이나 선술집에서 그날그날 공수한 식재료로 만든 메뉴를 현판에 내거는 정도였다. 옛 서부영화에 나오는, 시도 때도 없이 총싸움이 벌어지는 그런 선술집을 상상하면 된다. 이런 식당 외에는 항구 근처에서 바로 잡아온 굴을 까서 파는 오이스터 하우스^{Oyster House} 혹은 오이스터 셀러^{Oyster Cellar} 정도였다.

그에 반해 델모니코스는 미국의 그 어떤 음식점에서도 경험하기 어려운 품격과 격식을 느낄 수 있게 해주었다. 깔끔하고 깨끗한 식탁보 위에 프랑스 식탁에서나 볼 수 있던 포크와 나이프, 스푼 등의 커트러리로 식탁을 꾸몄다. 또한 안정적으로 식자재를 공급받을 수 있도록 아예 농장을 직접 운영하기까지 했는데, 그 당시로서는 처음 시도되는 매우 혁신적인 경영 방식이었다. 그 덕분에 그날그날 가능한 메뉴를 내걸고 팔던 다른 식당들에 비해 델모니코스가 제공할 수 있는 메뉴는 어마어마하게 많았다. 약 열한 쪽에 달하는 메뉴판에 346개의 전체 요리, 40개의 간단한 전체 요리, 49개의 소고기 요리, 27개의 송아지 고기 요리, 48개의 생선요리가 있었다고 한다.

이곳을 찾았던 저명인사들의 면면만 봐도 델모니코스가 얼마나 고급 음식점이었는지를 짐작게 한다. 남북전쟁이 한창이던 때 에이브러햄 링컨 대통령이 델모니코스를 찾아 식사를 한 후 "워싱턴에는 훌륭한 저택은 많으나 델모니코스 같은 음식점은 없다"라며 극찬했다고 한다. 미국 5대 대통령 제임스 먼로부터 32대 대통령 프랭클린 루스벨트까지 이곳을 거쳐 가지 않은 대통령은 없었다. 《두 도시의 이야기》의 작가인 찰스 디킨스Charles Dickens와 《허클베리 핀의 모험》의 작가인 마크 트웨인Mark Twain, 시인이며 극작가인 오스카 와일드Oscar Wilde, 금융계의 제이피 모건J. P. Morgan 등도 이곳을 방문한 명사 리스트에 이름을 올렸다.

이처럼 델모니코스가 고급 레스토랑으로서의 위상을 높여감에 따라 이곳을 무대로 한 '부의 과시의 경쟁'도 점점 치열해졌다. 지금까지도 회자되는 유명한 일화가 하나 있는데, 이 당시 무역으로 큰돈을 벌게 된 에드워드 럭커마이어Edward Luckemeyer라는 무역상이 있었다고 한다. 그는 자신의 부와 명예를 증명이라도 할 듯이 지역 저명인사 75명을 델모니코스로 초대, 대규모 만찬 파티를 벌였다. 거기에다가 식당 내부에 지름이 10m에 달하는 인조호수를 만들게 했고, 그 안에 백조 네 마리를 풀어두었다. 그런데 만찬이 한창일 때 백조 두 마리가 교미를 하는 바람에 만찬장의 분위기는 순식간에 우스꽝스럽게 되어버렸다. '백조의 만찬'이라고도 하는 이 이야기는 델모니코스를 두고 얼마나 많은 부자들이 모여 자신들의 부를 과시하려 했는지 그 단면을 보여주는 일화다.

찰스 디킨스도 이곳을 찾았다. 하지만 그가 미국을 처음 방문

1

2

1 • 알레산드로 필리피니 주방장의 초상화가 걸린 주 식당 입구
2 • 주 식당 내부

했을 때 미국의 저급한 식사 문화에 크게 실망했다고 한다. 이에 관한 이야기는 그의 《미국 인상기American Notes for General Circulation》라는 책에서 찾아볼 수 있다. 두 번째로 미국을 방문한 찰스 디킨스는 델모니코스에서 열리는 뉴욕 프레스클럽 만찬에 초대를 받았는데, 델모니코스에서의 만찬은 그동안 미국에서 경험한 것과는 확연히 달랐다. 이에 디킨스는 기존 《미국 인상기》의 별책부록까지 만들어 델모니코스에서의 화려한 만찬과 환대의 경험을 기록했다고 한다. 한편 제인 커닝엄 크롤리Jane Cunningham Croly라는 여성 저널리스트도 이 만찬에 참석하기 위해 신청서를 제출했는데, 프레스클럽의 간부들은 이를 받아들이지 않았다고 한다. 여성이라는 이유 때문이었다. 한 달여쯤 지나 크롤리는 델모니코스에서 여성의 지위 향상을 위한 조직 발족을 위해 점심 회합을 가졌다. 남성의 에스코트를 받지 않은 여성에게는 음식을 서빙하지 않았고, 가능하다 해도 술집 여성이나 창녀들로 간주되던 엄혹한 시절임을 감안한다면 엄청난 사건이었다. 이 모임의 이름은 '소로시스'였고, 최초의 여성 클럽으로 기록된다.

이 식당의 소개를 하다 보면 이처럼 '최초'라는 수식어가 자주 등장한다. 최초로 여성이 출납원으로 일을 했고 최초로 전문 요리사를 고용했다. 그중 가장 유명한 요리사인 찰스 랜호퍼chef Charles Ranhofer는 1894년에 《에피큐리언The Epicurean》이라는 프렌치 요

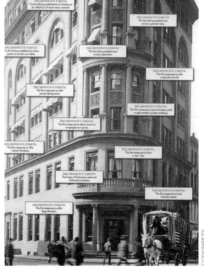

1 • 1868년에 '최초'로 델모니코스에서
　　이뤄진 여성들만의 모임
2 • 1905년 델모니코스를 방문한
　　마크 트웨인
3 • 델모니코스의 요리사 찰스 랜호퍼
4 • 델모니코스가 기록한 '최초' 타이틀

리책을 '최초'로 출간했다. 또 '최초'로 햄버거를 식당 식사 메뉴에 넣었고, '최초'로 와인 리스트를 만들었으며, '최초'로 에그 베네딕트를 선보였다. 또 부유한 단골손님이자 선장이었던 벤 웬버그[Ben Wenberg]가 알려준 레시피로 만든 랍스터 웬버그[Lobster Wenberg]도 이곳에서 시작되어 랍스터 요리의 대표격이 됐다. 나중에 벤 웬버그와 사이가 틀어지면서 랍스터 웬버그는 랍스터 뉴버그[Lobster Newberg]로 메뉴 이름이 바뀌었다. 하지만 음식 자체는 바뀌지 않고 지금까지 팔리고 있다.

2019   델모니코스에 들어서면 금장 부조 장식의 높은 천장이 가장 먼저 눈에 띈다. 한쪽 벽에는《델모니코스 요리책[The Delmonico Cookbook]》을 쓴 알레산드로 필리피니[Alessandro Filippini] 주방장의 대형 초상화가 걸려 있다. 고풍스러운 실내 분위기에 우아함을 더하는 건 흰색 식탁보와 월계수로 장식된 이니셜 'D'가 새겨진 접시다. 벽에 걸린 유화 속 여인들처럼 하얀색 긴 장갑에 소매 없는 드레스를 입고 왔어야 했나, 잠깐 생각이 들 정도다. 여기서 식사하려면 의상도 중요하겠지만 예약을 더 잘 챙겨야 한다. 예약 없이도 식사할 수는 있지만, 이런 고급 레스토랑은 예약 손님을 우대하는 경향이 있으므로 비싼 음식

과 함께 좋은 서비스를 받으려면 예약은 필수다.

메인 레스토랑과 연결된 또 하나의 공간은 '델모니코스 바&그릴'이다. 예약이 필요 없는 이곳은 술집이면서 본채의 음식을 주문할 수 있고, 샌드위치 같은 가벼운 식사류도 마련돼 있다. 여기서 이 집의 단골손님이었던 베네딕트[LeGrand Benedict] 부인이 점심으로 먹을 것이 없다고 하여 찰스 랜호퍼 셰프가 만들어주었던 오리지널 에그 베네딕트를 주문해보는 것도 재미있을 것이다. 사방으로 둘러앉을 수 있는 바가 공간 한가운데에 있는데, 이곳에 앉으면 음침하면서도 신비한 기분이 든다. 아마도 벽 위를 테두리처럼 둘러싸고 있는 벽화 때문일 것이다. 알프레드 히치콕의 영화 속 주인공이나 셜록 홈스의 의뢰인이 된 것 같은 느낌 또한 이곳만의 개성이다.

델모니코스는 한때 총 10개의 분점까지 운영했지만 미국의 금주령 시기인 1923년에 문을 닫았다. 그리고 1926년 요식업의 주요 인사인 오스카 투치[Oscar Tucci]가 '오스카 델모니코[Oscar Delmonico]'로 상호를 바꿔 운영했다. 사업을 이어받은 그의 아들이 죽으면서 1998년에 또 한 번 문을 닫았다. 그 이후 애석하게도 주인이 여러 번 바뀌었으나, 여전히 역사의 무게를 듬뿍 느끼면서, 혀를 즐겁게 하는 음식은 예전 그대로 맛볼 수 있다.

1

2

1 • 델모니코스 바 & 그릴
2 • 주방장 빌리Billy Oliva와 관리 및
   판매전략팀장 카린Carin Sarafion과 함께

28일간 건조 숙성시킨 토마호크 스테이크
2인 메뉴
28 Day Dry-Aged Tomahawk Steak For Two

긴 뼈가 붙은 채 나오는 토마호크 스테이크는 카우보이
장화와 모자만 있다면 서부 시대로 돌아간 듯한 기분을
느끼게 해주는 강렬한 메뉴다. 이 스테이크를 시킬 때는
스타일과 소스를 추가로 선택할 수 있다. 예를 들어, 오
스카 스타일은 크랩 케이크와 아스파라거스가 함께 나오
고 푸아그라, 오리간, 랍스터 등도 추가할 수 있다. 모든
스테이크에는 굵은 실타래 모양의 양파튀김이 자그마하
게 얹혀 나온다. 워낙 거대한 고기라, 2인분부터 판매한
다. 그 이외에 안심과 등심을 먹을 수 있는데 28일간 건
조 숙성시킨 포터하우스28Day Dry-Aged Porterhouse'는
1인분도 판매한다.

price $140.00/2인분

랍스터 웬버그
Lobster Wenberg

랍스터 웬버그는 이 집에서 유래된 음식으로 크림, 계란
노른자, 버터를 넣어 만든 소스의 진한 맛이 랍스터와 아
주 잘 어우러진다.

price 시가Market Price

에그 베네딕트
Egg Benedict (원조)

요즘 뉴욕을 찾는 관광객들이 에그 베네딕트를 특히 많
이 찾는 것 같다. 이곳이 바로 에그 베네딕트를 시작한
'원조'이기 때문일 터. 메인 레스토랑 옆의 '델모니코스
바&그릴'에서 시간제한 없이 주문할 수 있다. 그리고 메
인 레스토랑에선 에그 베네딕트의 사촌인 '베네딕트 버
거'를 주문할 수 있다. 햄이나 햄과 비슷한 캐나디안 베
이컨 대신 일반 베이컨이 들어가고 송로버섯향이 들어
있는 홀랜다이즈 소스가 나온다. 이 구성만 봐도 당연히
가격은 더 높다는 것을 알 수 있다.

price $17.00, 베네딕트 버거 $36.00

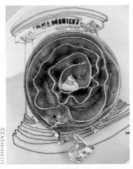

천만장자의 비밀 메뉴
Secret Billionaire's Menu

'델모니코스 바&그릴'에선 술안주 이외에 간단한 식사로 먹을 수 있는 메뉴가 웬만한 식당보다 많다. 뉴요커들은 상상을 초월하는 거액을 번 것을 기념하고 싶을 때든 금융 시장이 폭삭 주저앉아 한탄이 필요할 때든, 아니면 그저 하루의 피로를 풀기 위해서든 이곳에서 한 잔을 즐긴다. 세계의 큰손들이 모이는 델모니코스에는 독특하게도 '천만장자의 비밀 메뉴'라는 진짜 '비밀 메뉴'가 있다. 어디에도 쓰여 있지 않지만 그저 돈을 쓰고 싶은 마음과 능력만 있다면 그 누구라도 바텐더나 종업원에게 주문할 수 있다. 이를테면 100달러짜리 '월가 그릴 치즈 Wall Street Grilled Cheese'는 스위스 치즈 2종(샤프 막스 Schaffer Maxx, 레티바즈 치즈L'Etivaz Cheese)과 함께 주방에서 직접 만들어 18시간 동안 천천히 구운 베이컨, 얇게 저민 블랙 트러플, 무화과가 들어간 겨자를 바른 요리다. 150달러짜리 메뉴도 있다. '억만장자의 플랫 브레드 Billionaire's Flatbread'는 와규 소고기와 랍스터, 푸아그라에 트러플을 얇게 썰어 올리고 식용 순금 잎으로 장식한 요리다. 천만장자의 기분을 내고 싶다면 비밀 메뉴를 주문해보는 것도 좋겠다. 누구나 여기서는 부를 과시할 수 있고, 그만큼 관대한 팁을 지불하고 나온다면 어느 누구도 토를 달지 않을 것이다.

price 메뉴판에도 없고, 가격도 정해져 있지 않다.

53

피로 물든 골목에서
전통을 지킨 중국 얌찻집

남와 티 팔러
Nom Wah Tea Parlor
Since 1920

첫 직장이 차이나타운과 가까웠기 때문에 가끔 점심을 먹으러 중
국식당을 찾았다. 2001년 9·11 사건이 일어나기 전까지만 해도
중국인들이 운영하는 봉제 공장들이 많아 그 주변으로 저렴한 점
심을 파는 식당들이 꽤 있었는데, 상호명에는 하나같이 찻집이라
는 뜻의 '티 팔러Tea Parlor'가 붙어 있었다. 원래 이 '티 팔러'는 중국
의 얌차飮茶 문화에서 비롯된 말로, 딤섬을 먹으며 차를 마신다는
뜻이다. 직역하면 찻집이나 음식점 정도 될 것이다. 어떤 곳은 아
예 영어 메뉴판도 없고 주문받는 사람조차 영어가 유창하지 못했
다. 그럼에도 나는 중국인들이 많이 가는 음식점을 주로 방문했

는데, 그런 곳에 처음 들어가면 같은 동양인이어서 그런지 종업원이 중국말로 말을 걸어온다. 그럴 땐 주변 테이블에서 먹는 음식 중 그럴듯한 것을 고른 뒤 종업원에게 넌지시 손가락으로 가리키며 주문을 하곤 했다.

물론 그 방법이 실패한 적도 있다. 사무실 동료들 사이에서 유명했던 어느 중식당이었는데, 내가 주문을 하면 "No, no, you don't like it!(안 돼, 네가 싫어 할 거야!)"라고 주문을 받지 않는 특이한 종업원이 있었다. 그 종업원은 손가락으로 다른 메뉴를 가리키며 "It's ok!(이것으로 해!)"라고 말했다. 나를 포함해 대부분의 사람들은 어쩔 수 없이 그의 추천에 따를 수밖에 없었다. 그의 다소 과격한 태도에 불평하면서도 그의 추천을 따르는 건, 그가 늘 믿을만한 메뉴를 골라줬기 때문이다. 요즘도 가끔 그 종업원이 생각나는데, 남와 티 팔러에 가면 그때 그 기분까지 함께 떠오른다.

남와 티 팔러가 위치한 도이어스가Doyers Street는 중국 이민자들의 흑역사가 서려 있는 곳이다. 이민의 흑역사로 한때 유명했던 '파이브 포인츠5 Points'라 불리던 곳에서도 가깝다. 뉴욕 이민 초창기를 배경으로 한 영화 〈갱스 오브 뉴욕Gangs of New York〉에서 이민자들이 서로 기득권을 차지하기 위해 처참한 패싸움을 벌이던 곳이 바로 파이브 포인츠다. 유럽 이민자들의 정착기 흑역사가 파이브 포인츠에 있다면, 중국 이민자 사회의 흑역사는 도이어스가의

'피의 모서리Blood Angle'에 있다. 골목이 거의 90도로 꺾이면서 시야가 막히는데, 기습하거나 기습당하기 좋은 골목이다 보니 아침마다 골목이 피로 물들어 있다 해서 붙여진 이름이다. 중국인 노동자들은 1850년대 서부 개척 당시 금광 개발 기간 동안 북미에 처음으로 유입되었다. 금이 풍부하고 노동력이 부족할 때는 중국인들이 환영받았지만, 이후 1870년대 미국의 경기 침체가 시작되면서 아시아인들에 대한 적개심이 팽배해졌다. 일부 백인들은 대륙 횡단 철도 건설에 공을 세운 이들에게 증오를 드러냈다. 중국인 노동자들이 인건비 인하와 실업률 증가의 원인이라는 인식이 미국 사회 전반에 퍼져나갔다. 중국인에 대한 혐오와 배척의 분위기가 점차 확산하는 가운데, 1882년에는 급기야 중국인 노동자의 이주를 금지하고 이미 미국에 정착한 중국인의 경우 시민권 획득을 금지하는 '중국인 배척법Chinese Exclusion Act'이 제정되었다. 특정 민족이나 집단의 이민을 금지한 법률로는 처음이었다. 사정이 이렇다 보니 중국의 젊은 남성들은 매춘과 도박, 마약 등 범죄의 유혹에 쉽게 빠져들었고, 중국 이민 사회를 주축으로 한 범죄 집단도 자연스레 생기게 되었다. 1905년 '피의 모서리' 근처 극장에서 중국인 폭력조직 간의 싸움이 있었는데, 마치 대량학살이라 할 정도로 잔혹하고 참담한 사건이었다. 처음에 중국인들 범죄 집단끼리, 나중에는 새로 온 타 동양계 범죄 집단끼리의 싸움으로 아

침마다 그 거리 모퉁이에 피가 마를 날이 없었다. 뉴욕에서 가장 험난한 역사가 서려 있는 길이기도 하다.

남와 티 팔러는 그 험악한 시절이 조금 끝나 갈 무렵인 1920년 대에 영업을 시작해 지금까지 운영되고 있는 유서 깊은 중식당 이다. 1920~30년대는 미국 금주법의 시대로 '스피크이지Speakeasy' 라고 하는 주류 밀매 업소가 성행했다. 몰래 술을 팔다 보니 술집 이 아닌 것처럼 위장을 하고, 어떤 곳은 암호를 대어야 입장할 수 있었다. 최근 이곳을 중심으로 스피크이지 스타일의 바가 생기기 시작했다. 아직까지 널리 알려지지는 않았지만 힙한 뉴요커 사이 에서 핫플레이스라고 한다. 또한 잘 차려입고 와야 할 것 같은 세 련된 현대식 중국음식점을 비롯해 다양하고 새로운 음식점과 술 집 들이 이 도이어스가에 속속 들어서고 있다. 그러나, 그 거리를 지나도, 건물 밖에선 그런 곳이 있다는 것을 알기 쉽지 않다. 한번 은 이 지역 상업진흥회와 뉴욕시가 함께 '피의 모서리' 주변 길을 차 없는 거리로 만들어 과거의 어두운 이미지에서 벗어나 젊음과 자유, 활력을 불어넣고자 했다. 중국의 유명 화가 첸 동화의 〈용과 꽃의 노래〉라는 길바닥 아트 작품도 이때 그려졌었다. 지금은 이 길모퉁이가 한때 아침마다 피로 물들었었다는 것을 상상도 할 수 없을 만큼 깨끗이 지워지고, 최근에 바닥에 그려져 있던 그림도 없어졌다. 남아 있는 것이라면 다만, 펠가Pell Street 쪽에서 들어오는

한쪽 벽에 커다란 중국 무술 벽화 정도다. 남와 티 팔러 대기명단
에 이름을 올려놓고 기다리는 이들 중 이 사실을 몇이나 알고 있
을까 궁금하다.

1920　　　　2020년에 개점 100년을 맞은 남와 티 팔러는 빵과

　　　　　　　차를 주로 팔다가 1968년, 임대 계약을 더 이상 지

　　　　　　　속할 수 없어 옆 건물로 이전했다. 아몬드로 만든

과자가 유명하고, 특히 중추절 혹은 단원절이라 불리는 음력 8월

15일에 주로 먹는 연꽃씨 농축액, 단팥으로 만든 월병을 사기 위

해 줄을 설 정도로 인기가 많았다고 한다.

　초창기 이곳을 설립한 대표가 은퇴할 때 음식점과 건물을 1950

년부터 이곳에서 일했던 왈리 탕Wally Tang에게 넘겨줬다. 그때가

1974년이다. 왈리 탕은 열여섯 살 때부터 이곳 부엌에서 일했고

스무 살 때 지배인으로 승진했다. 당시 이곳에서 가장 많이 팔리

던 음식은 월병과 중국 빵 종류였고, 딤섬도 팔았다.

　1980년대부터 중국 본토나 대만 등지에서 만든 고급 월병이

수입되면서 이곳 월병의 인기가 떨어지기 시작했다. 더욱이 2001

년 9·11 사건 후 영업은 더 어려워졌다. 그럼에도 남와 티 팔러는

주위에서 일하는 중국 딤섬 주방장들의 사교 장소였고, 간간이 이

음식점 한쪽에서는 마작을 하는 사람들을 볼 수 있었다.

　2010년 남와 티 팔러는 왈리 탕의 조카인 윌슨 탕Wilson Tang에게

소유권이 넘어갔다. 대부분의 이민자들은 그들의 자식들만큼은

사무직이나 전문직에 종사하기를 원했는데, 윌슨 탕 역시 9·11

사건 당시에 쌍둥이 건물 74층에 위치한 모건 스탠리에서 일을

했다. 9 · 11 사건을 계기로 직업 전환을 하게 되면서 결국은 친척의 음식점인 이곳을 인수하게 됐다. 미국 사회를 잘 아는 이민 3세라는 장점을 발휘해 이곳의 역사를 보존하면서, 동시에 성장하는 방법을 영리하게 모색해 지금은 남와 노리타Nom Wah Nolita, 마켓 라인의 남와Nom Wah At The Market Line, 남와 필라델피아Nom Wah Philadelphia 등 3개의 지점을 운영하고 있으며, 플로리다에도 새로운 지점을 열 예정이다.

2019   윌슨 탕은 남와 티 팔러의 내부를 요즘 유행하는 음식점처럼 리뉴얼하라는 왈리 탕의 조언을 받아 들이지 않았다. 오랜 전통을 살리는 선에서 주방만 조금 손보는 것에 그쳤다. 내가 처음 미국에 왔을 때만 해도 차이나타운에는 중국인 봉제 공장에서 일하는 중국인들이 많았고, 그들이 찾는 대부분의 음식점들은 중국 본토의 정서가 물씬 느껴지는 실내 인테리어로 꾸며졌다. 하지만 맨해튼에 봉제 공장이 없어지면서 중국 정통 분위기를 내는 음식점들도 많이 없어졌다. 윌슨 탕의 전략이 오히려 이 가게의 희소성을 높이는 데 주효했다.

보워리가Bowery Street에서 들어가면, 도이어스가가 꺾이기 시작하는 곳에 이 찻집이 자리잡고 있다. 먼저 빨간색 바탕에 노란색

| 1 | | 4 |
| 2 | 3 | 5 |

1 · 과거 모습이 그대로 보존된 내부
2 · 다양한 다기들로 가득한 보관대
3 · 입구에 있는 아늑한 식탁
4 · 과거 남와 티 팔러 가게 앞
5 · 현재 오너인 윌슨 탕Wilson Tang과 함께

필기체로 Nom Wah Tea Parlor라고 쓰인 간판이 건물 정면에 보인다. 같은 간판에 한자로도 쓰여 있다. 그 아래 유리문에는 음식점을 들여다볼 수 있는 큼지막한 창문이 있다. 내부로 들어서면 계산대와 연결되어 있는 카운터 뒤쪽, 뜨거운 차를 위한 커다란 보온통이 있고 그 옆에는 컵들이 진열되어 있다. 식탁부터 의자까지 전형적인 대중 음식점의 분위기를 풍기고 있다.

보통 아시아 음식점 메뉴판에는 친절하게 음식 사진들이 들어 있다. 남와 티 팔러 역시 메뉴 이름을 하나하나 다 외울 필요가 없다. 이곳은 32종류의 딤섬과 5종류의 후식 딤섬이 있으며 거기에 주방장 특별요리 12가지를 합하면, 총 선택지는 49개로 늘어난다. 원하는 메뉴를 골랐다면 메뉴의 번호와 원하는 양을 주문지에 직접 적어 전달하면 된다. 한 접시에 주로 2~4개가 나오니까, 4명이 같이 식사를 한다면, 여러 종류를 나누어 넉넉히 시킬 것을 추천한다.

이 집에 다니면서 나는 딤섬에 대한 취향이 완전히 바뀌게 되었다. 사실 그동안 주변에서 딤섬을 먹으러 가자고 하면 이 핑계 저 핑계 대면서 피해왔다. 나에게 딤섬은 밋밋한 게 맛이 비슷비슷해 재미가 없었다. 규모가 큰 딤섬집은 여러 딤섬찜기를 쌓아 카트에 끌고 다니면서 원하는 것을 골라 먹는 형식이다 보니 음식이 식어버린 이유도 있을 것이다. 여기는 주문하는 대로 만들어서 나오기 때문에 딤섬의 맛이 살아 있다. 오히려 주방에서 바로 나와 뜨거운 그릇이 식기를 기다려야 할 정도다. 남와 티 팔러를 경험한 이후부턴 입맛이 맞는 친구들을 모아 딤섬을 먹으러 간다. 여러 가지 딤섬을 주문할 수 있어 인원이 많을수록 좋다. 금요일을 제외한 주중에는 4명 이상은 예약을 받는다. 하지만 주말에는 예약을 받지 않으니 마음을 비우고 기다리는 시간을 고려해 방문해야 한다. 너무 배가 고플 땐 기다리는 시간이 힘들 수도 있으니 주의해야 하고, 현금과 아멕스 신용 카드만 받으니 미리 챙기는 게 좋다.

My Pick

로스티드 포크 번
House Special Rosted Pork Bun

어디 멀리서 온 노부부가 이 빵을 하나씩 점심으로 드시는 걸 본 기억이 난다. 명실상부 이 음식점의 대표 음식이다. 모양을 보면 호빵과 비슷하나 빵의 밀도가 너무 과하지 않고 가벼우며 양념한 돼지고기소와 조화를 잘 이룬다. 흔히 보는 음식이라 모두들 큰 기대를 하지 않지만, 일단 먹어보면 그 노부부를 이해하게 된다.

price $4.95

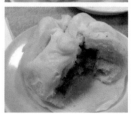

에그롤
Original "OG" Egg Roll

미국에서 에그롤이라 하면 중국집에서 사이드로 나오는 기름에 쩐 에그롤을 떠올린다. 그러나 이 집의 에그롤Original "OG" Egg Roll, 그러니까 이름 앞에 Original "OG"가 붙은 것을 먹고 나면 에그롤에 대한 새로운 정의를 내리게 될 것이다. 다른 중국집에서는 결코 경험할 수 없는 맛이다.

price $7.50

라이스롤
Rice Roll

라이스롤의 종류는 여러 가지다. 기본 라이스롤 외에도, 고수와 파, 새우, 쇠고기, 야채, 스페어립, 튀긴 도우 등 종류가 다양해 입맛에 맞게 고르면 된다. 모든 라이스롤에는 단맛이 나는 간장이 살짝 뿌려져 나온다.

price $3.00~7.00

새우단자 가지전
Stuffed Eggplant

가지 안에 새우 완자를 넣어 튀긴 것에 브라운소스가 뿌려져 나온다. 가지 세 개가 나와 나눠먹기 좋은데, 두 명이 갔다면 남은 한 개를 양보하기가 쉽지 않을 것이다.

price $5.25

솔트앤페퍼 쉬림프
Salt and Pepper Shrimp

큰 새우를 아주 적당하게 익힌 요리. 소금과 후추 로 간을 한다. 이 새우 요리는 새우의 맛을 가장 잘 느낄 수 있는 조리법으로 만들었기 때문에 새우 애호가에게 적극 추천한다.

price $13.95

마피아들이 모이던
이탈리언 제과점

카페 로마
Coffe-Roma   **Since 1891**

새삼 뉴욕에 다시 한번 놀란다. 뉴욕은 평생을 살아도 정말 모르는 곳이 너무 많은 도시다. 사실 카페 로마는 최근에야 알게 된 곳이다. 그렇게 오랫동안 수없이 그 앞을 지나다녔지만 이곳을 몰랐다는 사실에 놀라지 않을 수 없었다. 아무리 바빠도 베이커리만 보면 열 일 제쳐두고서라도 꼭 들어가 봐야 직성이 풀리는데, 이 집은 보고도 그냥 지나쳤더랬다. 리틀 이태리^{Little Italy} 지역에는 다른 볼거리가 많아서, 아님 이 구역이 이탈리아 마피아들의 거점이라는 생각에 서둘러 지나쳤다는 변명밖에…….

이제는 시대가 달라지고 뉴욕도 변하였고 리틀 이태리 지역

도 변했다. 그리하여 내가 알았고 느꼈던 그런 리틀 이태리가 지금은 아니다. 그러나 내가 이 지역을 자주 지나다닐 때만 해도 유명한 이탈리아 마피아 조직의 거점이 이 카페와 매우 지근거리에 있었다. 물론 지금은 비싼 수제 가죽제품 가게가 들어섰지만 말이다. 에릭 페라라Eric Ferrara와 아서 내쉬Arthur Nash가 공동 집필한《맨해튼 마피아 가이드: 암살, 집단과 본부Manhattan Mafia Guide: Hits, Homes & Headquarters》에도 이곳을 마피아의 아지트 중 하나로 언급한다. 미국 TV 역사상 "최고의 성취"로 꼽히는 드라마〈소프라노스Sopranos〉가 이곳을 촬영지로 선택한 이유가 아닐까?

1891   카페 로마는 1891년 처음 영업을 시작했다. 이를
               증명이라도 하듯 그 시대의 유행하였던 실내 자
               재들이 아직도 건재하다. 이곳에 들어서면 무늬
가 새겨진 진녹색의 주석 부조 타일 천장이 인상적으로 다가온다. 유럽식 건물 천장에 주로 쓰였던 플라스터Plaster는 수공이 많이 들고 가격도 비쌌는데, 얇은 주석에 문양을 찍어 부조로 만든 타일은 플라스터의 느낌을 내면서도 시공도 간편하며 오래가고 또 특별한 관리도 필요치 않아 플라스터 대용으로 1880년대부터 미국에서 유행처럼 쓰게 되었다. 천장 가운데 매달린 샹들리에와

1
2

1 • 내부 전경
2 • 주석 부조 타일로 장식된
   천장과 벽시계

흑백의 작은 육각형 모양 자기 타일 바닥에서도 세월의 흔적이 고스란히 묻어난다. 왼쪽 벽에는 화려한 거울이 벽 전체를 덮고 있고 그 앞엔 섬세한 금장으로 장식된 구형 출납계산기가 있다. 지금은 현대식 계산기가 기능을 대신하고 있지만, 전시해둔 것을 보는 것만으로도 시간 여행의 기분을 낼 수 있다.

뉴욕에서 가장 오래된 이탈리언 제과점인 카페 로마는 1891년 이탈리아 이민자인 파스칼 론카Pasquale Ronca가 설립했고, 일 년 후 뉴욕으로 건너온 지오반니Giovanni와 함께 형제가 운영하기 시작했다. 당시 카페 로마의 단골은 뉴욕의 작가와 예술가, 영화배우 들이었는데, 주인인 파스칼 론카가 브루클린 음악 아카데미에서 이탈리아 음악가들의 흥행주Agent 역할을 했기 때문이지 않을까 추측한다.

1952년에는 그들과 같은 나폴리 출신의 친구이자 교회 천장화가였던 빈센토 제카디Vincento Zeccardi가 이 카페를 인수했다. 지금은 그의 손자 빈센토 버디 제카디Vincento Buddy Zeccardi가 운영하고 있는데, 나이든 버디를 도와 그의 딸이 카페 일을 돕고 있다. 현재로서는 이 카페가 100년을 넘어 200년의 역사를 지속할지 미지수이지만, 여전히 로컬 카페의 정서를 고스란히 간직한 매력적인 곳임은 틀림없다.

2019 　카페 로마는 이탈리아 이민자들이 몰려 생활권을 이룬 지역인 리틀 이태리 안에서도 가장 번화한 멀베리가Mulberry Street와 브룸가Broom Street가 교차하는 모퉁이에 위치해 있다. 외벽이 통유리로 되어 있어서 내부 식

1 · 진열대 안의 각종 과자와 카놀리
2 · 현 주인 빈센토Vincento Buddy Zeccardi와 함께
3 · 건물 외벽에 그려진 오드리 헵번.
    그래피티 아티스트인 트리스탄 이튼의 작품

탁과 의자들이 훤히 들여다보인다. 출입문으로 바로 들어서지 않고 멀베리가 방향으로 건물 모퉁이를 돌면 카페 광고물들과 그 옆으로 건물 외벽을 가득 채우는 대형 벽화가 하나 보인다. 브루클린의 그래피티 아티스트 트리스탄 이튼Tristan Eaton이 최근에 작업한 오드리 헵번Audrey Hepburn의 초상화다. 그림이지만 생기 있고, 또 어찌 보면 사나워 보일 수도 있는데 어쨌거나 충분히 매혹적인 오드리 헵번의 눈이 보는 이의 가슴을 설레게 한다. 이 벽화를 보는 것만으로도 이곳에 갈 이유가 충분하다.

가게로 들어서면 문 옆에 있는 낮은 진열대가 가장 먼저 눈길을 끈다. 각양각색의 파이와 과자가 접시에 담겨 열병식을 하듯 줄지어 늘어서 있다. 보는 것만으로도 입안에 군침이 돌 정도다. 주인은 하루에 팔 양만큼만 매일 굽기 때문에 신선도가 높다고 설명한다. 진열대 너머에는 카페답게 커다란 현대식 에스프레소 기계가 보이고, 그 뒤로는 이 카페가 처음 생길 때부터 있었을 것 같은 고풍스러운 대형 벽시계가 가운데 자리 잡고 있다. 커피 맛은 커피 애호가들이 찬사를 아끼지 않을 정도로 맛있고, 매일 굽는 과자와 케이크 또한 특별하다. 여름에는 가게 밖에 앉아, 겨울에는 안쪽의 작은 식탁 의자에 앉아 오랜 역사를 이어온 달콤함을 즐길 수 있다.

비스코티
Biscotti

이탈리아식 과자 중에서도 가장 대표적인 것이 아주 달
며 알코올 농도가 높은 후식용 와인인 빈 샌토Vin Santo
에 찍어 먹는 비스코티다. 카페 로마에는 다양한 비스코
티가 종류별로 판매되는데, 이 진열대 앞에 선 순간부터
무엇을 골라야 할지 즐거운 고민이 시작된다.

price 약 $20/1LB

무지개 과자
Rainbow Cookie

겉은 초콜릿을 발라 놓았지만 속은 이탈리아 국기 색을
연상시키는 초록, 하양, 빨강의 빵에 초콜릿색으로 한 줄
을 더했다. 참고로 이 카페에서 가장 비싼 과자는 1파운
드당 40달러짜리 '잣과자Pignoli Cookies'다. 잣값이 비싸
서 그렇겠지만, 가성비 측면에서는 만족스럽지 않아 애
석하다.

price 약 $20/1LB

카놀리
Cannoli

어떤 비스코티를 먹어볼지 고민하다 잠깐 눈을 돌리면 다음 접시로 이어지는 카놀리에 또다시 정신이 흘려버린다. 핫도그만 한 크기를 자랑하는 시칠리아 과자인 카놀리는 밀가루 반죽을 말아 튀긴 다음 그 안에 생긴 구멍에 리코타 치즈로 만든 크림을 듬뿍 넣어 만든다. 초콜릿 카놀리는 양쪽 끝부분을 녹은 초콜릿에 풍덩 넣었다 뺀 것이다. 카놀리를 한 입 베었을 때 겉의 바삭한 과자와 속의 크림이 동시에 입안으로 들어와야 하는데, 보통은 이 조화를 맞추기가 쉽지 않다. 과자가 딱딱해 쉽게 깨져버리고, 포크로 잘라 먹기도 애매해 손으로 들고 먹어야 한다. 초콜릿 카놀리는 종이로 단단히 싸서 먹지 않으면 여기저기 묻힐 수밖에 없다. 카페 로마의 카놀리는 바삭한 껍질과 크림이 완벽한 조화를 이뤄 인기가 많다.

price $6.00

티라미수
Tiramisu

카페 로마의 베스트셀러는 단연 티라미수다. 이 집 티라미수는 다른 집들과 조금 다르다. 보통은 바삭한 레이디 핑거 과자Lady Finger Cookies가 가운데 레이어로 들어가는데 이곳에서는 그것을 모두 옆으로 세워 마치 작고 동그란 성 외곽을 두른 것처럼 생겼다. 안쪽엔 티라미수와 녹인 초콜릿, 코코아 가루로 덮여 있다. 성곽을 마구 부숴가면서 먹는 게 재미다.

price $6.00

카놀리 나폴레옹

Cannoli Napoleon

이곳에만 있는 독특한 메뉴 중 하나는 '시칠리아Sicily가
나폴리Napoli를 만나서' 생긴 카놀리 나폴레옹이다. 사실
카놀리는 시칠리아의 대표 제과이며, 나폴레옹은 나폴리
의 대표 과자이다. 흔히들 나폴레옹 과자를 프랑스의 것
으로 잘못 알고 있다. 나폴레옹 특유의 여러 겹의 과자를
동그랗게 말아 가운데에 초콜릿 크림을 넣고 견과류와
슈가파우더를 붙여 마무리했다.

price $6.00

페이스티치오토 알라 크림과 페이스티치오토 알라 리코타

Pasticciotto Alla Crema & Pasticciotto Alla Ricotta

크림 혹은 리코타 치즈를 바삭한 페이스트리로 감싼 과
자 페이스티치오토 알라 크림과 페이스티치오토 알라 리
코타도 놓칠 수 없는 메뉴다. 여기에 젤라토와 셔벗과 비
슷한 이탤리언 아이스Italian Ice를 더하면 금상첨화다.
내가 제일 좋아하는 젤라토 맛은 '럼과 건포도Rum and
Raisin'다. 하지만 진한 커피 맛이 나는 카페 라떼Caffe
Latte를 빼놓을 수 없다. 개인적으로 그 어느 곳에서 파
는 카페 라떼보다 이 집 카페 라떼를 가장 좋아한다.

price $4.00

참을 수 없는
빵공장의 향기

패리시 베이커리
Parisi Bakery   **Since 1903**

리틀 이태리의 북부^{North of Little Italy}라는 뜻에서 이 지역이 '노리타
^{Nolita}'라고 불리기 전의 일이다. 기나긴 겨울이 지나고 청량한 봄
바람이 불어오기 시작한 어느 날 밤 친구와 저녁 식사 겸 술 한
잔 곁들이고 소화도 시키고 산책도 할 겸 이 동네를 '탐험'해보기
로 했다. 당시만 해도 이곳에는 작은 식료품 가게와 편의점을 제
외하고는 크고 작은 공장들로 출입이 제한되는 곳들이 많았기 때
문에 밤에 이 동네를 어슬렁거린다는 것은 꽤 호기가 필요한 일
이기도 했다. 하지만 관광객으로 북적이는 소호를 벗어나 그나마
뉴욕 본연의 느낌이 나는 곳이기도 했다.

늦은 시간이라 대부분의 가게들이 문을 닫았지만 우리는 어
둑한 진열장 너머를 하나하나 구경하며 여기저기를 배회하듯 걸
었다. 그러다 우연히 빵공장 앞을 지나게 되었다. 갓 구운 빵들을
실어 나르느라 바쁜 인부들의 모습이 보였다. 이 공장은 빵을 도
매로 생산, 판매하는 곳으로 밤사이 만든 빵을 소매상과 음식점
에 새벽 내 배송을 해준다. 그런데 이 공장에서 풍기는 갓 구운 빵
의 향기가 내 발길을 강력하게 붙잡았다. 도저히 그냥 지나칠 수
가 없어 일하는 직원에게 빵의 향기와 모양에 대해 진하게 찬사
를 늘어놓은 뒤 조금 살 수 없는지 물었다. 결국은 인심 좋은 직원
이 갓 나와 따뜻하고 말랑말랑한 빵을 두 손 위로 올려줬다. 친구
와 나는 금방 저녁을 먹었다는 사실도 잊고 근처 건물 계단에 앉
아 별도 보고 수다도 떨면서 아주 맛있게 먹었다.

그 빵집이 바로 패리시 베이커리다. 그날 맛본 갓 나온 빵의 맛
과 향기를 아직도 잊을 수가 없다. 갓 구운 빵 향기는 정말 매혹적
이다. 하기야 집을 내놓았는데 누가 집 구경을 온다고 하면 즉시
오븐에 빵부터 구우라는 우스갯소리도 있을 정도니 말이다. 나도
이 빵 향기를 잊지 못해 좋은 식자재를 잔뜩 사서 집에서 몇 번 빵
굽기를 시도했지만, 결국 패리시 베이커리의 빵을 사서 먹는 게
낫다는 결론을 내렸다.

1903   패리시 베이커리는 모트가^{Mott Street}에서 1903년에 첫 영업을 시작했다. 이때만 해도 갓 구운 빵을 새벽에 마차로 배달하던 시대였다. 마차 대신 승합차로 바뀐 것만 빼놓고는 밤새 구운 신선한 빵을 새벽에 배송하는 것은 여전하다. 수십 년 동안 변하지 않은 한결같음에서인지 패리시 베이커리는 1974년 모트가에서 북쪽으로 조금 떨어진 엘리자베스가^{Elizabeth Street}로 공장을 확장 이전했고, 공장이 있었던 모트가의 패리시 베이커리에서는 현재 패리시 빵으로 만든 샌드위치와 함께 여러 식료품들을 팔고 있다.

뉴욕으로 건너온 대다수의 이탈리아 이민자들이 나폴리 출신이듯, 이 가게의 설립자인 조 패리시^{Joe Parisi}도 '나폴리탄^{Neapolitan}'이었다. 1968년 그의 아들인 밥 패리시^{Bob Parisi}가 공장을 물려받았고, 1992년부터는 그의 손자 중 하나인 마이크 패리시^{Mike Parisi}가 물려받아 주 '빵'장으로 일했다.

창업 당시 패리시 베이커리는 기본재료인 밀가루와 물, 소금, 이스트를 써서 먼저 주변 이탈리아 이주민들에게 친숙한 이탈리아 빵을 선보였고, 시대가 흐르면서 좀더 밀도 있고 바삭한 식감을 내는 빵을 주로 만들었다. 여기에 모양과 크기, 식재료 등에 변화를 주면서 더욱더 다채로운 빵을 만들고 있다.

이곳의 빵으로 기막힌 샌드위치를 만들어 파는 모트가의 매장

은 엘리자베스가에 있는 빵공장과 함께 큰 손자인 조 패리시가 운영하다가 지금은 그의 부인이 맡아 장사를 하고 있다. 새벽 1시에 출근해 샌드위치 속재료를 준비하며 바쁘게 움직이는 그녀를 보고 있으면 하루 동안 얼마나 이 가게 안을 분주히 누비고 다닐지 경탄의 마음이 절로 나온다.

2019　　　1990년 미국의 유명한 방송작가인 앤디 루니Andy Rooney가 《더 아워The Hour》 지에 흥미로운 칼럼 하나를 기고한다. '천재 프랭크 시나트라The Genius of Frank Sinatra'라는 제목의 칼럼에서 그는 미국의 국민 가수로 인정받는 프랭크 시나트라가 이 집의 빵을 얼마나 애호했는지를 썼다. 루니에 따르면 시나트라는 지금처럼 특급배송 서비스도 없던 시절 뉴욕의 조그마한 빵집에서 만든 빵을 매주 플로리다로 주문해서 먹었다. 패리시 베이커리에 대한 시나트라의 애정은 다른 매체를 통해서도 종종 기사화되었는데, 바쁜 스케줄 와중에도 리무진을 타고 직접 와서 빵을 사갈 정도였다고 하니 패리시 베이커리의 빵을 안 먹어 본 사람은 있어도 한 번 먹어본 사람은 거의 없을 것이다.

모트가에 있는 매장은 일요일을 제외하고 주 6일간 문을 연다.

아침 8시부터 오후 4시까지가 공식적인 영업시간이지만 경험에 의하면, 오후 4시 전에 닫는 경우가 많다. 사람이 몰리지 않아 그나마 여유 있게 빵을 즐길 수 있는 가장 좋은 시간은 12시 전이다. 아마도 이 동네에서 가장 빨리 문을 닫는 가게이며, 더욱이 이 집의 역사와 명성을 모른다면 그냥 지나칠 수도 있는 외관이니 혹시 다 팔려서 원하는 것을 살 수 없거나 길에서 헤매는 참담한 경우를 피하고 싶다면 조금 더 부지런해야 한다.

입구 왼편으로 유리벽 앞 선반에 다양한 크기의 빵이 즐비해 있고, 동네 평범한 잡화점처럼 흡음 천장재로 되어 있는, 한 번 보고 뒤돌아서면 전혀 기억나지 않을 흔하디흔한 동네 가게 인테리어다. 하지만 샌드위치 크기를 보고 그 가격을 계산할 때면 누구든 매우 놀라게 된다. 시간을 몇 년을 되돌린 듯 저렴한 가격 때문이다.

그 동네에 맛있는 음식점이 어딘지 알려면 택시 기사에게 물어보라는 말이 있듯이, 뉴욕에서 가격이 저렴하고 맛있는 음식점이나 식료품점을 찾고 싶으면 소방대원들이 가는 곳이 어딘지 알아보면 된다. 물론 택시 기사와는 자유롭게 대화를 할 수 있지만, 소방대원과는 소방차를 같이 타지 않는 이상 이야기할 수도, 정보를 얻을 수도 없다는 점이 문제이긴 하지만 말이다. 소방대원의 경우 업무 특성상 위급 상황에 늘 대기를 해야 하기 때문에 관

| 1 | | 3 | 5 |
| 2 | | 4 | 6 |

1 • 과거 빵 공장 앞에 서 있는 배달마차
2 • 도매용 빵 배달차
3 • 패리시 베이커리 외관 유리창
4 • 신선한 샌드위치용 빵들
5 • 샌드위치 식단과 가격표
6 • 주인이자 주방장인 에이드리엔 패리시(Adrienne Parisi)

내 안에서 직접 요리를 해 먹는 경우가 많은데, 그러다 보니 미국 소방대원들은 음식 잘하기로 꽤 유명하다. 비프 스튜처럼 푸짐한 음식에 강하며, 심지어 그들이 쓴 요리책만 해도 서점에서 흔히 찾아볼 수 있을 정도다. 그러니 소방대원들이 자주 장을 보러 가는 곳이라면 그곳은 맛과 가성비 측면에서 인정 받은 곳이라고 생각하면 된다. 패리시 베이커리가 바로 그런 곳이다.

My Pick

히어로 브레드
Hero Bread

이 집의 자랑은 인공 첨가료를 쓰지 않고, 좋은 재료만을
가지고 전수 받은 비밀 레시피에 따라 벽돌로 된 오븐에
굽는다는 점이다. 이곳에서 가장 인기 있는 빵은 히어로
Hero다. 히어로 빵은 '섭Sub'과 비슷한 긴 빵으로, 이 빵
으로 만든 샌드위치를 먹으려면 영웅적인 각오가 필요하
다고 해서 붙은 이름이다. 참고로 섭은 '서브웨이Subway'
라는 샌드위치 가게에서 흔히 볼 수 있는 긴 빵으로 잠수
함Submarine처럼 생겼다고 해서 붙은 이름이다. 사람들
이 이 패리시 베이커리 빵을 선호하는 이유는 샌드위치
를 만들 때 이탈리언 미트볼처럼 축축한 내용물을 넣어
도 빵의 밀도가 높아 쉽게 눅눅해지거나 부서지지 않기
때문이다.

price $2.00

라드 브레드
Lard Bread

프로슈토를 넣어서 만든 빵으로 커다란 도너츠 모양도
있고, 스콘처럼 작은 모양도 있다. 가장 맛있게 먹는 방
법은 아무것도 바르지 않고 토스트만 해서 먹는 것이다.
히어로 빵 대신 이 빵으로 만든 달걀 샌드위치도 별미다.

price $6.00

더 데니스

The Dennis

이곳에서 만들어 파는 샌드위치 중에 긴 빵으로 만들어
잘라서 파는 '더 데니스'는 꼭 먹어보길 권한다. 사이즈가
도전정신을 자극할 만큼 크다. 단순히 길기만 한 게 아니
라 속까지 실하게 차 있다. 정 힘들면 반만 주문해도 된
다. 저민 닭가슴살을 빵가루에 입혀 튀긴 치킨커틀릿이
두세 겹 들어가고 프로슈토도 두세 겹, 모차렐라 치즈도
두세 겹에, 토마토 슬라이스, 페스토 소스까지 들어간다.
개인 취향에 따라 구운 빨간 피망을 토마토로 대신해도
된다. 두께가 거의 7~8cm 정도라 단면만 봐도 위압감이
느껴질 정도다. 여러 명이 같이 간다면, '더 데니스'는 당
연히 기본으로 주문해야 하는 메뉴다.

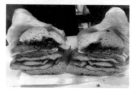

내가 처음에 이곳을 방문했을 때는 마침 점심시간 전이
어서 직원이 더 데니스를 뒤쪽 주방에서 가져와 바로 코
앞에서 종이로 싸는 장면을 목격했다. 나는 그게 뭔지도
묻지도 않고 일단 주문부터 넣었다. 이곳 점원들은 옛날
방식 그대로 일을 하는 것 같은데, 주문이 들어오면 손님
이 원하는 빵을 창가나 진열대에서 가져와 주문에 맞게
자른 뒤 반으로 갈라 뒤쪽 주방으로 사라진다.

그리고 잠시 후 속이 꽉 찬 샌드위치를 가지고 나와 하얀
종이에 싼 뒤 갈색 봉투에 넣어서 준다.

price $12.00

트래디셔널 이탤리언 샌드위치,
모던 이탤리언 샌드위치

Traditional Italian Sandwich, Modern Italian Sandwich

이탤리언 샌드위치의 정수를 맛보고 싶으면 이 두 가지
중 하나를 고르면 된다. 트래디셔널은 햄, 페퍼로니, 프로
볼로네 치즈 등이 들어가고 모던은 햄, 페퍼로니, 모차렐
라 치즈, 구운 고추 등이 들어간다. 개인적인 취향이지만
나는 모던 이탤리언 샌드위치를 더 추천한다.

price $12.00

에그 앤 페퍼 온 히어로

Egg and Pepper on Hero

따뜻한 달걀 샌드위치다. 히어로 빵에 달걀. 구운 피망으
로 속을 채웠다. 설명만 들으면 별것 아닌 것 같지만 이
샌드위치를 4등분으로 자른 뒤 한 입 먹고 나면 결국은
전체를 다 먹어 버리고 말 것이다. 아마도 히어로 빵이
맛있어서 더 그럴 것이다. 위에서 설명한 것처럼 라드 빵
으로 교체해 먹어도 맛있다. 또한 구운 피망 대신 감자로
대체해도 되며, 감자와 구운 피망 둘 다 넣어도 맛있다.

price $6.00

뉴욕 피자의 아버지,
아니 할아버지

롬바디스
Lombardi's

야근하던 날이었다. 함께 일하던 동료들과 간단히 저녁을 해결하려고 피자 한 판을 주문했다. 누군가가 그 집을 추천했던 것 같다. 지금처럼 핸드폰으로 검색해 평이 어떤지 확인할 수 없었던 때라 그저 추천만 믿고 배달을 시켰다. 사실, 오븐에서 막 나온 피자가 아닌 이상 배달 피자에 대한 기대는 크게 없었다. 그런데 배달된 피자 박스의 뚜껑을 여는 순간 세 번 놀랐다. 첫 번째는 화려한 모양새 때문에, 두 번째는 맛, 그리고 세 번째는 가격 때문에.

　피자의 화려한 모습은 색깔의 대조에서 오는 것이었다. 도우 가장자리가 군데군데 불룩하게 부풀어오른 데다가 거뭇거뭇하게 그을려 있었고, 그 안쪽으로 빨간 토마토소스와 그 위로 하얀 사각형 치즈가 선명한 대비를 이루고 있었다. 거기에 아주 작게 저며낸 초록 바질이 보석처럼 반짝거리며 정점을 찍었다. 보통의 배달 피자는 얇게 채 쳐진 모차렐라 치즈를 위에 뿌리는 통에 이 피자처럼 선명한 색의 대비를 낼 수가 없다. 치즈와 토마토소스가 한데 엉겨 대략 분홍색을 띤다. 채 쳐진 모차렐라 치즈를 쓰지 않는 집이라고 해도 대부분은 모차렐라 치즈에 물기가 많아 질척해지면서 토마토소스의 생기 있는 색깔을 빼앗아간다. 보기에 좋은 떡이 먹기도 좋다는 옛말이 생각나서 이 배달 피자는 모양만 보고도 맛있을 거라는 생각이 들었다.

일단 한입 베어 물었다. 과연 짐작대로였다. 콕 집어 설명하긴 어려웠지만, 이 피자도 다른 맛집의 음식과 마찬가지로 좋은 재료로 좋은 맛을 냈다는 건 알 수 있었다. 질 좋은 밀가루, 치즈, 토마토소스, 그리고 도우를 빚고 피자를 굽는 방법에서 맛의 승부가 났을 테다. 실제로 이 피자에서 쓰는 토마토소스는 피자용 토마토로 가장 유명한 '산 마르자노 토마토San Marzano Tomato'를 사용하는데, 이 토마토로 매일 직접 소스를 만든다. 그리고 물이 흥건하지 않고 적당히 촉촉하고 신선해서 토마토소스의 맛을 맹맹하게 만들지 않는 모차렐라 치즈는 특별히 주문한 것이다.

피자 도우에는 최상급의 밀가루와 물, 이스트, 소금만 들어가

고, 여기에 이 집만의 독특한 비법으로 도우를 빚는다. 이렇게 재료가 모두 준비되면 굽는 게 중요하다. 화덕Coal Oven에서 높은 온도로 빠르게 굽는 게 관건이다. 석탄에 그을려 테두리 도우에 훈제 맛이 배고 식감도 바삭해진다. 안타깝게도 화덕은 뉴욕에서 더 이상 설치 허가가 나지 않는다.

마지막으로 이 피자에 놀랐던 이유는 저렴한 가격 때문이다. 그 당시 다른 배달 피자에 비해 맛은 훨씬 뛰어났음에도 가격은 비슷했다. 두 눈이 휘둥그레져서 동료들과 함께 먹었던 그 피자가 바로 롬바디스에서 판매하는 마르게리타Original Margherita 피자다.

그날 저녁 우연히 맛보게 된 피자에 반해 뒤늦게 레스토랑을 찾아갔을 때만 해도 롬바디스는 전통 있는 '작은' 가게였다. 지금처럼 줄을 서서 기다리는 시간도 길지 않았고, 매장도 그리 크지 않았다. 2004년 전까지만 해도 스프링가Spring Street 쪽으로 나 있는 출입문이 그 당시 정문으로 쓰였고, 입구에 들어서면 넓지 않은 공간에 양벽을 향해 식탁들이 놓여 있고, 맨 뒤로 가면 화덕이 보였다. 2층은 고작해야 간이 테이블밖에 없었다. 모트가 방향으로, 피자를 들고 있는 모나리자 벽화가 보이는 입구 쪽이 현재 새로 확장한 곳이다.

1897　　　미국 이민 초기인 1880년경부터 유럽의 많은 이민

자들이 뉴욕으로 건너왔는데, 그중에서도 이탈리

남부의 나폴리 출신들이 많았다. 그리고 현재 리틀

이태리로 불리는 곳에 처음 정착했다. 1897년, 이탈리아 사람들이

주로 살기 시작한 멀베리가 근처에 제나노 롬바디^{Gennaro Lombardi}가

식품점을 열었다. 처음엔 '토마토 파이'를 팔았지만 1905년에 피

자 음식점으로 첫 허가를 받고 피자를 팔기 시작했다.

　뉴욕 피자의 역사를 이야기할 때 롬바디스를 빼놓을 수가 없

다. 롬바디스의 공식 웹사이트 주소가 '퍼스트피자닷컴^{firstpizza.com}'

인 것만 봐도 충분히 짐작할 수 있다. 말 그대로 미국에서 제일 먼

저 피자를 만들어 판매한 곳이다. 미국 피자 역사에 '최초'라는 수

식어가 붙는 곳이지만, 한 가지 아쉬운 점은 있다. 몇 세대에 걸쳐

가업으로 이어져 내려오지만 지속 운영되지 못한 때도 있기 때문

이다. 한번은 화덕 고장으로 1984년부터 약 10년 동안 문을 닫기

도 했었다.

　그럼에도 장안 최고^{最古} 가게의 역사가 증명하듯 뉴욕에서 오래

되고 유명하다는 피자집 대부분은 롬바디스 출신들이 독립하면

서 개업한 곳들이다. 오죽하면 유럽의 여러 왕조가 서로 혈통으

로 연결된 것에 비유하여 '뉴욕 피자 왕조'라는 게 있을까. 1998년

《뉴욕 타임스》에 피자 왕조의 계보가 소개된 적이 있다.

1 · 과거 매장 내 모습
2 · 현재 매장 내 모습
주인 존 브레시오John Brescio 사진이
걸려 있다.

왕조의 시작은 여기서 일했던 앤서니 토토노 페로^{Anthony Totonno} ^{Pero}가 1924년에 코니 아일랜드^{Corney Island}에 차렸던 '토토노 피제리아 나폴리타노^{Totonno's Pizzeria Napolitano}'로 그의 손녀가 아직도 같은 곳에서 운영하고 있다. 그다음은 역시 롬바디스 출신의 존 세소^{John Sasso}가 1929년에 세운 '존스 피제리아^{John's Pizzeria}'다. 존스 피제리아는 '존스 오브 브리커 스트리트^{John's of Bleecker Street}'라는 이름으로 브리커가에서 운영하고 있다. 롬바디스에서 잠깐 일했던 파스퀼 페치 란시어리^{Pasquale Patsy Lancieri}가 1933년에 문을 연 '페치스^{Pasty's}'는 당시는 이탤리언 할렘^{Italian Harlem}이라 불렸던 지금의 스페니시 할렘 지역에서 아직도 운영 중이다. 그리고 란시어리의 조카인 페치 그리말디^{Patsy Grimaldi}가 운영하는 브루클린 다리 밑의 '그리말디스^{Grimaldi's}'도 피자 왕조의 계보에 올라 있다. 그리말디스는 이후 프랑크 치오리^{Frank Ciolli}에게 팔렸고, 프랑크 치오리는 건물주와의 문제로 바로 윗길로 가게를 옮겼다. 그리말디스의 옛 자리에 여든 살이 넘은 페치 그리말디가 이름을 바꿔 다시 문을 연 피자집이 그 유명한 '줄리아나스^{Juliana's}'다. 유명한 두 그리말디스와 줄리아나스가 거의 지근거리 안에 쌍벽을 이루고 있다. 이제 왜 피자 왕국의 가계도가 필요한지 이해가 될 것이라 믿는다.

1984　　　한편 원래 이 롬바디스는 스프링가 지하철역 가까이에 있었다고 한다. 그런데 뉴욕 지하철을 한 번이라도 타본 사람들은 알겠지만, 지상에서 지하철역사까지 그리 깊지가 않다. 보통 건물 지하 한 층 정도만 계단을 내려가면 바로 지하철 플랫폼이 나올 정도니 말이다. 더욱이 뉴욕 지하철이 운행을 시작한 지가 100년이 넘었으니 그사이 숱한 지하철의 흔들림으로 롬바디스의 화덕도 자주 깨지고 고장 나는 수난을 겪어왔다. 결국 1984년부터 더 이상 운영을 할 수 없었고, 음식점 공간은 지인의 파티나 가족 모임용 공간으로만 간간이 사용하게 되었다.

그러던 1994년, 롬바디스와 한 블록 떨어진 곳에서 석탄 화덕을 쓰던 빵 공장을 찾았다. 기존 화덕을 제외하고는 새로운 화덕 설치가 금지된 뉴욕시에서 기적과도 같은 일이었다. 지금 가게에서 볼 수 있는 화덕은 예전 가게에서 쓰던 오래된 화덕을 수리, 재조립하여 지금 가게로 옮겨놓은 것이라 한다.

피자를 만드는 가장 적절한 온도는 372~482℃ 사이다. 이 온도에서 5분 이내에 피자가 완성된다. 롬바디스 피자는 3분 30초 만에 익는다. 피자의 맛을 좌우하는 화덕을 관리하는 일은 매우 힘들다고 한다. 매일 석탄불을 지피고 그 불씨를 보전하며 온도를 유지하는 것도 힘들지만, 다 쓴 석탄을 버리기 전에 식을 때까지

기다리는 것과 매일 청소를 해야 하는 번거로움도 만만치 않다. 또 화덕이 깊어 화덕 안쪽으로 피자를 넣고 빼는 일도 쉬운 일은 아닌데, 상황이 이렇다 보니 판의 길이가 천장 높이보다 더 높다. 이 판 때문에 천장 일부를 높여야 할 정도였다고 하니 말이다. 이처럼 롬바디스는 전통의 방법으로 좋은 피자를 만들기 위해 기꺼이 여러 어려움을 감내하고 있다.

2015 〈케이크 보스^{Cake Boss}〉라고 2009년에 시작해 현재

1

2 3

1 · 고온의 조개탄 화덕

2 · 《뉴욕 타임스》에 소개된 뉴욕 피자 왕조

3 · 지배인 길버트Gilbert Sotto,
차기 주인이 될 마이클Michael Giammanno,
현재 오너인 존John Brescio과 함께

까지 방영되는 TV 리얼리티 쇼가 있다. 여기에 제빵사 '바토로 버디 바라스트로 주니어Bartolo Buddy Valastro Jr.'가 주인공으로 등장하는데 그는 케이크 장식을 예술적으로 만드는 것으로 유명한 사람이다. 뉴저지에 있는 제과점 '카를로스 베이크샵Carlo's Bake Shop'의 주인이기도 하다. 이 리얼리티 프로그램을 통해 롬바디스가 110주년 기념 케이크를 의뢰한 적이 있다. 그러면서 롬바디스의 대표인 존 브레시오John Brescio가 제빵사 버디에게 약속했다. 그가 원하는 피자를 만들어 그의 이름을 붙여주겠노라고. 이때 만들어진 피자가 '버디의 케이크 보스 특별 피자Buddy's Cake Boss Special'다. 신선한 모차렐라와 토마토소스, 프로슈토와 로마노 치즈가 올라갔고 바질과 루꼴라를 더했다. 버디가 만든 110주년 기념 케이크는 총 길이 약 3.6m에 달하는 조각 피자 모양이었고 진짜 피자처럼 토핑도 그대로 재현했다. 그 크기와 무게는 장정 5~6명이 들어야 할 정도로 엄청났다고 전해진다.

My Pick

마르게리타
Original Margerita

배달 피자로 나를 깜짝 놀라게 했던 마르게리타는 이 집에서 꼭 먹어봐야 할 대표 메뉴 중 하나다. 개인적으로 토핑이 많은 것을 좋아하지 않지만, 각자의 취향에 따라 토핑도 풍성하게 추가할 수 있다. 쇠고기와 돼지고기 미트볼, 화덕에 구운 빨간 피망, 마늘을 넣어 익힌 시금치, 싱싱한 토마토, 적양파, 칼라마타 올리브, 버섯, 추가 토마토소스, 판체타, 스위트 이탤리언 소세지, 엔초비, 리코타 치즈, 추가 모차렐라 치즈 중에서 고를 수 있다. 보통 길거리에서 사먹는 피자가 아니라 이런 식당에서 판매하는 피자는 조각으로 파는 경우가 드물어서 이곳에서도 한 판으로 주문해야 한다. 대신 크기를 두세 명이 먹을 수 있는 12인치(약 30cm)와 서너 명이 먹을 수 있는 16인치(약 40cm) 중에서 고를 수 있다.

price $21.50/12인치, $24.50/16인치

화이트 피자
Our White Pizza

토마토소스가 없는 '하얀 피자' 메뉴가 따로 마련되어 있으며 모차렐라, 리코타, 로마노 치즈와 마늘, 바질과 같은 허브들이 들어 있어 치즈를 좋아하는 사람들이 좋아할 맛이다. 거기에 그 느끼함을 잡을 수 있게 야채 토핑을 넉넉히 추가하는 것을 추천한다.

price $23.50/12인치, $27.50/16인치

페이머스 조개 피자
Our Famous Clam Pizza

이 집에서 가장 인기 있는 특별한 피자이며 현재 뉴욕 안의 다른 곳에서는 먹을 수 없는 피자다. 코넷티컷의 도시 뉴헤이븐에서 시작하여 유명해진 조개 파이로 조개살을 다져서 넣는다. 14인치 크기에 꽤 많은 조개가 들어가니 해산물을 좋아하는 이들에겐 환상의 메뉴다. 봉골레 파스타를 만드는 것과 비슷한 재료들이 파이에 사용되는데, 다만 링귀니 파스타를 파이로 대체한다는 점이 다르다. 또한 비슷한 메뉴가 있는 다른 집들과 달리 모차렐라 치즈 대신 파르미지아노를 넣어서 빵 끝이 바삭하며 그위에 놓인 질기지 않은 부드러운 조개살의 조합이 좋다. 너무 늦게 가면 다 팔려 먹어볼 기회가 없을 수도 있다.

price $35.00/14인치

2

Lower East,
Nolita,
Soho

로어 이스트, 노리타, 소호

'파스트라미앓이'가 시작되는
〈해리가 샐리를 만났을 때〉의 그곳

캣츠 델리
Katz's Delicatessen

Since 1888

유럽에 사는 한 친구는 뉴욕에 오자마자 제일 먼저 하는 일이 있는데, 캣츠 델리에 가서 파스트라미pastrami를 먹는 일이다. 어떨 때는 캣츠 델리에 가려고 뉴욕에 오는 건 아닌지 의구심마저 들 정도다. 친구가 타고 온 비행기가 정확히 몇 시에 뉴욕에 도착하는지는 몰라도 어쨌든 첫 번째 행선지는 늘 같은 곳이기 때문에 아예 캣츠 델리에서 만나기로 할 때도 있다. 한번은 친구네 집을 방문하면서 파스트라미를 포장해갔는데 그 어떤 선물도 이보다 더 큰 환영을 받지는 못했을 것이다. 요즘은 배달업이 성장하면서 캣츠 델리의 음식도 집에서 편하게 시켜 먹을 수 있게 되었다, 물론 미국 내에서만 말이다. 이 소식을 친구에게 알려주었더니 정말 크게 실망하는 것 같았다. 파스트라미 사랑이 얼마나 컸던지 최근에는 아예 집에 훈제기를 들여와 직접 파스트라미를 만들기 시작했다고 한다. 다음에 친구네 집에 가거든 집에서 만든 파스트라미와 캣츠 델리의 파스트라미를 비교해 먹어보기로 했다. 그게 너무 맛있어서 오히려 내가 뉴욕으로 가져오게 될지도!

1888 유대인 출신의 아이슬란드^{Iceland} 형제는 1888년에 그들의 이름을 따서 '아이슬란드 브라더스^{Iceland Brothers}'라는 음식점을 차렸다. 1903년, 윌리 캣츠^{Willy Katz}가 동업자로 합류하면서 '아이슬란드 앤 캣츠^{Iceland & Katz}'로 가게 이름을 바꾸었다. 1910년 윌리의 사촌 베니 캣츠^{Benny Katz}가 운영에 참여하면서 윌리와 베니가 함께 아이슬란드 앤 캣츠를 인수하고, 상호를 '캣츠 델리^{Katz's Delicatessen}'로 바꿨다. 그러던 중 1917년에 건물주였던 해리 타로스키^{Harry Tarowsky}가 동업자로 들어왔고, 가게는 그 후 지하철 공사로 인해 하우스턴가^{Houston Street}로 확장 이전을 했다.

윌리 캣츠가 세상을 떠나고 그의 아들 레니 캣츠^{Lenny Katz}가 아버지의 자리를 물려받았다. 1970년경 해리 타로스키와 베니 캣츠

| 1 | 2 |

1 • 눈에 잘 띄는 캣츠 델리 가게 외관과 간판
2 • 설명이 필요 없는 상호 '캣츠Katz's'

도 세상을 떠나면서 해리는 아들 잇치 타로스키[Izzy Tarowsky]에게, 베니는 사위인 아티 막스테인[Artie Makstein]에게 물려주었다. 이로써 레니와 잇치 그리고 아티가 공동 운영을 맡게 되었다. 하지만 이들에게는 자신의 자리를 물려줄 직계가족이 없었다. 그래서 창업 100주년이 되는 1988년에 같은 동네에서 음식점을 오래 해온 마틴 델[Martin Dell]의 아들 앨런[Alan]과 사위 프레드[Fred Austin]에게 캣츠 델리를 팔았다. 현재는 앨런의 아들 제이크[Jake Dell]가 아버지와 고모부와 함께 가게를 운영하며 젊음의 기운을 불어넣고 있다.

캣츠 델리가 위치한 이 일대는 주로 동유럽 유대인 출신의 이주민들이 모여 살던 곳으로, 대중교통이 불편하다 보니 캣츠 델리를 중심으로 사람들이 모였고 자연스레 지역 문화의 중심이 되었다. 가령 캣츠 델리에서는 금요일마다 소고기 소시지를 넣고 푹 삶은 콩 요리인 '프랭크 앤 빈스[Franks and Beans]'가 나왔는데, 그러다 보니 매주 금요일 이 음식을 먹는 것이 동네 관습이 되었다. 또 근처에 유대인 전용 극장이 있다 보니 그곳의 유명 배우들이 단골이 되어주었다.

수많은 젊은이를 끌고 간 2차 세계대전 당시 캣츠 델리의 주인 윌리와 해리의 아들이었던 레니 캣츠와 잇치 타로스키도 참전병사였다. 이 시기 각 가정에서는 전장에 있는 아들들에게 음식들을 보내곤 했는데, 레니와 잇치에게도 캣츠 델리의 살라미를 주로 보내주었다고 한다. 살라미는 상온에서 상하지 않고 보관도 용이해서 전쟁터에서 좋은 음식이었다. 그래서 캐츠 델리에서 "군대 간 아들에게 살라미를 보내자Send A Salami To Your Boy in The Army"라는 구호가 탄생하게 되었고, 아직도 이곳 종업원들이 입고 있는 티셔츠 뒷면에는 '살라미를 보내자Send A Salami'라는 문구가 새겨져 있다. 기념품으로 그 티셔츠와 살라미를 구매할 수 있다.

1989 〈해리가 샐리를 만났을 때〉라는, 뉴욕을 배경으로 한 오래되었지만 명작(?)으로 기억되는 영화가 있다. 영화가 개봉한 1989년은 내가 직장인으로서 미국 사회에 적응해가고 있던 시절로, 더 이상 이방인이 아닌 참여자로서 시대적 공감을 갖고 의미 있게 봤던 작품이기도 하다. 그리고 중요한 또 하나! 바로 이 영화를 통해 처음으로 캐츠 델리라는 식당을 알게 되었다. 영화 속 내용보다 더 눈에 띄는 건 어쩌면 이 식당이었을 수도 있다. 그도 그럴 것이 오래전 영화라 내용은 기억나지 않아도 이 장면만큼은 인상 깊게 기억하고 있는 사람들이 꽤 많기 때문이다.

해리가 "나와 섹스한 여자들은 거의 다 좋아 죽지"라고 얘기하자 샐리는 "여자는 가짜로 오르가슴을 느끼는 척할 수 있어"라고 반박하고, 해리가 "말도 안 돼"라며 무시하자 샐리는 밥을 먹던 중 아주 작은 소리로 시작을 하여 마침내 절정에 달한 듯 신음소리를 낸다. 어안이 벙벙해진 해리 앞에서 아무 일 없다는 듯 코우슬로를 집어먹으며 묘한 자신감을 뿜어내는 샐리의 표정이 압권이다. 옆 테이블에 앉아 있던 중년 여성이 그 모습을 지켜보고서는 종업원에게 "저 여자가 먹는 것과 같은 거로 주세요.^{I will have what she is having}"라고 한 멘트는 여전히 명대사로 꼽힌다. 해리와 샐리가 앉았던 테이블 위에는 "해리가 샐리를 만난 곳, 당신도 그녀가 먹었던 걸 먹길 바라요!^{Where Harry met Sally, hope you have what she had!}"라는 문구가 쓰여 있다.

유튜브에서 이 장면만 다시 돌려본 뒤 캣츠 델리에 와 보면, 영화 속 종업원이 입은 푸르스름한 유니폼만 다를 뿐 나머지는 여전하다는 걸 알 수 있다. 아직 실제로 본 적은 없지만 해리와 샐리가 앉은 테이블에 앉아 그 장면을 따라해보는 손님들도 있다고 하니 혹시 운이 좋으면 재미있는 구경도 하고 갈 수 있겠다. 혹시 용기가 있다면 여기에 도전해보는 것은 어떨까? 아마 식당 안의 모든 사람으로부터 어마어마한 박수갈채를 받지 않을까.

2019   이 집의 외부 돌출 간판은 거의 건물 2층 높이에서

1 • 오래된 포마이카 벽을 장식한 수많은 옛 사진들
2 • 1932년 가게 앞에서
3 • "군대 간 아들에게 살라미를 보내자" 구호가 적힌 옛 사진

설치된 데다가 짙은 분홍색 네온사인으로 되어 있어 눈에 잘 띄고 찾기도 쉽다. 하지만 이 가게의 명성을 알지 못하면, 오래된 허루한 식당쯤으로 생각하고 쉽게 지나쳐버릴 수 있다. 출입구 밖으로 길게 늘어선 줄을 보면 촉이 오는 사람들이 분명 있겠지만 말이다. 캣츠 델리를 기다리지 않고 이용하려면 개점 시간에 맞춰가거나 금요일 아침 8시부터 일요일 밤 10시 45분까지 주말 연휴에는 24시간 영업을 하니 한밤을 노려보는 것도 방법이다.

내부는 생각보다 낡고 허름하다. 나무 벽 무늬를 낸, 20세기 중반에나 유행했던 포마이카 벽이 있고 수많은 액자와 네온사인 주류 광고판이 여기저기 붙어 있다. 사람이 많으면 잘 보이지 않지만 포마이카 상판에 철줄을 감은 식탁과 의자 또한 시간이 멈춘 듯하다. 한 지인은 처음 여기 왔을 때 명성에 비해서 너무 남루해 의심이 들었다고 했지만, 나는 옛 모습을 고스란히 간직한 실내야말로 이 음식점의 명성을 재확인시켜준다고 생각한다.

먼저, 가게 안으로 들어서면 손바닥에 매일 다른 색깔의 표를 올려준다. 여기서는 이 표를 델리 티켓Deli-ticket이라고 하는데, 원하는 음식을 주문하면 점원이 이 표에 음식명을 기재해 다시 손님에게 되돌려준 뒤 식당을 나설 때 계산하는 방식이다. 이 표를 잃어버리면 50달러의 벌금을 내야 하니 잘 챙기고 있어야 한다. 주문하기 위해 카운터로 가면 점원이 시커먼 숯덩어리처럼 생긴

1 • 캣츠의 현 운영자들인 앨런Alan Dell,
제이크Jack Dell 그리고 프레드Fred Austin

2 • 델리 티켓

3 • 주문대와 매장 전경

고기를 숙련된 솜씨로 썰고 있는 것이 보인다. 손님들의 틈새를 비집고 조금 더 가까이 들여다보면 같은 두께로 잘린 짙은 적분 홍색에 검은 띠를 두른 훈제 파스트라미의 단면을 볼 수 있다. 줄을 서 있는 동안 뭘 먹을지 생각해두면 차례가 왔을 때 바로 주문할 수 있다. 내 차례가 되면 고기 한 조각을 시식용으로 유리 선반 위의 접시에 놓아주는데 왜 다들 이 한 조각을 그토록 기다리는지를 이해하게 될 것이다.

참고로 주문한 음식을 받을 때 마음 좋은 분들은 팁을 주는 경우도 있는데 꼭 내야 하는 것은 아니다. 그리고 일행이 있다면 한 사람이 주문하는 동안 다른 사람은 자리를 잡아주는 것도 잊지 말아야 한다. 이런 과정이 귀찮은 사람들을 위해 식당을 두 군데로 나눠놓았는데, 종업원이 있는 식탁에 앉아 종업원에게 주문하면 된다. 이때 팁을 주는 것을 잊지 말도록. 직접 주문을 하든 종업원에게 주문을 하든, 두 경우 모두 들어올 때 받은 작은 델리 티켓은 꼭 챙겨야 한다.

캣츠 파스트라미 핫 샌드위치

Katz's Pastrami Hot Sandwich

이곳의 대표 음식이다. 이 샌드위치는 호밀빵Rye Bread
으로 주문하는 것을 추천한다. 안에는 약 6~8cm 두께
의 파스트라미가 들어간다. 테이블 위에 있는 겨자를 적
당히 발라서 먹으면 더 맛있다. 피클은 잊지 말고 챙겨야
한다. 무료이고 피클 카운터에 가서 받으면 된다. 피클
종류로는 완전 숙성Full Sour, 절반 숙성Half Sour과 그린
토마토Green Tomato가 있다. 완전 숙성은 오랫동안 숙성
되어 아마도 많은 이들이 피클이라 생각하는 그것이다.
절반 숙성은 오이 색깔도 별로 변하지 않을 정도로 짧은
기간의 숙성으로 덜 짜다. 그린 토마토 피클은 흔하지 않
으므로 꼭 한번 먹어보길 권한다.

**price** $22.95

©Katz's Delicatessen

©Katz's Delicatessen

루벤 핫 샌드위치

Reuben Hot Sandwich

씻은 묵은지 맛이 나는 익힌 사우어크라우트와 스위스 치즈를 넣어 오븐에 구워 만든 이 따뜻한 샌드위치는 빵을 잘 주문해야 한다. 호밀빵을 구워서 달라고 해야 사우어크라우트가 빵을 축축하게 적시는 걸 방지할 수 있다. 여기에는 러시안 드레싱이 기본으로 뿌려져 나오는데, 너무 많이 바르는 경향이 있어 주문할 때 소스를 따로 달라고 해 입맛에 맞게 넣어가며 먹는 것이 좋다. 콘비프가 들어가는데, 파스트라미로 바꿔 주문해도 된다. 나는 뉴요커들만큼 샌드위치를 즐기는 편은 아니지만, 지금 이 글을 쓰면서 어쩔 수 없이 입에 침이 가득 고인다.

price $25.95

쓰리 미트 플래터

Three Meat Platter

양으로 보면 적어도 두 명 이상 갔을 때 시켜야 하는 메뉴로 고기를 조금씩 맛보고 싶을 때 시키면 좋다. 3가지 고기가 메인으로 나오는데 손으로 자른 파스트라미, 브리스켓, 콘비프다. 개인 취향에 따라 원하는 빵을 고를 수 있지만 호밀빵으로 샌드위치를 만들어 먹어볼 것을 추천한다. 그러나 이 고기만 집어 먹다 보면 그럴 기회가 있을지 모르겠다.

price $39.95

120

맛차볼 수프

Matzah Ball Soup

국물을 좋아한다면 치킨누들 수프나 맛차볼 수프도 좋다. 맛차는 유대인들이 유월절을 기념하며 먹는 음식으로, 납작한 크래커처럼 생긴, 편지지만큼 크고 납작하게 판매하는, 빵이라기보다 거의 큰 크래커이다. 이것을 부숴서 계란과 다른 양념을 넣고 뭉쳐 야구공보다 작고 탁구공보다 크게 만든 것을 말한다. 여기에 담백한 닭국물과 익힌 당근 한 조각이 곁들여 나온다.

price $7.95

절인 청어와 훈제 생선의
비릿하고 짜릿한
만남

러스 앤 도터스
Russ & Daughters   **Since 1914**

하우스턴가 남쪽 선상에 있는 이 가게를 지나칠 때마다 오래전
일 하나가 생각나 슬며시 미소를 짓게 된다. 미국에 온 지 약 3~4
년쯤 되었을 때 지금은 이름도 기억나지 않는, 같은 반의 예쁜 스
웨덴 친구로부터 파티 초대를 받았다. 보통 북유럽 친구들의 파
티에는 한 가지 특징이 있다. 술은 많지만 음식은 크게 기대할 수
없다는 점! 감자칩, 옥수수칩, 디핑소스 몇 가지가 대부분인데, 주
로 대화가 파티의 목적이기 때문에 크게 아쉽지는 않았다.

　스웨덴 친구의 파티도 역시나 음식이 부실해 보였는데, 그중에
눈길이 가는 디핑소스가 하나 있었다. 디핑소스용 그릇치고는 꽤

넓은 그릇에 사워크림처럼 생긴 무언가가 건더기와 함께 담겨 있었다. 자세히 보니 한입에 먹을 수 있는 크기로 잘라놓은 작은 생선이 가득했다. 뭔지도 모른 채 일단 하나를 집어 입에 넣었는데, 파티 내내 그 음식이 있던 자리를 떠나질 못했다. 시간이 꽤 흐른 터라 그날 파티가 어떠했는지 자세히 기억나지 않지만 그때 먹어본 그 음식만큼은 여전히 생생하다. 처음 먹어본 놀라운 맛에 눈치 없이 계속 집어먹었더랬는데 혹시 그때 나를 주의 깊게 본 이가 없었기를 바랄 뿐이다. 아직도 그때를 떠올리면 약간의 창피함에 겸연쩍은 웃음이 저절로 나온다. 그리고 지금도 그때 그 맛을 생각하며 그 음식을 먹는다. 그 음식을 알게 해준 스웨덴 친구는 어디에서 무얼 하며 사는지 알 수도, 찾아갈 수도 없지만 그때 그 음식은 어디 가면 먹을 수 있는지는 알고 있다. 바로 청어 전문점 러스 앤 도터스다.

1914   이 집의 간판을 보면 'RUSS & DAUGHTERS'라고 쓴 녹색의 네온 글자 아래 전채 요리라는 뜻의 'APPETIZERS'가 빨간색으로 쓰여 있다. 이 간판을 볼 때마다 두 가지 의문이 늘 들었는데, 첫째는 '러스 앤 도터스'라는 상호이다. 미국에서는 가령 알프레드 앤드 선즈 Alfred & Sons

처럼 흔히 이름과 함께 'and(&) Sons'(~와 아들들)을 많이 붙이는데, 흔하지 않게도 이 집은 'Daughters'라고 딸들을 전면에 내세웠다. 두 번째로 '전채 요리'라고 부연 설명을 해놨는데 정말로 전채 요리만 파는 것인지 혹은 구미를 당기고 식욕들 돋게 해주는 집이라는 의미로 쓰였는지 궁금해진다.

1907년, 폴란드 출신 유대인 조엘 러스^{Joel Russ}는 같은 유대인을 상대로 장사를 시작했다. 처음에는 폴란드산 버섯을 지고 다니면서 장사를 시작하다가 돈을 모아 손수레를 사고 그다음에 말이 끄는 수레를 샀다. 주로 그 수레에서 폴란드산 버섯과 절인 청어를 팔았다. 그러다 1914년, 현재 가게가 있는 길모퉁이에 '제이 러스 인터내셔널 애피타이저^{J Russ International Appetizers}'라는 이름으로 가게를 차렸고, 1920년에 지금의 장소로 이전했다. 그들 부부에게는 딸만 셋 있었는데, 그 딸들이 부모를 도와 가게를 운영했다. 그러다 조엘 러스가 1935년에 세 딸 해티^{Hattie}, 앤^{Anne}, 아이다^{Ida}를 동업자로 이름을 올리면서 그 당시로써는 매우 선구적으로 상호에 '& Daughters'를 붙였다. 이는 미국 최초의 일이기도 하다. 딸들을 동업자로 삼은 데에는 조엘 러스가 여성의 인권과 권리를 일찍이 인식했다기보다는 가게를 운영하는 데 많은 일손이 필요했다는 현실적인 이유가 더 크게 작용했다. 큰딸 해티에 의하면 세 자매는 여덟 살 때부터 주말에는 청어 절임통에서 청어를 끄집어내는 일을 했고, 고등학교 졸업 후에는 아예 상근으로 일을 했다. 게다가 일주일 내내 쉬는 날 없이 가게 문을 열었다고 한다. 딸들이 모두 결혼한 후에는 그 사위들도 함께 가게 운영에 참여했고, 딸과 사위가 모두 은퇴한 1979년부터는 앤의 아들인 마크 러스 페더먼Mark Russ Federman이, 2009년부터는 마크의 딸인 니키 러스 페더먼Niki Russ Federman과 그의 사촌인 조시 러스 터퍼Josh Russ Tupper가 가업을 이어 운영하고 있다. 미국에서는 가업이 이렇게 4대째 내려오는 경우가 1%도 되지 않을 만큼 귀하다. 그만큼 여러 매체에서도 러스 앤 도터스에 대한 관심이 뜨거운데, 오너 3대 페더먼이 《러스 앤 도터스: 청어가 세운 집Russ & Daughters: the House that Herring Built》(2013)이라는 회고록을 출간한 바 있으며, 같은 해에는 미국 공영방송국인 PBS에서 이들의 이야기를 담은 다큐멘터리 〈철갑상어의 여왕The Sturgeon Queens〉을 제작, 상영하기도 했다.

2019 이 집 간판을 보면 'RUSS & DAUGHTERS' 아래 전채 요리라는 뜻의 'APPETIZERS'가 쓰여 있듯이 러스 앤 도터스는 유대인이 식사 전에 먹는 차가운 전채 음식을 판매하는 식품점이다. 이 전채 음식은 유대교의 식이율법인 코셔Kosher에 따른 것이다. 코셔에 의하면 돼지고

기, 해조류, 비늘 없는 생선 등은 금기 음식이다. 먹을 수 있는 것도 율법에 따라야 하는데, 가령 가축을 도축할 때, 음식을 조리할 때, 섭취할 때도 모두 코셔에 따라야 한다. 생산부터 섭취까지 꽤 복잡하기 때문에 유대교 신자가 아니라면 상세히 알기 어려울 정도다. 이 중에서도 "너희는 염소 새끼를 제 어미의 젖으로 삶지 말라You shall not boil a young goat in its mother's milk"라는 구절은 율법에 세 번이나 언급되어 있는데, 이는 우유를 원료로 하는 제품과 육류를 같이 요리하지도, 같이 먹지도, 같이 팔지도 말라는 의미이다. 따라서 코셔를 철저히 지키는 가정에서는 육류와 유제품을 다루는 조리 기구와 식기 모두 분리해 사용하며, 조리대와 식기세척기마저도 각각 따로 쓴다. 또한 육류를 먹은 후 적어도 6시간을 기다렸다 유제품을 먹어야 한다는 것도 유대인 식이율법 중 하나다. 그래서 이 가게에서는 육류를 팔지 않고, 유제품과 생선류만을 팔고 있다. 그렇다고 생선 가게는 아니다. 생선을 훈제, 발효, 혹은 절인 것으로 요리하지 않고 바로 베이글 위에 얹어 먹거나 샐러드 등과 전채 요리로 먹을 수 있는 음식들이다. 무엇보다 내가 정체도 모르면서 파티에서 정신없이 집어먹었던, 하얀 크림 안에 들어 있던 생선 조각인 청어가 어느 가게보다 종류가 다양하고 풍성하다. 100년이 넘은 조리법으로 만드는 청어라서 더 특별하다.

러스 앤 도터스는 베이글을 만드는 제빵소를 브루클린 네이비

야드^{Brooklyn Navy Yard}에 새로 열었다. 최근 뉴욕에서 제일 유명한 베이글 도매상이던 H&H가 탄수화물 섭취를 줄이려는 현대인들의 식단 때문에 수요가 줄면서 문을 닫게 되었다. 그래서 지금 베이글의 최고 자리가 비어 있는데, 러스 앤 도터스의 베이글이 그 자리를 차지할 수 있을지 귀추가 주목된다.

베이글뿐만 아니라 늘어나는 여행자들로 인해 이곳 러스 앤 도터스에도 변화가 하나 생겼다. 4대째 가게를 이끄는 젊은 주인들이 테이크아웃만 가능한 기존 식료품점 근방에 매장에서도 음식을 먹을 수 있는 '러스 앤 도터스 카페'를 연 것이다. 그중 한 곳은 여기 식료품점과 가까우니 우선 식료품 구경을 한 다음 그 카페로 가서 시식하는 것도 좋은 방법이다. 뉴욕의 보물과 같은 이런 오랜 전통이 계속 보존되려면 이렇게 작은 변화가 필요하다. 다만 본질이 흐려져 그 변화가 오랜 전통을 훼손하는 일이 없기를 바랄 뿐이다.

러스 앤 도터스의 기반을 닦게 해준 것이 절인 청어라면 이곳을 여왕으로 등극시킨 것은 훈제 생선들이다. 그중에서도 캐비어를 낳는 철갑상어^{Sturgeon}로 만든 훈제 철갑상어다. 베이글 위에 크림치즈나 버터를 바르고 짭짤한 훈제 생선을 올리면 최고의 조합을 맛볼 수 있다. 다양한 방식으로 훈제한 생선은 덩어리마다 염도가 다를 수 있으니 구입하기 전에 시식을 요청한 후 결정해도 괜찮다. 종류로는 은대구sablefish, 철갑상어, 화이트피시whitefish, 처브chub, 숭어, 노란 참치, 후추 뿌린 고등어가 있다. 훈제 은대구는 가운데 가시를 중심으로 발라서 훈제한 것으로, 한쪽은 생선 껍질이고, 뼈가 있었던 살의 단면에는 파프리카 가루를 뿌려 주황색을 띤다. 훈제 연어보다 두툼하게 썬 훈제 은대구 한점을 입에 넣는 순간 버터가 녹듯 입안에서 사르르 사라진다. 훈제 연어만큼 대중화된 음식은 아니라서 러스 앤 도터스와 같은 전문점이 아니라면 구입하긴 쉽지 않다.

훈제 철갑상어도 판매하는데, 앞서 언급한 것처럼 이 가게를 주제로 한 다큐멘터리 제목이 철갑상어다. 이 철갑상어의 알이 샴페인과 함께 곁들이는 3대 진미 중의 하나이다. 멸종위기 어류이기 때문에 지금은 주로 양식을 하는데 여전히 가격이 비싸다. 알뿐만 아니라 훈제 철갑상어 자체도 훈제 생선 중 가장 비싸다. 이 생선은 자른 단면에 나이테처럼 선이 있으며 가장자리는 살짝 노르스름한 빛깔을 띤다. 솔직히 처음 먹었을 때는 기대에 미치지 못했다. 아마도 높은 가격대만큼이나 올라간 기대감이 순수하게 그 맛을 느끼는 데 걸림돌이 되었던 것 같다. 하지만 먹어볼수록 생선살의 담백함과 함께 느껴지는 감칠맛은 결국 그 진가를 인정하게 했다.

		4
1		
2	3	5

1 · 훈제 생선 진열대
2 · 훈제 민물 생선, 화이트피시와 청어
3 · 다양한 크림 치즈들
4 · 자체 생산하는 다양한 베이글과
　　 훈제 생선
5 · 4대째 가업을 이어오는
　　 니키Niki Russ Federman와
　　 조시Josh Russ Tupper와 함께

My Pick

슈말츠 헤링 필레
Schmaltz Herring Fillet

100년 된 레시피로 만든 기본 메뉴인 절인 청어 외에도
메뉴가 다양하다. 스웨덴 마티에스 청어는 한 번도 알을
배지 않은 어린 청어를 짧은 시간 절인 것으로 살이 불그
스름하다. 기름진 청어 요리인 슈말츠 헤링 필레는 빵처
럼 두껍게 썬 삶은 감자 위에 얹어 먹으면 짠맛이 중화
되면서 더 맛있게 먹을 수 있다. 여기에 화이트 와인이나
보드카, 혹은 북유럽의 감자 증류주인 아쿠아비트Aquavit
를 곁들이면 환상적인 조화를 이룬다.

price $12.00/4filets

롤몹스
Rollmops

다른 절인 청어보다 더 짜게 절인 청어를 양파 조각으로
말아 술안주로 먹기 좋게 이쑤시개로 찍어놓은 것을 롤
몹스라 하는데, 독일식이어서 차가운 맥주 안주로 좋다.

price $12.00/4filets

피클드 헤링 인 크림소스 앤 어니언즈
Pickled Herring in Cream Sauce and Onions

뭔지도 모르고 파티에서 정신없이 먹었던 그 절인 청어다. 절인 청어를 잘게 썬 다음, 얇게 채를 썬 양파와 사워 크림으로 만든 소스를 곁들여 먹는다. 이걸 호밀빵에 얹어 먹거나 차게 식힌 삶은 감자와 같이 먹기도 한다. 나는 주로 그냥 먹는 쪽이다.

price $12.00/4filets

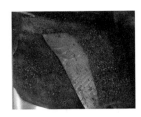

그라브락스
Gravlax

이곳에서 파는 그라브락스는 북유럽에서 유래된 것으로 연어에 소금, 설탕, 딜을 넣어 냉장고에서 숙성시킨 것이다. 생각보다 만들기 쉬워 집에서 만들어볼 수 있지만 작은 양보단 홈파티가 있을 때 만들어보는 것이 좋다. 짧은 시간에 절인 것이라 생선회나 훈제 대구와 비슷하며 익혀서 먹는 음식은 아니다.

price $44.00/1LB

벨리 록스
Belly Lox

벨리 록스는 창업자 조엘 러스가 손수레를 끌고 다니며
팔았던 메뉴로 연어 부위 중 가장 기름이 많은 배 부위를
소금물에 절인 것이다. 이 맛을 보고 나면, 다시 훈제 연
어로 돌아가지 않는다고 할 정도로 이 요리의 마니아들
도 많은 편이다. 만드는 방법이 확실하게 다르지만 많은
사람들이 훈제 연어를 록스로 혼동해 부르기도 한다. 훈
제 연어든, 록스든 얇게 저민 적양파와 케이퍼와 함께 먹
어야 더 맛있다. 생선 부분에서 가장 기름진 부분이어서
좋아하나 그냥 먹기에는 훈제 연어보다 짜다.

price $44.00/1LB

슈퍼 힙스터 온 어니언 베이글
Super Heebster on Onion Bagel

양파 베이글이나 원하는 베이글로 만들어주는 샌드위치
중 하나다. 홀스래디쉬와 딜을 넣어 만든 크림치즈를 먼
저 바른 후, 흰살생선 샐러드와 익힌 연어 샐러드를 올려
준다. 토마토와 양파, 상추는 주문할 때 추가하면 된다.
연달아 두 끼는 이 샌드위치로 해결할 수 있다.

price $14.00

유대인의 소울 푸드
'크니쉬'
호호 불어먹는 맛

요나 쉬멜 크니쉬 베이커리
Yonah Schimmel Knish Bakery   **Since 1890**

크니쉬는 으깬 삶은 감자에 쇠고기, 야채 등을 섞은 것을 밀가루 반죽으로 싸서 기름에 튀기거나 오븐에 구운 유대인 음식이다. 크니쉬의 주재료가 감자이다 보니 감자 얘기가 나올 때면 늘 생각나는 일화가 있다. 어느 날 지인이 생일이라고 소포 하나를 받았는데, 상자가 무지막지하게 크더란다. 호기심과 기대를 안고 상자를 풀었는데 글쎄, 상자 안에 감자만 가득 들어 있었다고 한다. 워낙 감자를 좋아하다 보니 친척이 깜짝 선물로 보낸 것이다. 선물로는 좀 투박스러워 보이지만, 그에게는 그 어떤 것보다 감동과 추억을 주는 선물이어서 그날의 일을 여전히 즐거운 추억으로 기억하고 있다고 했다. 한국인이 식사 때 밥을 꼭 챙기듯 서양에서는 아침에는 빵, 저녁에는 주로 감자를 먹는다. 감자 애호가인 이 지인은 부인이 저녁 준비를 하는 소리가 나면 창고에서 감자부터 열 알을 가져와 깎는다고 한다. 혹시나 감자 요리를 빠뜨리지 않을까 하는 조바심에서 미리 챙기는 것이라고……

《크니쉬: 유대인의 소울 푸드를 찾아서Knish: In Search of the Jewish Soul Food》의 저자 로라 실버Laura Silver는 크니쉬를 미국 유대인의 소울푸드라고 칭했다. 저자 개인적으로는 어린 시절 크니쉬를 사러 할머니와 함께 늘 갔던 가게가 없어지는 것을 보면서 크니쉬에 대한 추억과 애정이 더욱 커졌다고 한다. 베이글은 유대 음식으로 유명한데, 그에 비해 크니쉬는 잘 알려지지 않았으며 크니쉬를 만드는 크니셔리Knishery 또한 점점 사라지는 추세다. 로라 실버는 '크니쉬 운동가'라고 할 만큼 크니쉬와 관련한 여러 행사를 기획하고 있다. 그녀의 이런 열정을 보면서 한 사람의 인생에서 음식이 주는 추억과 가치가 얼마나 중요한지 다시 한번 느끼게 되었다. 주로 '소울 푸드Soul Food'나 '컴포트 푸드Comfort Food'라 하는 음식들은 음식 그 자체보다는 마음에서 오는 양념, 즉 추억이 더욱 그 음식을 맛있게 만드는 것 같다. 여기에 같은 추억이 있는 가족, 지인, 친구들이 그 음식을 가운데 두고 한자리에 모인다면, 이보다 더 좋을 순 없겠다.

크니쉬는 러시아와 동유럽 유대인들의 허기를 채워준 매우 친숙한 간식이었다. 한번 먹어보면 그 당시에 힘들게 살아가는 이민자들에게 크니쉬가 얼마나 따뜻한 음식이었는지 짐작할 수 있다. 가장 전통의 방법은 손으로 반죽해 오븐에 굽는 것이다. 미국에서는 주로 유대인들이 많이 사는 지역에서 핫도그를 파는 노점이나 정육점에서 판매했다. 요즘 노점에서 파는 크니쉬는 주로 기름에 튀긴 것이 많다. 양념한 으깬 감자만 넣은 것도 있고, 간고기나 양파, 메밀, 치즈를 넣은 것도 있다. 주황색의 단 감자, 검정콩, 과일, 브로콜리, 두부, 시금치 등을 넣은 크니쉬도 등장했다. 칵테일 파티에서 먹기 편하게 아주 작게 만드는 크니쉬도 있다. 파티용 작은 전채인 오르 되브르^{hors-d'oeuvres}에 비해 포감감이 높고, 송로버섯의 향까지 넣은 고급화된 크니쉬도 있다.

밀가루를 반죽해 소를 넣어 빚는 게 크니쉬가 꼭 우리나라의 왕만두 같은데, 그러고 보면 사람 사는 것이 다 거기서 거기라는 생각이 들기도 한다. 다만 크니쉬에는 감자가 아주 가득 차 있어 이 한 개만 먹어도 푸짐한 포만감을 느낄 수 있다는 점이 좀 다르다. 요즘 한국에도 어떤 왕만두는 한 개만 먹어도 배가 든든할 정도로 푸짐하다 하니 한번 비교해 보는 것도 좋겠다. 그러나 이 집의 크니쉬만큼 만두피가 종이처럼 얇지는 않을 것이다.

1

1 • 시간이 지나도 변치 않는 외관

2 • 크니쉬 전시 외관 창문

2	3

3 • 선대 오너인 알렉스 윌프먼의 딸이자
현재 오너인 엘런Ellen Anistrator과 함께

1890   하우스턴가의 남쪽 선상을 지나다 보면 세월의 흔적을 그대로 간직한 허름한 가게 하나가 보인다.

출입문을 사이에 두고 양쪽 창문에는 그때그때 두서없이 붙여 놓은 광고 포스터, 사진, 신문 조각들이 있고, 100년 넘게 전해져 오는 레시피로 만든 크니쉬가 오랫동안 쓴 티가 나는 네모난 철쟁반에 가득 올라져 있다. 진열대 안에는 "유대인이 아니더라도 크니쉬를 먹는다You don't have to be Jewish to eat a knish"라는 문구가 적힌 인쇄물이 붙어 있다.

루마니아에서 미국으로 이주해온 요나 쉬멜Yonah Schimmel은 1890년에 처음으로 손수레에서 크니쉬를 팔기 시작했다. 노점 장사가 잘되자 작은 가게를 얻어 사촌 조지프 버거Joseph Berger와 동업을 시작했다. 요나 쉬멜이 일선에서 물러나면서 조지프 버거가 가게를 넘겨받았고, 나중에 조지프 버거가 가게를 인수해 같은 이름으로 영업을 계속하다가 1910년에 현재 위치한 이 가게로 옮겨왔다. 현재는 요나의 가족들이 가게를 맡아 운영하고 있는데, 요나의 조카 손자인 알렉스 월프먼Alex Wolfman에 이어 지금은 패션 디자이너 출신의 딸이 그 뒤를 이어가고 있다.

1968년, 뉴욕에서 발간되던 잡지 《언더그라운드 고메The Underground Gourmet》에서 지난 50년간 뉴욕에서 선출된 정치인 중 로어 이스트 사이트에서 크니쉬를 먹으며 찍은 사진 하나 없는 정

1

2

1 • 몇 번을 덧칠했는지 알 수 없이
    오래된 진열대
2 • 요나 쉬멜 크니쉬 베이커리의
    역사를 말해주는 사진들

치인은 없을 거라고 언급할 정도로 이곳의 역사가 깊다. 그 사실을 증명하듯 수많은 정치인이 이곳을 방문했고, 그들의 기념사진과 서명으로 가게 벽이 빼곡하다. 일례로 프랭클린 루스벨트의 부인 엘리너 루스벨트는 이곳에서 남편의 대선유세를 도왔다. 또 대통령 시어도어 루스벨트도 경찰청장 시절 이곳을 즐겨 찾았다고 한다.

2019   이 집에서 제일 맛있는 크니쉬는 바로 '갓 나온' 크니쉬다. 오븐에서 갓 나온 것이 있으면 그게 어떤 크니쉬이든 주문부터 한다. 그리고 4등분을 내달라고 부탁하면서 늘 마음속으로 한 조각만 먹어야지 다짐한다. 곁들여 나오는 겨자를 미처 바를 새도 없이 따뜻한 조각을 한입 베어 물었을 때의 그 맛은 먹어본 사람만 안다. 결국 한 조각만으로 끝나지 않으리라는 것은 첫맛을 보는 순간 깨닫게 된다. 일반 핫도그 가판대에서 파는 튀긴 크니쉬와 비교할 수 없는 맛이다. 얇은 피 안에 들어간 감자와 다양한 소가 행복한 포만감을 준다. 크니쉬가 갓 만들어져 나올 때를 맞추어 가지 못하더라도 원하는 크니쉬를 알맞게 데워주기 때문에 큰 걱정을 할 필요는 없다.

My Pick

크니쉬
Knish

처음에는 종류가 얼마 되지 않았지만, 지금은 간식뿐만 아니라 후식으로 먹을 수 있도록 종류가 훨씬 더 다양해졌다. 기본은 삶은 감자를 으깨서 거기에 양념만 섞은 감자 크니쉬, 삶은 메밀을 넣은 카샤 크니쉬다. 브로콜리 크니쉬, 시금치 크니쉬, 적양배추 크니쉬, 모둠 채소 크니쉬, 버섯 크니쉬, 고구마 크니쉬도 있다. 개인적으로 감자와 모둠 채소 크니쉬를 선호한다. 크니쉬를 먹을 땐 베이글처럼 반을 자르고 그 한쪽 단면에 겨자를 바르고 먹는 방법이 있고, 크니쉬 위에 겨자를 얹어 4등분, 6등분으로 잘라먹는 방법도 있다. 감자의 담백함에 겨자의 자극적인 맛이 기막힌 조화를 이룬다. 최근 출시된 신메뉴로는 다진 할라피뇨가 감자 사이사이에 들어간 크니쉬로. 모차렐라 치즈 혹은 체더 치즈가 올려져 나오며 심심한 감자의 맛과 자극적인 고추의 맛이 절묘하게 어우러진다.

price $4.25

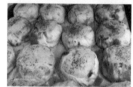

감자 랏케
Potato Latke

꽤 기름지긴 해도 유대 음식을 파는 곳에 빠지지 않는 메뉴가 감자 랏케이다. 우리나라의 채 썰어 만든 감자전과 비슷할 수 있다. 유대교 축제인 하누카Hanukka 기간에는 전통에 따라 사과 소스가 나온다. 기름진 맛을 죽이기 위해 그리스식 요거트와 서양 고추냉이를 넣은 소스와 함께 먹는다.

price $3.00

에그 크림
Egg Cream

크니쉬를 먹을 때 마실 것이 필요하다면, 미국인들에게 추억의 음료인 '에그 크림'을 골라본다. 이름과 달리 달걀과 크림, 어느 것도 들어가지 않는 음료다. 초콜릿, 바닐라 시럽, 차가운 우유를 넣고 차가운 탄산수를 더해 만드는데, 밀크셰이크보다 열량이 낮고 상큼하다. 우리나라의 밀키스가 이 맛을 흉내 냈다고 하는데 개인적으로 성공작은 아니다. 이렇게 포만감을 주는 크니쉬와 에그 크림을 곁들이면 내 나라의 소울 푸드가 아니라도 100년을 이어온 그 흔적에 마음이 풍성해진다.

price $2.00

만원 지하철처럼
북적이는 게 제맛인
다이브 바

밀라노스 바
Milano's Bar

하우스턴가에는 100년이 넘는 가게들이 유독 많다. 캣츠 델리, 러스 앤 도터스, 요나 쉬멜 크니쉬 베이커리 등등. 이곳들을 지나 계속 하우스턴가의 서쪽으로 걷다 보면 멀베리가 전에 밀라노스 바가 나온다. 어느 날 이른 저녁을 먹고 나서 미국인 친구가 가볍게 한잔하러 가자고 해 끌려갔던 곳이 이곳이다. 그날따라 사람들로 빼곡해 그 좁은 입구를 지나가려니 출근길 만원 지하철을 비집고 들어가는 것 같았다. 요즘 뉴욕 지하철이 많이 개선되긴 했지만, 내가 처음 뉴욕에 왔던 때만 해도 뉴욕 지하철은 온갖 쓰레기와 고장 난 조명, 무질서한 낙서로 가득한 괴물 열차였다. 거기에 다양한 인종에 각양각색의 사람들로 가득해 엄청나게 놀랐던 적도 많았다. 지금 와서 얘기지만, 그 험악한 분위기에 놀라 처음 몇 번은 차마 타지 못하고 열차를 그냥 떠나보낸 적도 있었다. 뉴욕 지하철은 나에게 이런 기억으로 남아 있다.

밀라노스 바의 입구는 처음 뉴욕 지하철을 경험했던 그때의 기억을 떠오르게 하지만, 동시에 이 분위기를 비집고 지나가면 그다음에는 무엇이 있을지 강한 호기심을 불러일으키기도 한다. 사진과 광고가 가득 붙은 벽면을 지나 음악과 소음을 뚫고 간신히 술 한잔하고 나왔던 것이 밀라노스 바에서의 나의 첫 기억이다. 이렇게 붐비는 곳에서는 바텐더에게 술을 주문하는 일에도 강한 인내심이 필요하다. 일단 바텐더와 눈이 마주칠 때까지 한없이 기다려야 하고, 그렇다고 너무 저돌적으로 굴어서 진상처럼 보이는 것도 곤란하다. 자기 차례를 얌전히 기다리면서 동시에 기회를 잽싸게 잡아야 한다. 그렇게 획득한 맥주 한 잔을 손에 쥐고, 잘 들리지도 않은 친구의 이야기에 대충 고개를 끄덕이면서, 또 내가 말을 할 때는 친구의 귀에 대고 소리를 지르면서 바의 분위기를 즐기면 된다. 결국에는 너무 시끄러워 대화를 포기하고 술만 마시게 되는데, 이런 시끌벅적한 바의 미덕은 그런 게 아닐까? 대화 없이도 어색하지 않게 사람들과 어울릴 수 있다는 사실 말이다. 그때 밀라노스 바를 함께한 친구는 지금 연락도 닿지 않지만, 밀라노스 바만은 여전히 건재하다.

밀라노스 바는 뉴욕에서 가장 오래된 '다이브 바Dive Bar'이다. 실제로 'Dive Bar'라는 상호명으로 영업을 하는 가게가 뉴욕 어퍼 웨스트 사이드 지역에 있기는 하지만, 사실 다이브 바는 고유명사라기보다는 특정한 분위기의 장소를 지칭하는 말이다. 과거에는 평판이 좋지 않거나 지역 사회에 해가 되는 동네 술집을 다이브 바라고 했지만, 현재에는 지역 주민들이나 친구들이 하나둘 모여 한잔씩 하는 허름한 동네 술집 같은 곳을 의미한다. 미국 술집에서는 단골손님을 '레귤러Regular'라고 부르는데, 이런 다이브 바는 항상 레귤러들로 그득하다. 특히 다이브 바의 단골손님들은 유난히 다양한 계층의 사람들인 경우가 많다. 이른바 유명 작가에서 동네 좀도둑까지 모두가 단골이다. 다이브 바에서는 이들 모두가 팔꿈치를 부딪쳐가며 비좁은 공간에서 함께 술을 마시며 대화를 나눈다. 술값만 지불할 수 있다면 술 한 잔 앞에 모두가 동등해지는 곳. 어찌 보면 가장 민주적인 곳이다. 이런 바에서는 혼자 온 손님과 말 상대를 해주는 바텐더의 역할도 중요하다. 그래서 바텐더가 다른 바로 자리를 옮기면, 단골들이 따라가기도 한다.

1880   밀라노스 바의 역사도 만만치 않다. 1880년에 처

음 문을 열고 나서 금주령 시대를 제외하고는 계속 이곳을 지키고 있다. 밀라노 출신의 가족이 운영하던 1923년에는 아침 7시부터 문을 열었다고 한다. 밀라노스 바 근방의 보워리가는 미국 건국 초기까지만 해도 미국에서 가장 큰 극장이 들어선 문화의 중심지였다. 그러나 남북전쟁으로 폐허가 되면서 빈민자들을 위한 자선단체, 저소득 1인 가구 주거 시설인 S.R.O$^{Single Room Occupancy}$, 여인숙, 술집 들이 대거 들어섰다. 당연히 S.R.O나 여인숙에 묵는 사람들 대다수가 저소득자나 노숙자 들로 아주 작은 일인용 침대가 들어가는 개인용 공간을 제외하고는 화장실, 욕실, 부엌 모두 공동으로 사용해야 했다. 밀라노스 바는 이들이 좁고 답답한 공간에서 잠시 탈출해 휴식을 취할 수 있도록 일종의 거실 같은 공간을 제공해주었다. 또한 술값으로 현금 대신 정부에서 받은 생계보조금 수표도 받아주었고, 심지어 환전과 외상도 해주었다고 한다. 영업시간도 길어서 밤늦게 일이 끝나는 사람들과 야간직을 하고 아침에 일이 끝나는 사람들의 쉼터가 되기도 했다. 이곳은 단순한 술집을 뛰어넘어, 저소득자들의 사교 장소 및 작은 금융기관이라고 해도 과언이 아니었다. 그러나 지금은 이 동네가 젠트리피케이션으로 몰라보게 바뀌었다. 옛 단골들, 예술가들이 차지하던 자리는 점점 젊은 뉴요커들과 관광객으로 채워지고 있다.

2019　　사실 매일 이 앞을 지나다녀도 이곳에 밀라노스 바가 있는지 전혀 알아차리지 못할 수 있다. 출입문이 워낙 좁기도 하지만, 낮이나 밤이나 컴컴해서 그 존재감이 두드러지지 않기 때문이다. 이 집을 방문하기로 마음먹고 와도 막상 입구를 보면 망설여질 수도 있다. 긴 스탠드와 앞의 의자만으로 공간 절반 이상이 꽉 차서 주말 저녁같이 사람이 많은 날에는 입구에서부터 만원 버스를 타는 기분으로 통로를 비집고 들어와야 하기 때문이다. 겨우 발을 들여놓고 바를 바라보면 다양한 종류의 술병과 세월의 무게가 느껴지는 잡동사니로 실내가 가득한 것을 볼 수 있다. 그중에서 누렇게 바래 얼룩덜룩해진 표지판에 검은색 글자로 쓰인 문구 하나가 눈에 들어온다. "뉴욕은 미친 술집과 같은 도시지만, 절대로 지루해 죽을 일은 없는 곳이다. 즐겨라!New York may be a crazy (tavern), but you'll never die of boredom. Enjoy!"

반대편 벽은 요즘으로써는 정말로 보기 드문, 카메라 현상 사진으로 도배되어 있고, 사진 속엔 이름도, 얼굴도 모르지만 하나같이 즐거운 표정을 하고 있는 손님들이 그득하다. 긴 바가 끝나는 곳에서부터 작은 식탁과 의자 몇 개가 놓여 있고, 유료로 작동하는 주크박스도 있다. 2017년부터는 화요일과 목요일 낮 2~3시에 시작하여 4~5시에 끝나는 라이브 재즈 음악도 즐길 수 있다. 그 시간

1 · 비좁은 입구와 술판매대
2 · 25년을 근속한 바텐더 재키Jacki와 함께
3 · 세월을 증명하는 술판매대의 벽
4 · 화요일 오후에 열리는 코린 스티걸 트리오
  Corin Stiggall Trio의 재즈 공연

은 그리 붐비지 않아 비가 오는 오후에 바에 앉아 술 한잔, 아니면 콜라 한잔 시켜놓고 재즈 공연을 보는 것도 꽤 운치 있다. 이곳은 주말에는 약간 늦게 문을 열지만 주중에는 아침 8시에 어김없이 문을 열어 낮술도 가능하고, 무려 새벽 4시까지 영업을 한다.

보통 다이브 바에서는 허름한 술집답게 구멍가게에서 파는 작은 규격의 감자칩과 옥수수칩도 파는데, 허기가 느껴진다면 커다란 유리병에 들은 계란피클을 주문할 수 있다. 그러나 아쉽게도 이 집은 계란피클은 없고 칩만 판매한다.

밀라노스 바에서는 화요일마다 위스키를 마시는 손님들에게 피클주스를 '체이서Chaser'로 서비스해준다. 체이서란 독한 술을 마셨을 때 그 독한 맛을 지우거나 혹은 취기를 지연시키기 위해 마시는 무언가를 말하는데, 체이서의 종류로는 맥주, 소다, 물 등으로 다양하다. 체이서로 서비스되는 이 집의 피클주스는 피클을 만들 때 들어가는 각종 양념과 소금으로 삭힌 국물이다. 우리의 백김치 국물과 비슷한데 그만큼 맛있지는 않다. 하지만 밀라노스 바에서 25년간 바텐더로 일한 재키Jackie의 말에 따르면, 요즘은 피클주스 공급이 원활하지 않아 이 서비스가 중단됐다.

참고로 미국의 피클주스 체이서 문화는 2006년 브루클린에 있는 다이브 바인 '부쉬윅 컨트리클럽Bushwick Country Club'에서 시작됐다. 피클을 먹기도 하고, 피클주스를 먹기도 하는데 세계적으로도 이런 체이서 문화는 존재한다. 러시아에서는 보드카와 함께 피클을 먹고 멕시코에서는 테킬라를 마신 후 피클주스를 마신다. 폴란드에서도 피클이 숙취에 좋다고 알려져 있다. 몇 년 전, '발효 페스티벌Fementation Festival'에 참석한 적이 있는데, 여기서 김치주스를 파는 걸 봤다. 한류 열풍 덕에 혹시 언젠가는 동치미 국물을 이런 술집에서 보게 되는 것은 아닐까? 미국의 다이브 바 분위기를 느껴보고 싶다면 음악이 있는 화요일과 목요일에 방문해보기를 권한다.

My Pick

롤링 록 캔+웰 드링크

Rolling Rock Can+Well Drink

아침 8시부터 판매하는 메뉴이자 해피아워에 이곳 고객들이 가장 좋아하는 술 메뉴이기도 하다. 캔맥주와 함께 고도주가 체이서로 나오는데, 한국의 소맥과는 마시는 방법이 다소 다르다. '웰 드링크'는 주로 값싼 테킬라다. 주로 테킬라를 마시기 전 소금이 손에 안착할 수 있게 손등을 적신 후 거기에 소금을 뿌린다. 그리고 그 독한 테킬라를 원샷으로 마시고 손등을 핥는다. 그러나 여기서는 그 소금을 맥주로 대신하며, 마지막에 라임 조각을 한 조각 빨아먹는다.

price $5.00

기네스

Guinness

기네스는 잔에 따르면 질소 때문에 흰색 거품이 아래에서 위로 올라온다. 이 시간이 꽤 걸리는 편인데, 개인적으로 이 과정을 바라보는 걸 좋아한다. 마시는 것도 좋지만 보기에도 즐거운 흑맥주다.

price $5.00

아이피에이

IPA(Indian Pale Ale)

다행히 내가 가장 좋아하는 IPA 맥주 한두 가지가 생맥주로 제공된다. 홉 향이 강하고 쌉쌀한 맛이 매력인 크라프트 맥주 제조장의 IPA에는 감자칩 안주가 적격이다. 작은 봉지에 든 4~5가지 종류의 칩을 판매하고 있다. 바텐더 재키는 '더티 포테이토 칩스dirty potato chips'에 '사워크림 앤 어니언sour cream & onion'을 곁들여 먹는 것을 추천한다. 맥주와 더 바랄 게 없는 궁합을 자랑한다.

price $5.00

자리에 앉는 순간
150년 전의 정취가
밀려오는 펍

페넬리 카페
Fanelli Café

어느 방향에서든 보일 수 있도록 건물 코너에 내걸린 '페넬리 카페' 네온 간판을 볼 때마다 나는 이곳에서의 크고 작은 추억들이 두서없이 떠오른다. 내가 가장 좋아하는 비좁은 바 옆 창가 쪽 자리에 겨우 자리를 잡고서는 자리를 놓칠까 안절부절못하며 어렵게 주문한 맥주를 건네받았을 때도 생각나고, 홀짝홀짝 맥주 한 모금씩 하며 친구와 이야기하던 기억도 나며, 술 한잔 앞에 두고 지나가는 사람을 멍하니 쳐다보기만 했던 시간도 떠오른다. 만약 건물도 말을 할 수 있다면, 나처럼 이곳을 스쳐간 수많은 이름 없는 얼굴들과 그들의 작은 이야기들을 속삭여줄 것만 같다. 아무

도 기억해주지 않을 저마다의 사연과 추억을 넉넉한 품으로 안고 있는 듯한 분위기의 술집이지만, 음식 맛이 기대 이상으로 뛰어나 놀랐던 기억도 있다. 특히 바에서 피자 한 조각 시켜 친구와 나눠 먹었을 때의 그 맛은 지금도 잊지 못한다. 어쩌다 이곳에서 점심을 먹게 되는 경우가 종종 있었는데, 그럴 때마다 음식 맛에 반해 자주 와야겠다고 다짐했던 기억도 난다.

1847　　1847년에 문을 연 페넬리 카페는 1863년쯤 약 1년 간 술을 팔기도 했으나 거의 20년 동안은 식료품 점으로만 운영되었다가 1867년 술집으로 업종을 완전히 전환해 지금까지 이어지고 있다. 페넬리 카페는 이 지역의 변천사를 온몸으로 체험한 가게다. 이 집이 처음 문을 연 19세기 중반만 하더라도 사람들이 마차를 타고 와서 술 한잔 마시고 가던 때였다고 하니 전 세계의 온갖 명품가게들이 들어선 지금의 모습으로서는 상상하기가 쉽지는 않다. 원래는 농경 지대였던 이 지역에 저택들이 하나둘 지어지면서 중류층들의 이주가 활발해졌고, 근처 브로드웨이를 중심으로 유명 가게들이 속속 입점하면서 번화해졌다. 그 무렵 페넬리 카페 뒷길이 홍등가로 바뀌면서 그 건물 2층에 매춘업소가 들어왔다고 한다. 한 건물에 그런 업소가 들어서다 보니 이 집 또한 가족과 같이 오기는 불편한 곳이 되었고, 자연히 남자들만 출입하는 유흥업소로서의 성격에 가까워졌다고 한다. 세월이 흐름에 따라 주인도 여러 번 바뀌었다. 1905년부터 1922까지는 해리 그린Harry Green이라는 자가 '프린스 카페Prince Café'라는 이름으로 운영을 했고, 1922년에 마이클 페넬리Michael Fanelli가 이 가게를 인수하면서 상호를 지금의 페넬리 카페로 바꾸고 운영했다. 마이클 페넬리가 주인으로 있었던 60년 동안 실내를 전혀 개조하지 않아 아직도 빅토리아 시대의 실내 분위기

를 그대로 유지하고 있다. 미국의 금주령 시절엔 진과 와인을 만들어 단골손님들에게만 몰래 팔았다고 한다.

2차 세계대전 전까지만 해도 페넬리의 단골들은 소호 지역 섬유 및 의류 공장에서 일하는 노동자들이었다. 하지만 1950년대 이후 대형 제조업체들이 미국 남부로 빠져나가면서 많은 공장과 창고 들이 방치되거나 버려지기 시작했는데, 이렇게 생겨난 빈 공장 터를 두고 "100에이커의 지옥Hell's Hundred Acres"이라고 할 정도였다. 그러다 1960년경부터 크고 넓은 공장 터에 값싼 임대료라는 매력에 많은 예술가가 이곳으로 몰려들었고, 폐허 직전의 동네는 가난한 예술가들이 창작활동을 하는 공간으로 활기를 되찾기 시작했다. 자연스레 페넬리 카페도 예술가들로 넘치게 되었다.

마이클 페넬리는 처음에는 예술가들을 불편해했지만 시간이 지나면서 마지못해 좋아하게 되었다고 한다. 새로운 주민인 예술가들은 이 동네의 거리와 건물 분위기에 매력을 느꼈다. 특히 60년 동안 아무것도 바뀌지 않은 페넬리 카페에 큰 점수를 줬다.

마이클 페넬리가 퇴직할 즈음 그의 두 아들은 이 사업에 관심이 없었다. 하지만 가게에 대한 애착이 남달랐던 마이클은 이 동네에 오래 살았던 한스 노아Hans Noe에게 상호와 가게를 바꾸지 않겠다는 약속을 받고 1982년에 가게를 물려주었다. 한스 노아가 죽으면서 그의 아들 샤사 노아Shasa Noe가 가게를 이어나가고 있다.

100년을 한결같이 사랑받는 가게들이 꼭 가족을 통해서만 이어져 내려오는 것은 아니다. 주인은 바뀌어도 그 분위기와 문화와 정신을 계승한다면, 그 역시도 역사로 인정받을 가치가 있을 것이다. 현재 오너인 샤샤 노아와 잠시 이야기 나눌 기회가 있었는데, 지금 가게에서 힘들게 일하는 것보다 이 자리에 유명 브랜드 매장이 들어오게 해 임대료를 받는 것이 훨씬 더 이윤이 크다고 했다. 그럼에도 그는 아직도 이곳을 지키고 있다!

2019 페넬리 카페는 프린스가Prince Street와 머서가Mercer Street가 만나는 교차점 남서쪽 모퉁이에 있는 건물에 위치해 있다. 건물 모퉁이 기둥 뒤쪽으로 입구가 나 있고, 출입문과 기둥 사이에 삼각형 모양의 작은 공간이 있다. 그 작은 공간은 눈과 비를 피할 수 있어 좋으나 들고 나는 사람이 많을 때는 수시로 정체되는 구간이다.

이 집 유리문을 열고 들어갈 때마다 유리를 손으로 만져보곤 한다. 도드라지거나 들어간 부분이 손가락 끝으로 느껴진다. 요즘은 반투명테이프를 유리에 붙여 부조 장식을 흉내내는 일이 많은데, 이 유리문의 부조는 진짜다. 문을 열고 안으로 들어서면 고풍스러운 긴 바에 다시 한번 시선을 빼앗기게 된다. 시시때때로 바에 앉아 술 한잔하고 가는 예술가들도 많았을 터. 앤디 워홀, 데이비드 보위, 필립 글래스 등 수천의 예술가가 소호를 거처로 삼고 작품활동을 이어갔고, 또한 소호가 뉴욕을 넘어 전 세계 미술 시장의 중심이 되면서 페넬리 카페의 유명세도 그만큼 높아져 갔다. 하지만 소호의 치솟는 임대료를 피해 다시 예술가들이 낡은 창고들이 밀집해 있던 첼시로 떠나면서 이곳의 분위기도 많이 바뀌었는데, 가령 여기서 우연히 만나 술 한잔 기울였는데 몇 년 후 알고 보니 유명한 예술가가 되었다는 식의 에피소드를 만들 기회는 이제 많이 줄었다. 유명인을 찍으려고 문밖에서 대기하는 파파라치들의 시대도 저물었다. 오랜 시간 동안 유명한 사람들이 드나들던 곳이지만 지금은 오래된 실내 분위기로만 그때의 정취를 느껴볼 수밖에 없다.

보통의 바와 음식점은 특정 시간대에만 사람이 몰리지만 이곳은 거의 온종일 붐비는 편이다. 운 좋게 타이밍이 잘 맞아 바 자리에 앉았다면 이곳의 분위기를 마음껏 즐겨볼 수 있는 기회를 잡은 것이다. 맨 처음 눈에 들어오는 건 벽에 걸린 사진들이다. 예술가들이 모였던 카페인데 난데없이 수많은 권투선수들의 사진이 걸려 있어 처음에는 의아한 마음이 생길 수밖에 없다. 하지만 이전 오너인 마이클 페넬리가 권투선수였다는 걸 알면 또 다른 흥미가 생긴다. 술 마시는 손님들이 행여 추태라도 부리면 전직 권

1 • 긴 세월이 엿보이는 입구
2 • 매장 내 전시된 옛 주류면허증
3 • 주인 새시Sashe Noe와
　　지배인 에릭Eric Buechel과 함께
4 • 부조 유리 출입문
5 • 권투선수 사진들로 장식된
　　바 내부 모습
6 • 뒤쪽에 자리한 아늑한
　　식당 내부 모습

투선수 주인과의 사이에 무슨 일이 벌어졌을지는 상상에 맡기도록 하겠다.

또 하나 재미있는 일화는 여기서 오래 일한 세르비아 출신의 바텐더 밥 보직^{Bob Bozic} 또한 전직 권투선수였다고 한다. 특유의 괴짜 같은 행동과 손님을 맞는 유쾌한 태도로 유명세를 얻은 바텐더인데, 아버지 때에 빼앗겼던 저택을 되찾기 위해 고향 세르비아로 돌아가면서 22년간의 바텐더 생활을 마무리했다.

식사를 하겠다고 하면 이태리 음식점에서 흔히 볼 수 있는 빨간 체크무늬 식탁보를 덮은 식탁으로 안내해준다. 모든 음식은 바에서도 주문할 수 있지만, 친구나 연인과 조용히 담소할 시간을 원한다면 테이블 자리를 추천한다. 음식은 주로 펍에서 보는 메뉴들이 많은 편인데, 뇨끼와 라비올리 같은 이태리 음식도 맛볼 수 있다. 소호에 있는 대부분의 음식점보다 가격이 싼 편이라 마음 놓고 메뉴를 골라도 된다. 바 자리에 앉든, 테이블 자리에 앉든, 자리가 없어 서서 한 잔을 하게 되든, 아니면 운이 좋아 사람 구경하기 좋은 창가 자리에 앉게 되든 좋아하는 사람과 함께 이곳에서 지난 시절, 이곳을 스쳐간 수많은 사람들이 나누었을 각양각색의 대화를 눈으로, 또 마음으로 한번 귀를 기울여보는 시간을 가져보는 것도 좋겠다.

My Pick

할라피뇨 파퍼
Jalapeno Popper

간단히 허기를 채우는 음식을 찾는다면 이색적인 '할라
피뇨 파퍼'를 골라본다. 할라피뇨 고추 속에 치즈를 넣은
뒤 빵가루를 입혀 튀긴 것으로 아주 맵지는 않지만 특유
의 알싸한 맛에 맥주를 곁들이기 좋다.

price $6.00

후무스 위드 토마토, 올리브 & 피타 브레드
Hummus with Tomato, Olives & Pita Bread'

후무스는 병아리콩을 갈아 만든 것으로, 피타 브레드를
찍어 먹는 요리다. 채식주의자들도 즐겨 먹으며 부담 없
는 전채 음식이나 가벼운 안주로도 좋다.

price $8.00

그릴드 치킨 클럽
Grilled Chicken Club

많은 사람들이 찬사를 아끼지 않는 그릴드 치킨 클럽 샌드위치는 7가지 곡물로 만든 빵에 베이컨, 훈제 고다 치즈, 구운 닭가슴살과 타라곤 마요네즈로 속을 채웠다. 네 조각으로 잘려 나오는데 혼자 먹기에는 많은 양이다.

price $11.50

링귀니 위드 마리나라 소스 앤 미트 볼
Linguini with Marinara Sauce and Meat Balls

펍에서 만드는 이태리 파스타가 그리 훌륭하리라는 기대를 하지 않았는데, 이 메뉴는 이제 빠뜨릴 수 없는 음식이 됐다. 대중적인 이태리 파스타이지만 이 한 접시를 비우고 난 후 이곳이 오랫동안 지속될 수밖에 없는 이유를 새삼 깨달았다. 마리나라 소스, 미트볼 모두 수준급이다. 이 집의 파스타가 이렇게 수준급인 데에는 이 책에서도 소개하는 식료품점인 '라페토스'의 파스타를 사용했기 때문인 이유도 있다.

price $16.50

포토벨로 샌드위치

Portobello Sandwich

채식주의자들에겐 포토벨로 버섯 샌드위치를 추천한다. 햄버거 빵만 한 크기의 커다란 포토벨로 버섯의 윗부분을 구운 다음 구운 빨간 피망과 셰리 와인과 양파로 만든 소스를 넣은 샌드위치다. 빵을 빼고 주문할 수도 있다. 요즘 뉴욕 관광 시 빠지지 않은 맛집인 '쉐이크쉑 shake shack'에도 이와 비슷한 메뉴인 '쉬룸 버거shroom burger'가 있다. 쉐이크쉑은 버섯을 빵가루를 입혀 튀겼고, 녹인 치즈에 상추와 토마토를 넣었다. 페넬리 카페의 샌드위치는 칼로리도 낮고 좀 더 건강식에 가깝다.

price $12.00

정신없이 혼잡한데,
그게 또 한없이 아늑한
캐주얼 펍

이어 인
The Ear Inn

Since 1817

이어 인이 위치한 곳은 뉴요커들에게도 잊힌 동네인 듯 한적한 데다가 심지어 새로운 뉴요커는 이 지역이 허드슨 스퀘어^{Hudson} ^{Square}인지도 잘 모른다. 이곳은 소호에서 배릭가^{Varick Street} 건너 서쪽에 있다. 나 또한 여기서 지근거리에 있는 사무실로 오랫동안 출퇴근을 했어도 소호 귀퉁이에 있는 인디 영화관 필름 포럼^{Film} ^{Forum}을 갈 때만 이 근방을 찾았었다. 그러다 허드슨 스퀘어의 중심부에 있는 한 건물의 측량 일 때문에 오다가다 하면서 이어 인을 알게 되었다. 당시만 해도 주변에 주거용 고층 빌딩이 많지 않아서 유동인구가 그리 많은 편이 아니었는데, 신기하게도 이어

인 앞에만 항상 사람들이 그득하게 모여 있었다.

서울도 그렇지만 여타 도시에서도 뒷골목은 대개 사유지와 공유지의 경계가 불분명하다. 가게 앞 보도는 보통 시 관할 영역임에도 가게 물건들이 쌓여 있거나 하는 모습을 자주 볼 수 있다. 가령 냉장고나 물통, 이벤트 상품 등이 나와 있거나 파라솔과 의자도 버젓이 한 자리를 차지하고 있다. 하지만 뉴욕에서는 건물 앞인도에 물건을 쌓아두거나 테이블 등을 마음대로 놓아둘 수 없다. 필요한 경우 꼭 시의 허가를 받아야 하고, 그 구간 또한 명확히 해야 한다. 이를 위반했을 경우 비싼 벌금을 물어야 한다. 그런데 이어 인 앞은 시의 허가를 받은 것도 아닌 듯한데 늘 사람으로 붐빈다. 건물 앞은 무슨 행사라도 하듯, 특히 날씨가 좋은 날은 가로수 아래 있는 벤치며 인도에 사람들로 북적거린다. 그래서 호기심에 처음 들어갔는데, 그제야 사람들이 왜 많은지 알게 되었다. 그리고 불현듯이 생각나는 옛 친구 하나가 있었다. 잠시 인턴일 때문에 영국에서 뉴욕으로 온 조경 건축가인데, 대화할 때 정신을 똑바로 차리지 않으면 무슨 말을 하는지 이해하기 힘든 친구였다. 모든 말이 직설적이지 않아서, 그와 대화를 이어나가려면 머리 회전을 엄청 해야 했다. 그 친구에게는 술은 꼭 이어 인 같은 분위기에서 마셔야 한다는 철칙이 있었다. 즉 어두컴컴하고 손때로 찌든 듯한 느낌의 전형적인 펍 스타일 말이다.

1817　　　뉴욕 허드슨 강변 리버사이드 파크 남단에 매우 독특한 조형물이 있다. 공원 강가에 '제1부두 갠트리Pier 1 Gantry'로 불리는 시꺼먼 철구조물이 바로 그것이다. 갠트리는 무거운 기계나 화물 따위를 들어올리거나 운반하는 데 쓰이는 다리 모양의 구조물이다. 때문에 이곳을 찾는 사람이라면 여기가 옛날 부두였다는 사실을 금방 알 수 있다. 뉴욕시는 부두를 재개발하면서 갠트리를 그대로 두었다. 정확히 말하자면 지나간 시간과 발자취를 새로운 역사 공간에 남겨두자는 취지로 보존을 선택한 것이다. 공원의 수양버들이 옛 부두에 남겨진 녹슨 구조물과 대비되는 모습이 꽤 감각적이다. 물론 모두가 같은 생각을 하는 것은 아니어서 녹슨 철구조물과 각종 부두 시설물이 강가에 떠 있는 것을 보면서 "이왕 치우려면 싹 다 치우지!"라고 이야기하는 사람도 있었다.

뜬금없이 옛 부두와 공원 이야기를 늘어놓은 이유는 이어 인을 찾는 사람들 사이에서도 보존과 개발을 두고 의견이 다양하게 갈릴 수 있기 때문이다. 특히 이곳의 문을 열고 들어가는 순간 더욱 이해하게 된다. 이어 인의 건물은 몇 개 남지 않은 연방 양식Federal Style 건물로 연방정부가 관리하는 '역사적 건물'인 동시에 뉴욕시의 문화재이기도 하다. 이어 인이 입주해 있는 현 건물은 1817년에 미국 독립전쟁 참전용사였던 제임스 브라운James Brown

이 주거하며 1층은 가게로 운영했던 건물이다. 이 건물은 맨해튼 해안 지역이 매립되긴 전인 당시만 해도 강가에서 1.5m밖에 떨어져 있지 않았다고 한다.

뉴욕에서 가장 오래된 술집이 어딘지에 대해서는 항상 논쟁이 있지만 이곳을 지목하는 이들이 적지 않다. 1890년에 아일랜드에서 온 토머스 클록Thomas Cloke이 이 건물을 사서 이곳에서 부두 인부들과 선원들에게 맥주와 술을 팔았다고 한다. 여기서 직접 맥주도 양조하고 음식도 만들어 팔았다. 금주법 시대의 서막이 막 열리려던 1919년에 토머스 클록은 건물을 내놓고 이사를 떠났다.

건물에 새로운 주인이 나섰고, 이때부터 1층은 밀주를 만드는 양조장으로, 2층은 매음굴로 바뀌게 되었다. 금주령이 해제된 후에는 다시 술집으로 운영되기 시작했는데, 독한 술을 즐기는 부둣가 노동자들이 주로 찾았다. 가게 이름도 딱히 짓지 않아서 단골들 사이에서 초록색 대문Green Door이 있어 그냥 초록색 대문 집으로 불렸다고 한다. 그 후 20세기 중반까지 이 주변은 버려진 땅으로 거의 방치되다시피 했다.

1969　　1969년에 뉴욕시 문화재로 지정되었고, 화가인 사리 디에네스Sari Dienes와 작곡가며 연주가인 립 헤이먼R. I. P Hayman 등의 예술가들이 이곳을 매입해 다시 술집 운영을 시작했다. 그런데 건물이 문화재인 관계로 새로운 간판 사용이 허가되지 않았다. 어쩔 수 없이 예전부터 있었던 'The Bar'라는 간판의 알파벳 'B'에 색을 칠해 'E'로 글자 모양을 바꾸었다. 그렇게 해서 'The Ear'라는 글자가 만들어졌는데, 당시 위층에서는 립 헤이먼이 운영하는 음악 제작사의 음악 잡지가 《더 이어The Ear》였다. 그리하여 '더 이어 인The Ear Inn'이라는 이름의 술집이 탄생하게 되었다. 지금은 이어 인의 전 사장의 친구이자 단골이었던 마틴 셰리든Martin Sheridan이 1979년에 가게를 매입해 현

재까지 운영하고 있다. 그는 이 가게를 아무에게도 팔지 않고 그대로 자손만대로 물려줄 거라고 공언했다. 지난 2017년에는 200주년 기념 행사를 열었는데, 정확히 말하면 이 건물의 200주년이었다.

2019 스프링가를 따라 서쪽으로 걷다 보면 이어 인을 놓칠 수가 없다. 건물 앞 가로수의 주변을 빙 둘러 벤치가 있고 배를 매어두는 녹색의 계선주 두 개를 찾으면 바로 앞에 녹색 문이 보인다. 바로 앞이 강이었다는 흔적이다. 정문을 열고 들어가면 폭이 넓은 오래된 나무 마루가 깔려 있고, 그리 높지 않은 천장에 무작위로 그림들이 걸려 있다. 그리고 왼쪽에 나무로 짠 오래된 술 판매대가 있다. 그 판매대의 맨 위에는 이 건물 지하실에서 발견된 오래된 술병들과 함께 여러 가지 물품들이 늘어 놓여 있다. 그 아래는 판매용 술과 술잔, 수많은 작은 소품이 촘촘하게 진열되어 있다. 술 판매대 반대편에는 테이블 몇 개가 있는데, 손님들로 붐빌 때는 바텐더에게 주문하러 가는 일이 마치 꼭 만원버스 안에서 사람들을 비집고 버스를 내리려는 것과 비슷하다. 벽에는 옛 표지판, 옛 항구에 관련된 사진 등 온갖 것이 빽빽하게 걸려 있고, 심지어 천장에까지 붙어 있

1 • 식당 안쪽 전경
2 • "이어(또는 귀)는 핸드폰 사용금지
  구역이다The Ear is a cell free zone."
  입구에 써놓은 글귀.
3 • 과거에 배를 매어두기 위해 쓰인
  계선주와 벽에 표시된 1766/2012년
  허드슨강 수위

1 · 이어 인 단골들Regulars의 공연
2 · 실내에 있는 옛 공중전화 부스
3 · 지배인 개러스Gareth Lawler와 함께

다. 이 비좁은 곳에서 일주일에 세 번 라이브 음악 공연이 열린다. 공연에 대한 자세한 내용은 웹사이트에서 확인할 수 있다. 립 헤이먼이 이 건물 2층에서 음악 잡지를 발행했을 때 많은 음악가들과 돈독한 관계를 맺었다고 하는데, 그래서 여기서 연주하는 음악가들 중에는 그 당시에 친분을 맺었던 음악가들도 아직 있다. 여기는 일주일 내내, 오전 11시 30분에 열어 새벽 4시까지 영업을 한다. 입장료는 따로 없으며, 식사나 술만 마시면 라이브 음악을 즐길 수 있다. 출입구 쪽에서 음악가들이 연주하기 때문에 가게 앞쪽에서 저녁을 먹거나 바 자리를 용케 잡는다면 공연을 감상하기 딱 좋을 것이다.

이어 인은 실내가 아주 혼란스럽지만, 이런 분위기가 주는 특유의 아늑함이 있다. 이곳에선 펍 스타일의 대중 음식 위주로 메뉴판이 채워져 있는데 모두 기본적이며 보편적인 맛을 낸다. 음식 때문에 찾는 집은 아니라고 해도 이렇게 오랜 시간 동안 운영할 수 있다는 것은 그래도 음식이 받쳐주기 때문일 테다. 아마 이곳의 음식은 한국의 일반 대중 음식점 정도로 생각하면 된다. 또 한 가지, 뉴욕 대부분의 음식점과 비교해 가격이 저렴한 편이라는 점도 거부할 수 없는 매력이다. 이곳을 방문하면 그날의 스페셜 메뉴가 벽에 걸린 흑판에 백묵으로 적혀 있는데, 그날 들어온 신선한 식자재일 확률이 높으니 이 중에서 하나를 고르는 것도 좋은 선택이다.

My Pick

227g 양고기버거

8oz Lamb Burger

다른 집에서는 잘 볼 수 없는 이 집만의 특색 있는 요리
를 고르자면 여덟 가지 양념을 조합해 살짝 매운맛을 낸
227g 양고기버거를 추천한다. 개인적으로 다른 버거보
다 양고기버거는 더 바짝 구운 것을 선호한다. 감자튀김
과 샐러드가 같이 나온다. 양고기보다 소고기를 원하다
면 227g 팻 라 프리다 햄버거8oz Pat La Frieda Burger를
추천한다. 마찬가지로 감자튀김과 샐러드가 같이 나온다.
이 집에서 가장 많이 팔리는 음식이라는 것에 의심의 여
지가 없다.

__price__ $14.25

핫 앤 스파이시 갈릭 쉬림프

Hot & Spicy Garlic Shrimp

마늘을 넣고 약간 맵게 조리한 새우가 구운 빵과 곁들여
나온다. 새우를 먹고 남은 육수에 빵을 찍어 야무지게 마
무리할 수 있다. 감칠맛 나게 살짝 매운맛이 나며 새우를
아주 잘 익혔다.

price $9.95

283g 뉴욕 쉘 스테이크

10oz New York Shell Steak

적당한 크기에 고기의 질까지 좋은 뉴욕 쉘 스테이크는
특히 가성비가 좋은 메뉴다. 매쉬드 포테이토와 브로콜
리 같은 채소가 함께 나온다.

price $18.50

West Village,
Greenwich Village,
East Village

웨스트 빌리지, 그리니치 빌리지, 이스트 빌리지

성공이 고픈 문인들이
목을 축이던 바

첨리스
Chumley's   Since 1922

뉴욕에 살다 보니 병 아닌 병에 혼자서 괴로워하다가 스스로를 위
로할 때가 종종 있다. 뉴욕을 사랑한 나머지 첨리스처럼 귀한 곳
을 모르고 지내온 세월을 가슴 치며 한탄하다가도 지금이라도 발
견한 것에, 시간의 정취가 그곳에 여전히 남아 있는 것에 오히려
감사하고 있으니 말이다. 첨리스를 늦게 찾은 데 대해 변명을 하
자면, 하나는 이곳이 한때 쿨한 뉴요커라면 가지 않았을 곳으로
변하기도 했거니와 친구 따라 강남 간다고 했듯이 여기를 드나드
는 친구와 지인이 주변에 없었다.

관광객이라면 유명 미드 〈프렌즈〉에 나오는 아파트를 구경하

고 난 후 많이들 그 근처에 있는 첨리스 앞을 지나쳤을지도 모른다. 행여 이 가게를 알고 일부러 찾아갔더라도 잘못 찾아온 것은 아닌가 어리둥절해 할 수도 있다. 뉴욕은 쿨한 곳일수록 간판이 없거나 있어도 아주 작게 붙어 있다. 대부분 간판이 큰 가게는 주로 관광객들을 상대로 장사를 하기 때문에 뉴요커에게는 더 이상 매력적이지 않기 때문이다.

건물의 굴뚝 실내벽이 붕괴되면서 2007년 문을 닫았다가 2016년 영업을 재개하면서 첨리스는 뉴욕의 힙한 술집들처럼, 요새 유행하는 금주령 시대의 밀주업소 스타일로 바뀌었다. 다만 다른 점이 있다면 대부분의 다른 술집과 같이 밀주업소의 스타일을 모방한 것이 아니라, 실제 밀주업소의 전통을 계승했다는 점이다.

첨리스가 밀주업소의 역사를 이어가고 있다는 점 외에도 중요한 전통이 한 가지 더 있다. 직접 이 가게를 들여다보면 쉽게 이해할 수 있는데, 공간의 모든 벽이 모두 온갖 책 표지로 장식이 된 역사적 의미가 있는 술집이라는 점이다. 개인적으로 책방의 분위기를 좋아해 집에서도 책을 활용한 인테리어를 즐긴다. 다만 그 많은 책들을 볼 때마다 떨칠 수 없는 번민도 함께 찾아오는데, 여직 읽지 못해 평생의 숙제처럼 느껴지는 책들 때문이다. 첨리스에 오면 그 번민이 한층 더 커지는데, 내가 아직 못 읽어본 책들이나 내가 모르는 유명 작가들의 사진들을 보면서 새삼 나의 무지

가 느껴져서가 아닐까? 초상화 속 얼굴이 너무 젊거나 너무 늙어서 못 알아본 것이라고 스스로 위안을 해봐도 소용없다. 다행히 이곳엔 제임스 디파올라James DiPaola라는 역사가가 상주하면서 방문객들의 궁금증에 답을 주고 있다. 단순히 명작들의 표지가 도서관처럼 진열된 것에만 주목할 것이 아니라 그 책 표지가 이곳에 집결된 역사를 들여다보면 더 재미있다.

1922 첨리스는 만화가이자 역마차 마부이며 신문 편집장 겸 삽화가이자 사회주의 운동가였던 릴런든 스탠포드 첨리Leland Stanford Chumley에 의해 세워졌다. 주로 덴버와 시카고에서 활동했던 그는 금주령 시기인 1920년대에 뉴욕으로 건너와 자신의 이름을 따서 첨리스를 열었는데, 사실은 시카고를 본거로 한 세계산업노동조합의 비밀 회의장으로 쓰려고 첨리스를 술집으로 위장했다고 한다. 현재 첨리스가 위치한 베드퍼드가Bedford Street 86번지 건물은 1926년에 첨리에 의해 매입된 것으로 추정되고 있으나 정확한 개장연도는 알려지지 않았다. 이곳이 노동조합운동의 거점으로 적합했던 이유는 단속을 피해 도망칠 수 있는 비밀통로와 출입문이 많은 데다가 책장으로 위장한 비밀문도 있었고, 2층에서 도망갈 때 사용할 수 있는 식기

운반 엘리베이터도 있었기 때문이라고 한다.

노동조합운동의 중요한 아지트로 쓰였던 첨리스는 1928년부터는 본격적인 밀매 술집으로, 그것도 문학 살롱의 성격으로 전환되기 시작했다. 초기 단골손님 중에는 퓰리처상을 받은 시인 에드나 빈센트 말레이Edna St. Vincent Millay를 비롯해 존 스타인벡John Steinbeck, 존 더스 패서스John Dos Passos와 같은 작가들도 있었다. 스콧 피츠제럴드F. Scott Fitzgerald와 그의 부인 젤다 세이어Zelda Sayre도 이곳의 단골이었다. 그들은 결혼식 날 자신들이 좋아했던 26번 부스에서 만취 상태로 정사를 벌였다는 소문도 있다. 이곳에서 헤밍웨이Ernest Hemingway는 종종 술에 곯아떨어지기도 했고, 제임스 조이스James Joyce는 《율리시스Ulysses》를 썼다는 이야기도 있지만, 증명되지는 않았다.

이 시대 이 장소에서 유래된 은어 하나가 있다. '에이티 식스eighty-six.' 금주령 시대, 경찰의 기습단속이 있을 거라는 소식이 몰래 흘러나오면 바텐더들은 손님들에게 도망갈 것을 미리 귀띔해주는데, 첨리스에서는 '에이티 식스'가 손님들에게 바로 자리를 뜨라는 신호였다고 한다. 즉 단속반이 몰래 정원으로 통하는 문으로 들어오니 베드퍼드가 86번지로 난 문으로 도망가라는 의미로 '에이티 식스'를 외쳤다. 지금은 폐쇄되었지만 배로가Barrow Street 58번지 쪽에 나 있는 정원 입구로 들어와서 파메랄 코트야드

Pamela Courtyard를 지나는 길이 당시 경찰 단속반의 코스였다고 한다. 현재에는 '더 이상 손님을 받지 않는다'라는 의미로 주로 레스토랑 업계 은어로 쓰이며, '더 이상 가능하지 않다' '쫓아내다' '거부하다' 등의 의미로도 일반에게까지 확장해 쓰인다.

1935   금주령이 끝나고 2년 후인 1935년에 첨리가 심장마비로 급작스레 숨을 거둔다. 그가 죽을 때까지도 사람들은 그가 미혼인 줄 알았다. 아내 헨리에타Henrietta가 나타나기 전까지는 말이다. 첨리를 이어 헨리에타가 가게를 계속 운영했고, 1달러에 네 가지 음식이 나오는 코스 식사를 제공했다. 헨리에타를 기억하는 사람들은 그녀가 매일 가게 벽난로 옆에 앉아 맨해튼 칵테일을 마시며 줄담배를 피웠다고 하는데, 헨리에타가 가게를 운영하는 동안 이 공간의 '문학적 평판'은 더 확고해졌다. 첨리스의 단골이었던 프랑스의 작가이자 철학자인 시몬 드 보부아르Simone de Beauvoir는 1947년에 출간한 미국 기행문 《미국의 하루 하루L'Amérique au jour le jour》에서 "누구의 호기심도 불러일으키지 않고, 비난받지 않고, 하루 종일 읽고 쓰고 밤새도록 대화할 수 있는 곳은 오직 베드퍼드가에 있는 참비스Chamby's밖에 없다. 작은 식탁들이 벽을 향해 있고 방들은 네모진 것이 아주

단순한데, 미국에서 찾아보기 힘든 그 무엇이 여기에 있다"라고 회상했다. 첨리스를 참비스로 쓴 것은 오자가 아니라 의도적인 행동인데, 자신들의 아지트를 대중에게 알리지 않는 것이 단골끼리의 불문율이기 때문이다. 보부아르뿐만 아니라 헤밍웨이, 피츠제럴드와 같은 당대 유명 문인들뿐만 아니라 기존 질서와 도덕을 거부하며 방랑자적 문학예술을 추구했던 비트 제너레이션의 주요 아지트로서 첨리스를 25년간 운영해온 헨리에타는 마치 소설 속 장면처럼 가게 벽난로 옆 그녀가 좋아하던 탁자에 앉아 잠들 듯 세상을 떠났다.

첨리스에 진열된 책들은 이 지역 주민이나 단골이 책을 낼 때마다 첨리스 바텐더에게 선물로 준 것으로, 당시에는 이런 관습이 일종의 출판기념 행사 같았다고 한다. 책이 나오면 첫 번째로 부모이나 배우자, 특별한 사람에게 증정하고, 두 번째로 이곳에 기증했다. 그리고 그곳에 있던 손님들에게 출판기념으로 술 한 잔씩 돌렸다고 한다.

헨리에타가 떠나고 난 50년 동안 첨리스의 주인도 여러 번 바뀌어서 새로운 오너가 올 때마다 분위기도 함께 바뀌었다. 70년대는 주크박스가 추가되었고, 80년대에는 바닥에 톱밥을 뿌리는 것이 유행이라 첨리스 바닥에서도 뿌려 놓은 톱밥을 볼 수 있었다. 그렇게 문학가들의 사진과 책 표지로 둘러싸여 점점 '다이브 바'처럼 남루하게 변하면서 대학을 갓 졸업한 사회 초년생들이 모이는 장소로 바뀌었다. 지난 1994년 와츠가Watts Street 화재 사건의 희생자를 기념하는 기념행사를 마친 후 이곳을 찾은 근처 소방관들도 단골손님이 됐다.

2007년에는 굴뚝이 무너져 운영을 중단했고, 2016년 영업을 재개하기까지 장애물도 많았다. 그중 하나는 지역 주민들의 반대였다. 조용한 주거지역에 술집이 생기는 게 그리 달갑지는 않을 수 있다. 이에 더해 2014년 2월 26일자 《뉴욕 포스트New York Post》에 따르면, 주민들이 첨리스의 영업 재개를 반대하는 이유로 첨리스를 찾는 손님들 대부분이 시끄러운 '브릿지 앤 터널 파티광Bridge-and-Tunnel Partygoers'이란 점을 꼽았다. 브릿지 앤 터널(약자로 'B&T'나 'B and T')은 다른 도시에서 맨해튼으로 오려면 다리나 해저터널을 이용해야만 하는데—같은 뉴욕시인 스태튼아일랜드, 퀸스, 브루클린, 브롱크스에서도 마찬가지다—, 맨해튼의 문화 특히 밤문화를 즐기기 위해 다리나 터널을 건너오는 사람들을 지칭하는 속어다. 우리말로는 '촌놈' '촌뜨기'라는 뉘앙스가 깔려 있는 표현이다. 때문에 브릿지 앤 터널이라 말에는 맨해튼을 제외한 지역에 대한 경시와 동시에 뉴요커라는 일종의 자부심 내지 우월감 등의 감정이 혼재되어 있는데, 첨리스의 영업 재개를 반대한 주민들의 심중도 이와 크게 다르지 않았던 것 같다.

2019 굴뚝 내벽이 무너지면서 건물 내부가 크게 손상되었던 첨리스는 드디어 복원되어 2016년 운영을 재개하게 되었다. 출입문 바로 위, 양옆으로 난 창문은 마치 조선시대 궁중여인들의 가체처럼 생겼다. 손님이 드나들 때를 빼고, 항상 문은 굳게 닫혀 있어 안을 쉽게 들여다볼 수 없으며, 주변이 모두 한적한 주택가라 일반 가정집 대문 같은 이 가게의 문을 누구도 쉽사리 열어보려 하지 않는 편이다. 어쩌다 다른 손님이 들어갈 때 슬쩍 안을 훔쳐보았더라도, 회원제의 프라이빗클럽으로 간주하고 지나치기 쉽다.

굳게 닫힌 문을 열고 아주 작은 현관을 들어서면 '와우'라는 말이 절로 나온다. 그리고 벽들을 장식하고 있는 문인들의 초상화들과 그들의 책 표지 사이를 지나치면서 나도 모르게 약간 움츠러드는 듯한 기분도 든다. 대부분이 낯선 얼굴들이지만 한때는 시대를 풍미했었고, 한때는 시대를 방황했었을 그들 앞에 서 있으면 아직도 밀린 공부가 많다는 것이 새삼 느껴진다.

리모델링 후 첨리스의 분위기는 확 달라졌다. 어디선가 부티가 느껴진다. 칼자국과 볼펜으로 낙서된 손때 묻은 나무식탁과 나무톱밥이 널브러져 있는 마룻바닥은 없어졌다. 하지만 다행히 새로 설치한 벽난로 선반이 있는 벽만을 제외하고 전처럼 벽에 수많은 문인들의 책 표지가 허리띠처럼 장식되어 있다. 조도를 잘 맞춘

책 표지 진열대 위로 여전히 수많은 문인들의 초상화가 전시되어 있는데, 빛과 거울 반사 덕분에 호화롭고 고급스러운 느낌이 강조된다. 물질적인 부유함이 공간 전체에서 느껴지는데, 정신의 부유함으로 이렇게 바뀌게 된 것일까, 잠시 생각에 빠졌다. 그래도 당시에는 주목받지 못했지만 지금은 세계적 명성을 얻은 작가들이 살아서 이곳에 다시 온다면 지금 바뀐 이 분위기를 더 즐기지 않았을까, 추측해보기도 했다. 옛것을 그대로 지키는 것과 구태의연한 옛것에서 새롭게 변모하는 것에는 둘 다 장단점이 있다.

1 • 고급스런 실내 전경
2 • 입구에서 바라본 실내
3 • 헤밍웨이 사진과 책 표지가 진열된 벽
4 • 상주 역사가 제임스 디파올라James DiPaola와 함께

©Chumley's

모든 것을 떠나서 이곳에 기록된 문인들의 발자취를 느끼고 싶어서 이곳을 방문하는 문인들이 꽤 많을 것이다. 그중에는 아직 명성을 얻지 못한 이들도 분명 있을 테다. 돈벌이도 시원찮고 물려받은 것도 변변치 않은 문인이라면, 옛 시대의 문인들처럼 이곳에 앉아 시간을 보내기가 힘들 수도 있다. 한 끼 밥값과도 같은 18달러짜리 칵테일 한잔을 마시기에는 부담스럽지 않을까? 그들 대신 금주령 시대를 구현한 트렌디한 바를 찾는 뉴요커들이 그 빈자리를 채우고 있다.

첨리스 칵테일

Chumley's Cocktail

금주령 시대의 바를 차용한 '스피크이지' 바가 유행인 만큼 칵테일도 집집마다 개성을 살려 특별하게 만들고, 가격도 비싼 편이다. 첨리스도 잔이나 기물에 꽤 섬세하게 신경 쓴 고급 칵테일을 판매한다. 금장 장식이 있거나 수작업 문양이 더해진 칵테일 잔과 접시가 눈에 띄는데, 아마도 첨리스가 진짜 밀주업소였던 시절에는 이렇게 화려한 잔은 쓰지 못했을 것이다. 바텐더에게 주문할 때에는 베이스 주종을 무엇으로 할지를 먼저 정한 뒤 추천을 받으면 편하다.

price $18.00~25.00

곤들매기 파피요트

Arctic Char En Papillote

대파와 비슷한 릭, 감자, 타라곤 등으로 만든 소스를 곁들여 먹는 심심하고 담백한 생선 요리로, 종이 호일에 재료를 싼 뒤 오븐에 넣어 조리하는 음식이다.

price $32.00

86'd 버거
86'd Burger

이 집의 대표 메뉴다. 86'd는 첨리스에서 유래된 은어
eight sixed이기도 하다. 요사이 비싼 집의 버거들처럼
감자튀김은 같이 나오지 않고 따로 주문해야 된다. 대신
특이하게 본 매로우Bone Marrow(골수)가 같이 들어 있
어 햄버거의 고기가 더 부드럽게 느껴진다. 그 밖에도 약
6~7가지 전채 샐러드 종류가 있고, 86'd 버거 외에도 든
든한 저녁이 될 메뉴가 5~6가지 정도 마련돼 있다.

price $29.00

뇨끼 인 페스토 소스
Gnocchi in Pesto Sauce

항상 메뉴에 올라 있는 건 아니지만 감자뇨끼 요리도 훌
륭하다. 점도가 적당한 감자뇨끼에 잣과 바질로 만든 페
스토를 버무리고, 루꼴라는 잔뜩 얹어준다. 그 조합이 찰
떡처럼 잘 어울린다.

price $32.00

1950년대
비트 제너레이션 작가들의
아지트

화이트 호스 태번
White Horse Tavern   Since 1880

가지런히 예쁘게 포장된 쿠키 상자를 열었다고 해보자. 그중에
는 부스러진 것도 몇 개 있다. 그렇다면 무엇을 먼저 먹겠는가. 온
전한 것을 먼저 먹을까? 아니면 깨진 것부터 먹을까? 나는 아직
도 고민이 된다. 맨해튼 웨스트 빌리지를 쿠키 상자에 비유하면,
아직 부스러지지 않은 쿠키라는 쪽에 확실히 동의할 수 있다. 아
니 어쩌면 쿠키 상자 깊숙한 곳에 숨겨놓은 아끼는 과자랄까? 웨
스트 빌리지는 작고 오래된 건물이 늘어선 거리가 일단 시각적인
즐거움을 주는 동네다. 나무와 가로등은 마치 시간의 증인들처럼
건물과 거리 사이 곳곳을 메우고, 그것들이 내뿜는 특별한 공기

는 마치 따뜻한 온기로 온 동네를 보듬고 있는 듯하다.

이 동네의 거리는 바둑판처럼 구획되어 있기는 하지만 전체적으로 들쑥날쑥해서 길찾기가 생각보다는 쉽지 않다. 나도 모르게 길을 헤매는 경우가 종종 있는데, 그러다가 우연히 반지하 음식점에서 콘트라베이스 연주자의 공연을 보게 되는 행운도 만나게 된다. 요즘은 스마트폰의 구글맵 하나면 길 잃을 일도 없지만, 처음 뉴욕으로 왔을 때는 지도를 손에 쥐고 거리를 돌아다니곤 했다. 이 동네를 올 때면 아직도 그때의 기억이 생생히 떠오른다. 새로운 도시에서 나는 냄새, 새로운 것을 접할 때의 기대감과 불안감 등이 뒤섞였던 복합적인 기분이…….

웨스트 빌리지에서 눈에 띄는 가게를 고르자면 화이트 호스 태번을 빼놓을 수 없다. 문학에 관심 있는 뉴요커들, 혹은 뉴욕 관광객이라면 한번쯤 방문했을 법한 곳이다. 웨스트 빌리지에는 수많은 식당과 술집이 생겼다 사라지기를 반복하는데, 화이트 호스 태번은 그곳에서 사그라지지 않는 존재감을 발휘하고 있다.

1880　　　　허드슨강 주변은 미국 독립전쟁이 끝난 무렵만 해도 신선한 농작물을 사고파는 농장 지대였다. 그러다 1797년 그 근처에 '미국에서 가장 큰 교도소

인 뉴게이트 교도소^{Newgate Prison}'가 세워졌다. 인도적 차원에서 통풍과 목욕 시설 등을 갖춘 당시로써는 상당히 최신 시설이 있는 곳이었는데, 수감자들이 늘어나면서 맨해튼 외곽으로 이전하게 되었다. 한편 맨해튼의 주거 밀집 지역이었던 다운타운에 전염병이 네 번이나 돌았는데, 1822년에 창궐했던 마지막 전염병을 피하기 위해 많은 이들이 교도소가 있었던 이곳 웨스트 빌리지로 피난을 왔고, 그곳에 안착하게 되었다. 대부분이 노동자들이었다. 그 후 맨해튼이 급속도로 발전을 거듭하면서 웨스트 빌리지의 인구도 4배로 급증했다. 약삭빠른 투기꾼은 웨스트 빌리지의 농장 지대에 중산층 상인이나 장인 들이 머물만 한 공동주택^{Row House}을 앞다퉈 짓기 시작했다.

그 시기에 목재 프레임에 벽돌 외장을 한 건물이 지어졌는데, 19세기 중반 그 건물에 '제임스딘 오이스터'로 알려진 식당이 들어섰다. 이곳이 1880년에 '화이트 호스 태번'으로 바뀌었다. 상호를 왜 화이트 호스, 흰말이라고 했는지는 입에서 입으로만 전해지고 있다. 당시 다운타운에 살던 주인이 가게로 일하러 올 때는 늘 흰말을 타고 왔는데, 주인이 가게 안에서 일하는 동안 흰말은 가게 앞 말뚝에 묶여 있었다. 그래서 가게 앞에 말이 있으면 영업 중이라는 것을 사람들은 멀리서 보고도 알 수 있었는데, 이런 의미에서 '화이트 호스 태번'으로 불리게 되었다는 이야기가 있다.

영업 초반, 이곳을 찾는 사람들은 주로 부두 노동자이거나 아일랜드 출신의 경찰관이나 공무원이었다고 한다. 그래서인지 13년간의 금주법 기간에도 이곳이 계속 영업을 했고, 당국의 수색도 당하지 않았다고 한다. 또 당시 인기만큼이나 부정부패한 것으로도 유명한 제임스 워커^{James J. Walker} 뉴욕 시장도 이곳을 자주 드나들었다고 하니, 그 덕을 봤을 것이다.

화이트 호스 태번이 '문학'으로 유명해지게 된 데에는 영국 시인 딜런 토머스^{Dylan Thomas}가 계기가 되었다. 뉴욕을 찾은 딜런 토머스가 지인의 소개로 이 술집을 방문한 뒤, 그는 한동안 이곳을 제집 드나들 듯이 했다. 자신의 '두 번째 집'이라고 이야기할 만큼 그는 이곳에서 자주 시간을 보냈는데, 그러다 보니 그를 만나러 오는 문인들이 점점 많아지면서 자연히 이곳이 문학계의 중심이 되었다. 당시 딜런 토머스가 갖는 문학적 명성은 상당했는데, 지금으로 치면 아이돌 작가 정도 되지 않을까 싶다.

1953 1953년 10월 딜런 토머스는 자신이 쓴 연극의 연출을 위해 뉴욕에 왔다. 그는 애주가이자 대주가로 알려져 있는데, 이미 그 당시에도 과음으로 인해 잠깐씩 정신을 잃는 일이 많았다고 한다. 그럼에도 다른 약속

을 깨면서까지 그는 화이트 호스 태번에서 술 마시는 것을 좋아했다. 같은 해 11월 4일에는 누적된 과음으로 건강이 악화되어 결국 응급차에 실려 병원으로 이송되기까지 했다던데, 5일 후인 11월 9일 39세의 나이로 결국 사망했다. 병원으로 실려간 당일인 4일 새벽 2시까지 위스키 18잔을 이곳에서 마셨다는 이야기도 있고, 심지어 이곳에서 사망했다고 알고 있는 사람들도 많다.

그의 죽음과 관련해서 또 다른 설이 있다. 돌팔이 의사에게 적정량의 6배에 달하는 주사를 맞고 목숨을 잃었다는 이야기다. 진짜 사망 원인이 무엇인지 알 수 없지만, 화이트 호스 태번을 제2의 집처럼 여긴 이 시인의 죽음을 추모하기 위한 모임이 매년 그의 기일에 맞춰 이곳에서 열리고 있다. 그가 남긴 가장 유명한 시 중 하나인 〈밤의 어둠 속으로 순순히 들어가지 마라Do not go gentle into that good night〉를 그의 육성으로 낭독하는 비디오를 유튜브에서 찾아볼 수 있다. 이 시는 영화 〈인터스텔라〉에도 인용된 적이 있다.

1950년대에는 비트 제너레이션 작가와 예술가들이 이 술집을 아지트로 삼았고, 1960년대에는 보헤미안 성향의 작가와 예술가들의 성지가 되었다. 예술가 중에서도 특히 시인과 소설가들이 많았는데, 제임스 볼드윈James Baldwin, 노먼 메일러Norman Mailer, 아나이스 닌Anaïs Nin, 출판사 대표이자 시인인 제임스 로린James Laughlin 등이 주 고객이었다. 또 비트 제너레이션 시인 앨런 긴즈버그Allen

1 • 훤말 장식과 오래된 목조바
2 • 작은 자기 타일 바닥과 주석 부조 타일 천장
3 • 작가 딜런 토머스의 사진과 그의 시가 걸려 있는 중간 식당 바
4 • 오래된 벽시계가 있는 바
5 • 지배인 잠파올로Giampaolo Ienna와 함께

Ginsberg, 잭 케루악Jack Kerouac, 피터 올로프스키Peter Orlovsky, 그레고리 코르소Gregory Corso, 세이무어 크림Seymour Krim 등도 화이트 호스 태번의 단골이었다. 심지어 잭 케루악은 이 건물 2층에서 상주한 적도 있다고 한다. 음악가 중에서는 밥 딜런Bob Dylan, 짐 모리슨Jim Morrison, 포크 트리오인 피터폴앤메리Peter, Paul and Mary의 메리 트래버스Mary Travers, 더 클랜시 브라더스The Clancy Brothers가 이곳을 자주 찾았다. 작가와 예술가 이외에도 사회운동가와 노동운동가, 노동조합원, 사회주의자 들을 위한 집합소 역할을 했다.

2019 화이트 호스 태번은 웨스트 빌리지의 허드슨가Hudson Street 선상에 있다. 허드슨가는 8번가와 9번가가 만나는 지점에 생긴 길인데, 그 길이 다른 길보다 폭이 넓다 보니 상대적으로 가게 외관이 눈에 잘 들어온다. 또 어두운 배경과 대비되는 흰색 목조부의 출입문 덕에 눈에 더 잘 띄는 것 같다. 또 가게 맞은편에도 노천카페가 있는 큰 레스토랑이 있어 날씨가 좋은 주말에는 이곳들을 찾는 많은 인파들로 동네에 생동감이 넘친다.

화이트 호스 태번이라는 이름답게 외관에는 흰말 무늬가, 실내에는 흰말 모형이 있다. 한쪽 벽면에 자리 잡은 바에서도 흰색

말 장식이 많이 보이며 천장에 매단 등에도 흰말이 빠지지 않는다. 바를 지나 통로를 거쳐 가면 딜런 토머스의 사진과 그림, 포스터 등이 여기저기 걸려 있는 테이블 공간이 나온다. 낮에는 거울에 빛이 반사되어 액자 속 시를 읽기가 힘들지만, 저녁이 되면 술 한잔 마시면서 시는 물론 딜런 토머스의 얼굴도 정확히 볼 수 있다. 유튜브에서 그의 육성을 들으며 초상화를 보고 있자면, 마치 그의 목소리가 그림을 뚫고 흘러나오는 듯한 느낌을 받게 될지도 모른다.

미국인들 사이에서는 문학도라면 한 번쯤은 방문해야 하는 곳으로 이곳을 꼽고 있다. 화이트 호스 태번을 방문하면 딜런 토머스의 존재감이 너무 강해 혼이라도 살아 돌아올 것만 같은 느낌이 든다. 그가 죽고 난 후에도 여러 분야의 예술가들은 딜런 토머스의 기운을 받기 위해 이곳을 찾았다. 요즘 같으면 인스타그래머나 블로거, 유튜버 들이 딜런 토마스가 뿜어내는 창작의 기운을 얻어갈 수 있지 않을까?

안타깝게도 이 가게는 주인이 여러 번 바뀌었다. 이 책을 쓰는 동안에도 주인이 바뀌어, 지역 신문에 화이트 호스 태번의 존속을 우려하는 기사가 게재되기도 했다. 나 역시도 이곳이 없어질까 걱정이 되지만, 이 가게가 쌓아온 전설은 여전히 진행 중이다. 긍정적인 변화를 꼽으라면 음식 메뉴가 확실하게 개선되어 이곳의 역사뿐만 아니라 음식 때문이라도 방문해야 할 곳으로 변했다는 사실이다. 대부분 100년의 역사를 유지하는 오래된 가게들은 건물 자체를 소유하고 있는 경우가 많다. 아무래도 자가 건물에서 장사를 해야 천정부지로 치솟는 임대료 걱정 없이 유지할 수 있는데, 이는 전 세계의 공통점일 것이다. 화이트 호스 태번은 건물 주인이 바뀌면서 임대료도 올라 원래는 저렴했던 술과 음식 가격이 뉴욕의 다른 음식점 수준으로 올라갔다. 다행히 가격이 오른 만큼 음식 수준도 고급화되었다.

My Pick

베이컨 샌드위치

Bacon Sandwich

아주 간단한 샌드위치이지만 맛깔스럽다. 바삭하게 구운 빵 안에 스테이크 소스를 바르고 두꺼운 베이컨을 넣었다. 늘 반만 먹고 남겨야겠다는 다짐을 하지만 다 먹고 만다.

price $18.00

비프 타르타르, 보타가(이탤리언 어란)

Beef Tartar, Bottarga and Beef Dripping Toast

한국의 육회와 꼭 닮은 소고기 타르타르와 아주 얇게 갈아낸 어란(말린 생선 알)이 만났다. 흔히 접하기 힘든 조합인데, 소금 대신 작은 어란이 터지며 내는 짠맛이 육회에 잘 어울린다. 빵에 올려 먹으면 술안주로도 좋다.

price $18.00

치즈버거

Cheese Burger

빵 안에 고기와 치즈만 들어 있고, 피클 반 개가 접시 위에 따로 나오는 구성이다. 뭔가 빠진 게 아닐까 생각이 들 정도인데 한 입 베어 물면 바로 의문이 풀린다. 보통 펍에서 파는 그저 그런 햄버거가 아니라, 스테이크 전문점의 고기처럼 육즙이 충만해 채소가 없어도 아쉽지 않다. 먹다 보면 프렌치 프라이가 생각이 나는데, 애석하게도 따로 주문해야 한다.

price $17.00

뉴욕에서
진짜 이탈리아식 피크닉을
즐기는 법

라페토스
Raffetto's

Since 1906

날씨가 참 좋은 날, 오랜만에 한가히 바깥 공기도 쐴 겸 무작정 밖으로 나갔다. 해도 조금씩 저물고 저녁 시간도 가까워져 오니 허기도 살살 밀려왔다. 무엇을 먹을까 고민하다 모처럼 밖에 나왔는데 밥 먹으러 다시 실내에 들어가는 것은 오늘만큼은 아니라는 생각이 들었다. 그렇다고 옥외 식당이 있는 괜찮은 식당에 가자니 나와 같은 마음에서 밖으로 나온 사람들로 북적일 것이 뻔했다. 어떻게 할까 고민하며 걸어가는데 때마침 라페토스 앞을 지나게 되었다. 이 집을 보는 순간 즉흥적으로 밤소풍을 가야겠다는 생각이 번쩍 들었다. 이전에 이곳을 방문했을 때 조리된 포장 음식을 팔았던 것이 기억났기 때문이다. 그리하여 동행들과 의견을 모아 메뉴를 고르고 데울 것은 따뜻하게 데운 뒤 가까운 가게에서 일회용 컵과 냅킨을 샀다. 가는 길에 주류상점에서 와인 한 병을 사는 것도 잊지 않았다. 실외 음주는 불법이지만, 술병이 안 보이게 하고 고성방가만 하지 않으면 문제된 적이 한 번도 없었다. 먹을 것과 마실 것을 사 들고 발길이 닿는 대로 찾아간 곳은 워싱턴 스퀘어 파크다. 이날도 산책을 즐기거나 버스킹하는 사람들로 광장은 활기찼다. 내가 좋아하는 스타일의 음악을 하는 버스킹 팀 옆에 자리를 잡고 앉아 포장해간 음식들을 음미하며 그 순간의 날씨와 음악과 음식 모두를 한껏 즐겼다. 더욱이 좋은 사람들과 함께, 그것도 무계획적으로 벌인 일들이라 여전히 기분 좋은 하루로 기억에 남아 있다. 라페토스를 떠올리면 그때의 좋았던 기분이 다시 생각난다.

1906 1886년, 하우스턴가와 설리번가Sullivan Street가 만나는 곳에 세인트 앤서니 오브 파두아 대성당Shrine Church of St Anthony of Padua이 자리 잡으면서 이 근방이 또 다른 '리틀 이태리'로 발전했다. 수요가 생기자 1906년 마르첼로 라페토Marcello Raffetto가 'M. 라페토 앤 브로스M. Raffetto & Bros'라는

이름의 가게를 열었다. 처음 문을 열었을 때는 이렇게 오랫동안 가게가 유지될지 몰랐다고 한다. 100년 넘게 대를 이어갈 수 있었던 데에는 가족과 친지들의 도움이 컸다. 2018년 초반까지 이 가게에서 삼대가 함께 일하는 모습을 볼 수 있었다. 창업자의 아들 지노Gino와 그의 사촌이 함께 일을 하다가 사촌이 죽자 지노의 부인 로마노Romano가 합류했다. 지노가 죽은 뒤에는 로마노와 아들 앤드류Andrew가 가게를 이어나갔다. 곧이어 앤드류의 20대 딸인 사라Sarah가 합류하면서 삼대가 함께 운영하는 시기를 맞이했다. 그러다 2018년 늦봄 로마노가 세상을 떠나면서 지금은 앤드류와 사라, 2세대가 함께 가게를 지키고 있다.

초창기에는 달걀이 들어간 파스타와 제노바식의 고기와 시금치 라비올리, 나폴리식의 치즈 라비올리를 팔았다. 그때만 해도 각 가정에 냉장고가 보급되지 않았던 시기여서 금방 만든 달걀 파스타보다 건조 파스타가 더 많이 팔렸다.

시간이 지나면서 많은 이탈리아인들이 이 지역을 떠났지만 반대로 뉴요커들에게 이탈리아 요리는 더 큰 인기를 얻게 되었다. 유명 잡지나 언론에서 이 집을 가장 맛있는 파스타를 파는 가게로 소개하면서 더 성황을 이루게 되었다. 1970년부터는 건조 파스타보다 프레쉬 파스타의 수요가 더 많아져 그쪽으로 집중하기 시작했다.

2019   현재 라페토스에서는 대략 50여 가지의 파스타를 만들고 있으며, 새로운 파스타 개발에도 여념이 없다. 이곳에서는 원하는 크기로 파스타를 잘라 주기도 한다. 단두대같이 생겨 '기요틴 머신Guillotine Machine'이라고 불리는 기계로 링귀니Linguine, 탈리아텔레Tagliatelle, 페투치네Fettuccine, 파파델레Pappardelle 등 원하는 대로 다양한 너비로 즉석에서 잘라 준다. 1916년에 구입한 파스타 절단기인데 지금까지 사용하고 있다. 주문을 하고 옆에 서서 기계가 돌아가는 것을 흥미롭게 지켜보고 있노라면 공연히 프랑스 혁명 당시의 기요틴이 연상되면서 섬뜩한 기분이 들기도 한다.

달걀을 넣어 만든 파스타 외에 레몬과 시금치, 레몬과 홍피망, 밤, 버섯, 초콜릿 등이 들어간 파스타도 구매할 수 있다. 라비올리도 이 가게의 주력 메뉴다. 미니, 미디엄, 점보 사이즈로 나뉘어 있고 치즈 외에도 랍스터, 해산물, 송로버섯 등 속을 채우는 재료가 다양하다. 라비올리 사이사이에는 습자지를 넣어 들러붙지 않도록 만든 다음 종이상자에 넣어 판매한다.

최근 라페토스는 공장을 가동해 도매업도 하고 있어, 이제 유명 고급 식품점에서도 라페토스의 제품을 구입할 수 있다. 파스타뿐만 아니라 파스타 소스도 직접 만들어서 판다. 젊은 4대손이 투입돼 가게가 활발하게 돌아가는 것을 보면서 이제는 이 집이

1
2	3
4

1 • 다양한 건조 파스타가 보관된 진열대
2 • 기요틴을 연상하게 하는 파스타 절단기
3 • 파스타의 한 종류인 파파델레와
　　 파스타 소스
4 • 주인인 사라Sarah와
　　 앤드류Andrew Raffetto 부녀와 함께

없어질까 조바심내지 않아도 될 것 같다.

이 책을 위한 자료조사차 뉴욕 백년 가게들의 주인들을 한창 취재를 할 때였다. 그때 라페토스의 4대 전수자인 사라가 나에게 이런 제안을 했다. 책에 등장하는 가게 주인들이 모두 한자리에 모이는 행사를 한번 해보는 것이 어떻겠냐고 말이다. 바로 이어 그녀는 "글쎄, 정말 그런 행사에서 우리는 어떤 음식을 내야 할까 벌써부터 고민이 되네요"라고 말했는데, 그녀의 그 진지하고 열 정적 태도에서 어느새 안도감을 느꼈다.

라페토스의 분위기는 옛날 한국에 동네마다 있던 국수 가게와 비슷하다. 지금은 직접 면을 뽑아서 빨래처럼 널어 말리는 국수 공장들이 거의 사라졌지만 말이다. 라페토스 건너편에 이탈리아 이민자들을 위한 교회가 있어서 이탈리아인들은 예배가 끝나면 늘 이곳에 들러 파스타를 사가곤 한다. 얼마 전 우리 집에 놀러 온 친구에게 이 집에서 산 아티초크와 치즈 라비올리에 마리나라 소 스를 버무려 파스타 요리를 대접한 적이 있다. 처음엔 친구가 접 시에 쌓인 라비올리를 보자 양이 너무 많다며 내 접시에 덜어내 더니 그만 한입 맛보고 나서는 멋쩍게 다시 자기 접시로 가져가 는 일도 있었다. 친구의 이 행동 하나만으로도 라페토스의 파스 타 맛은 확실하게 증명된 셈이다.

이곳은 파스타뿐만 아니라 파스타 부재료도 구입할 수 있다.

조리가 완성된 포장요리도 가격이 부담스럽지 않고 맛도 좋다. 그래서 이곳에 오면 너무 욕심을 부려 두 손 가득 사서 나가는 경우가 많다.

다음의 추천 음식은 미리 만들어 냉장고에 진열해놓고 파는 음식들이다. 부탁하면 음식을 데워주고 일회용 포크와 나이프를 준다. 라페토스 안에는 앉아서 먹을 장소가 없다. 날씨가 괜찮다면 근처 워싱턴 스퀘어 파크에서 작은 피크닉을 즐기는 것도 좋은 방법이다.

My Pick

미트볼
Meat Ball

탁구공만 한 미트볼 여섯 개가 포장돼 있다. 배가 고플 때는 데우지도 않고 그냥 가지고 온 이 미트볼이 너무 맛있어 막상 집에 도착하면 몇 개 안 남는 경우가 종종 있었다. 그냥 먹어도 맛있고, 토마토소스를 얹어 먹어도 좋다. 이곳에는 토마토소스를 올린 미트볼 메뉴는 따로 없고, 별도로 토마토소스를 판매하고 있다.

price $4.95

스피니치 앤 라이스 토르타
Spinach & Rice Torta

할머니의 레시피를 그대로 이어받아 손녀 사라가 만드는 토르타다. 스테이크 전문점에서 흔히 볼 수 있는 크림 시금치 메뉴에서 크림을 빼고 밥을 넣은 것 같은 맛이 난다. 토마토소스를 한 스푼 올린 미트볼과 함께 먹으면 금상첨화다.

price $5.95

파스타 샐러드

Pasta Salad

야외로 소풍을 나갈 때 사가면 딱 좋을 메뉴다. 머리 없는 나사못처럼 생긴 라디아토리Radiatori 파스타에 치즈, 자두, 토마토, 파를 넣고 화이트 발사믹초로 만든 샐러드는 기본에 충실한 맛이다. 토르텔리니 파스타, 훈제 모차렐라 치즈, 바질 페스토로 만든 샐러드도 있다. 모차렐라 치즈, 선드라이드 토마토, 체리 피망, 시칠리아 오레가노, 화이트 발사믹초가 들어간 샐러드 역시 여럿이 가는 나들이용으로 훌륭하다.

price $5.95

라자냐

Lasagne

집에서 만들기엔 손이 너무 많이 가는 요리라 자주 만들지 않는 라자냐를 이곳에서는 세 가지 종류로 구비해두고 있다. 고기가 들어간 라자냐, 고기 없이 치즈만 가득한 치즈 라자냐, 시금치와 베사멜 소스가 들어간 라자냐다. 하나가 생각보다 양이 많아. 두세 사람이 나눠 먹어도 충분하다.

price $8.50

아무것도 바꾸지 않고
먼지만 털어낸,
진짜 빈티지 펍

맥솔리스 올드 에일 하우스
McSorley's Old Ale House   Since 1854

어느 날 지인의 초청으로 뉴욕의 오래된 가정집을 방문한 적이
있었다. 롱아일랜드에서도 아름답기로 손꼽히는 사우스 햄튼^{South}
^{Hampton} 바닷가에 자리 잡고 있는 집이다. 집 앞으로 미국 최고의
해변 중 하나로 꼽히는 유명한 백사장이, 그것도 바로 집 앞에 펼
쳐져 있으니 입지 조건으로서는 이보다 더 좋을 수 없었다. 집 안
으로 들어가면, 1950년대 미국 영화에서 볼 수 있는 여름별장의
분위기가 물씬 난다. 1955년에 제작되어 메릴린 먼로의 그 유명
한 지하철 통풍구 장면을 탄생시킨 〈7년만의 외출〉이라는 영화를
보면, 아내와 아들을 피서지로 보내고 자신은 맨해튼 아파트에

혼자 남아 일을 하는 남자의 이야기가 나온다. 그도 그럴 것이 이 당시 중산층 이상의 뉴요커 가족들은 아이들 여름방학이 시작되면 아내는 아이들을 데리고 여름별장이 있는 롱아일랜드나 캣스킬, 코네티컷에 가서 방학이 끝날 때까지 그곳에서 지내고, 남편은 맨해튼에 홀로 남아 일을 했다. 영화에서처럼 그 당시의 별장은 주로 여름에만 사용되다 보니 난방시설이 거의 없었고, 목욕탕과 욕조가 있기는 했으나 샤워시설은 그리 많지 않았다.

사우스 햄튼은 지금처럼 냉방시설이 갖춰지지 않았던 시절 미국 부자들이 여름 피서지로 많이 찾았던 곳이다. 내가 방문한 그 집주인의 부모도 이곳을 여름별장으로 썼다고 하는데, 그 당시에 유행했던 가구며 냉장고, 온갖 소품들이 그대로 있었다. 70년 전의 생활 풍속을 그대로 보존한 박물관이나 다름없었다. 이 집이 꼭 놀이공원이라도 되는 듯 호기심으로 집 안 곳곳을 둘러봤던 기억이 여전히 생생하다.

맥솔리스 올드 에일 하우스는 사우스 햄튼의 그 집에 비하면 연식이 두 배다. 상호명에 왜 '올드'가 들어가는지는 문을 열고 들어가는 순간부터 '아' 하는 탄식과 함께 알 수 있다. 요즘은 고물상에서 복고풍 소품을 사와 일부러 오래된 느낌을 연출하는 가게들이 많아졌다. 하지만 이곳은 '복고풍'을 만들겠다는 계획에 의해서가 아니라 그저 세월이 지금의 분위기를 만들어냈다. 처음에

는 특별한 의도 없이 가게 물품이나 소품 등을 진열하기 시작했을 테다. 우리 얼굴에 주름이 하나하나 늘어나듯 이곳의 모든 소품은 그렇게 자연스레 축적되었다.

어떻게 여기에 처음 오게 되었는지는 잘 기억 나지 않지만, 어느새 뉴욕을 방문하는 지인들에게 꼭 소개해주는 필수 관광코스가 되었다. 사촌 동생 부부가 첫 미국 여행을 왔을 때 지금은 없어진 세계무역센터 전망대를 구경한 후 여기에 같이 왔던 기억이 난다. 맨해튼의 드높은 빌딩 숲과 1854년에 문을 연 이 가게를 대비시켜 보여주는 게 극적일 것이라는 생각에서였다.

1854　　　가게 간판에는 "ESTABLISHED 1854"라고 창립연도를 1854년으로 밝히고 있지만, 실제로는 1861년이나 1862년 혹은 1864년이라는 의견도 있다. 1851년 아일랜드에서 이주해온 존 맥솔리John McSorley가 처음 문을 연 당시는 이곳을 '올드 하우스 앳 홈The Old House at Home'으로 불렀다. 그러다 어느 날 폭풍으로 간판이 떨어져나가고 새 간판을 만들면서 '맥솔리스 올드 타임 에일 하우스McSorley's Old Time Ale House'로 바뀌었다는 이야기가 있다. 지금은 여기서 'Time'이 빠진 이름으로 쓰며 단골들은 그냥 '맥솔리스'라고 부른다.

| 1 | | 2 | 4 |
| | | 3 | 5 |

1 • 바닥에 뿌려진 톱밥
2 • 옛 맥주 분배기
3 • 옛 냉장고
4 • 잡동사니로 쌓여 있는 피터 쿠퍼의 의자
5 • 추억의 난로

맥솔리스가 처음 문을 열 때만 해도 마차가 주요 교통수단인 시절이었는데, 마침 가게 근처에 마차 종점이 있는 데다가 길 건너편에는 3층짜리 시장 건물도 있어서 오가는 손님들이 적지 않았다고 한다. 그 3층짜리 시장 건물이 있던 자리에는 얼마 전 새로 지어진 쿠퍼 유니언 대학의 별관 건물이 들어섰다. 쿠퍼 유니언 대학은 링컨의 '쿠퍼 유니언 연설Cooper Union Speech'로도 유명한 곳인데, 이 대학 설립자인 피터 쿠퍼Peter Cooper의 초청으로 링컨 대통령은 1860년 2월 27일 이곳에서 노예제도에 반대하는 첫 대중 연설을 했다. 사람들은 링컨이 쿠퍼 유니언에서의 연설을 끝내고 피터 쿠퍼와 함께 맥솔리스에 왔을 것으로 추정한다. 그 이유는 눈 오는 추운 겨울이었던 2월, 술과 음식을 제공하는 가게가 근처에 별로 없었고 피터 쿠퍼가 맥솔리스의 단골이었기 때문이다. 그러나 이에 대한 명확한 기록을 찾을 수는 없다. 피터 쿠퍼는 생전에 가게 뒷방에 있는 한 의자에 자주 앉아 있었다고 한다. 그의 사후에는 이 의자를 검은 천으로 씌워 놓았다가 어느 순간부터 그 의자를 바 뒤편 냉장고 위에 진열했다. 지금은 의자가 그 자리에 있다는 것을 알고 보지 않는 이상 알아차리기가 쉽지 않다. 의자 위로 다른 물건들이 잔뜩 올라가 있기 때문이다.

이곳을 다녀간 유명인은 수도 없이 많다. 비록 지금은 도둑맞아 없지만 당시 방명록에는 시어도어 루스벨트가 대통령이 되기 전에 한 서명도 있었다. 존 F. 케네디 대통령도 이곳에서 술을 한 잔하고 갔다는 이야기가 전해진다. 그 이외에도 뉴욕의 정치인, 경찰국장, 주지사뿐만 아니라 유명 작가, 가수, 배우, 인기 운동선 수 들이 다녀갔다. 그렇다고 그들이 이곳에서 특별대우를 받은 것은 아니다. 그저 다른 손님들처럼 똑같은 대접을 받았다. 맥솔리스에서 중요하게 여기는 손님은 유명 인사들이 아니라 오랫동안 맥솔리스를 찾아오는 일반 사람들이다. 그래서 적어도 30년은 방문해야 단골손님으로 인정받는다는 이야기도 있다.

미국의 유명 화가 존 슬로안John Sloane이 맥솔리스의 내부를 표현한 〈맥솔리스 바McSorley's Bar〉 작품이 디트로이트 미술관에 소장돼 있으며, 미국의 실험파 시인으로 유명한 에드워드 커밍스Edward E. Cummings는 〈맥솔리스에 앉아서I was sitting at mcsorley's〉라는 시에서 맥솔리스를 "에일을 마시면 결코 늙지 않는다the ale which never lets you grow old"로 묘사하기도 했다.

창업자인 존 맥솔리가 이 가게를 운영하면서 내세운 몇 가지 구호가 여전히 전해내려오고 있는데, 바 뒤편 피터 쿠퍼의 초상화 위에 새겨져 있다. "행실이 좋지 못하면 나가라Be Good or Be Gone" 와 "좋은 에일, 생 양파, 그리고 여성 금지Good Ale, Raw Onions, and No Ladies". 품질 좋은 에일 맥주와 존 맥솔리 자신이 무척 좋아했던 생 양파를 강조한 문구다. 당시 점심에 맥주를 주문하면 크래커, 치즈, 생양파를 공짜로 제공했다고 한다. 지금은 유료로 제공되며 메뉴판을 보고 주문할 수 있다. 문구의 마지막에 적힌 'No Ladies' 는 여자 손님을 받지 않겠다는 뜻인데, 존 맥솔리는 여자 없이 남자들끼리 술을 마셔야 좀더 성숙하고 엄숙한 남자처럼 보인다고 생각했다 한다. 또 그때는 돈과 사회적 지위가 있는 남자들이 여성 출입이 금지된 프라이빗클럽 하우스에 많이 갔는데, 거기에 들어갈 수 없었던 벽돌공, 정육업자, 운전사 등과 같은 노동자 계급을 위해 맥솔리스를 남성 전용으로 만들지 않았나 하는 나만의 추측도 해본다.

1936   1910년에 창업자 존 맥솔리가 세상을 떠나자 1936년까지 그의 아들 빌 맥솔리^{Bill McSorley}가 운영을 이어갔다. 아버지 생전에 한번은 빌이 맥주가 아닌 도수가 높은 술을 팔았다가 아버지에게 들켜 쫓겨난 적도 있었다고 한다. 맥주보다 알코올 도수가 높은 술은 필요 없다는 믿음 때문이다. 그런 사건 때문인지 빌은 맥솔리스를 운영하면서 이전과 바뀌는 것이 없도록 하는 데에 신경을 많이 썼다고 한다. 결혼했지만 자녀가 없어서 빌은 "내가 죽으면 이곳도 없어질 거야"라는 소리를 자주 했다고 한다. 하지만 그 이유는 알려지지 않고 있지

만 그의 마음이 바뀌었는지 맥솔리스는 아직도 문을 닫지 않았다. 존 맥솔리의 유언처럼 아무것도 바꾸지 않는다는 조건으로 빌은 은퇴 경찰인 다니엘 오코넬Daniel O'Connell에게 1936년 이 건물과 가게를 모두 팔았다. 하지만 안타깝게도 다니엘 오코넬이 가게를 인수한 지 34개월 만에 죽자 가게는 그의 딸인 도로시 오코넬 키르완Dorothy O'Connell Kirwan에게 돌아갔다. 하지만 영업은 남편인 해리Harry Kirwan에게 맡기고, 도로시는 영업시간에는 가게에 일절 들어가지 않았다. 'No Ladies'라는 존 맥솔리의 운영 방침을 그대로 이어받았기 때문이다. 이곳은 출입문에서 여성 손님이 들어오면 종업원이나 다른 손님이 종을 울려 여성의 출입을 막았다고 한다. 1960년에 뉴욕 대부분의 술집이 여성 손님의 입장을 허용했으나 그때까지도 맥솔리스는 원칙을 바꾸지 않았다. 그러다 1970년에 '전미여성기구National Organization for Women, NOW'가 맥솔리스를 상대로 낸 소송에서 여성의 출입을 허용하라는 판결이 떨어졌다. 그렇게 여성의 출입 금지가 해제되고 난 후, 도로시의 아들인 대니Danny가 맥솔리스의 첫 여성 손님으로 도로시를 초대했지만 그녀는 거절했다고 한다. 그녀는 그 후에도 영업시간에는 한 번도 가게 안으로 들어가지 않았다고 전해진다. 여성 출입이 허용되고 나서도 16년이 지난 후에나 가게 안에 여성 화장실이 설치되었다.

1

2   3

1 • 식당 내부

2 • "행실이 좋지 않으면 나가라Be Good or Be Gone" 표지판과 피터 쿠퍼의 초상화

3 • 맥솔리스의 첫 여성 바텐더이자 주인인 테레사Teresa Maher de la Haba와 함께

이 가게의 첫 여성 바텐더는 이곳의 첫 여주인이기도 한 '테레사 마헤르 데 라 아바$^{Teresa Maher de la Haba}$'다. 과거 해리와의 인연으로 아일랜드에서 미국으로 건너와 맥솔리스에서 잡일부터 시작해 1977년 가게 주인까지 된 아일랜드 출신의 매슈 마헤르$^{Matthew Maher}$의 딸이다. 그녀가 아버지의 뒤를 이어 지금까지 운영하고 있다.

개인적으로 맥솔리스에서 가장 눈에 띄는 것은 바 맞은편 테이블 사이에 있는 오래된 난로다. 10월부터 난로에 불을 때기 시작하는데, 난로와 연결된 연통이 가게 천장을 관통해 지난다. 아마도 이 난로를 보고 옛 생각이 나는 세대는 이제는 별로 없을 것 같다. 학창시절 점심시간 전에 귀퉁이가 둥그스름한 사각 양은도시락을 난로 위에 차곡차곡 올려놓았던 그런 추억 말이다. 겨울에 맥솔리스를 방문해 이 난로에 불이 붙어 있는 것을 보면, 도시락통 속 반찬이 데워지면서 나던 냄새가 느껴질 정도다. 그래서인지 나는 이곳에 오면 늘 이 난로 주변에 앉는다. 옛날 생각에 마음까지 따뜻해지기도 하고, 또 이 가게에서 일어나는 온갖 일들이 한눈에 잘 보이기도 해서다.

아무것도 바꾸지 말라는 창업자의 뜻을 존중하며 가족이 단골손님이 되고 한때 종업원이 훗날 주인이 되는 맥솔리스는 세대에 세대를 이어가며 또 한 번의 백 년을 기다리는 몇 안 되는 가게 중 하나다. 이곳은 주인뿐만 아니라 직원들도 몇십 년 동안 근속

하는 것으로도 유명하다. 심지어 아버지와 아들이 직원으로 같이 일을 하기도 했다. 손님들도 대를 이어 몇십 년간 이곳을 찾는다. 정말 재미있는 건 일요일마다 매번 똑같은 시간 똑같은 메시지로, 그것도 벌써 수십 년 동안 문 옆에 있는 공중전화로 장난전화가 걸려온다는 사실이다. 전화를 받으면 중년쯤 될 법한 남성이 "너의 관장이 준비되었다Your enema is ready"라는 다소 희한한 소리를 중얼거린다며 십수 년째 이 전화를 받고 있는 종업원이 불만 아닌 불만을 토로하기도 했다. 엉뚱한 생각이지만, 이 장난 전화를 건 사람도 혹시 다음 세대에게까지 이 장난을 넘겨줄까 궁금했는데, 불행인지 다행인지 장난전화가 걸려오던 그 공중전화가 얼마 전 고장이 났고, 아직까지 수리가 되지 않아 이 부분은 확인할 수가 없다.

2019 맥솔리스 올드 에일 하우스와 얽힌 가장 재미있는 에피소드 중 하나는 술에 취한 지인이 이 집 가스 등대 위에 먼지가 수북하게 쌓인 채 걸려 있는 것이 대체 무엇인지 궁금하다며 만져보겠다고 우겼던 일이었다. 자세히 보면 그 등에는 위시본wishbone이라고 하는 닭의 어깻죽지 부분의 V자 모양의 뼈가 쭉 걸려 있는데, 그 양이 하도 많고 먼지에

뒤덮여 있어 처음에는 그게 뼈인지 뭔지 알 수가 없다. 그래서 누구라도 쳐다보게 되면 한번 만져보고 싶은 마음이 드는데, 우리도 맥주 한 잔을 더 하면서 그 충동을 애써 억눌렀다. 아마 만졌더라면 쫓겨났을 것이 뻔했다. 그렇지 않아도 2011년에 뉴욕시 보건부에서 나온 직원이 이 먼지 묻은 위시본 하나를 견본으로 가져가려다 주인과 마찰이 생겨 경찰까지 출동하는 사건이 있었다고 한다. 그 이후 뉴욕시의 새로운 보건 정책에 따라 맥솔리스는 실내 먼지를 깨끗이 닦아야만 했고, 그래서 등대에 걸린 위시본을 모두 꺼내 하나하나 먼지를 닦은 뒤 다시 걸어 두었다. (요사이 방문해서 보니, 그동안 싸인 먼지가 그대로인 것이 아마 다음 검사 전까지는 계속 싸여 있을 것 같다.)

도대체 왜 위시본이 이렇게 등대에 걸려 있는지에 대해서는 여러 가지 설이 있다. 그중 가장 설득력 있는 이야기는 존 맥솔리가 이곳 손님 중 참전을 앞둔 병사들을 위해 저녁 식사를 제공했는데, 한 병사가 발라놓은 위시본을 가스등에 걸어 두었다고 한다. 로마 시대 이전인 고대 에트루리아 시대부터 있었던 풍습인데 새가 날아가는 데 가장 중요한 위시본에 소원을 빌었다고 한다. 그 병사도 닭고기를 먹고 발라놓은 위시본을 여기에 걸면서 전쟁에서 무사 귀환할 수 있도록 기도했을 것이다. 무사히 돌아온 참전병들은 자신들이 걸어놓은 것을 가져갔는데, 여기에 계속 걸린 것들은 전쟁에서 돌아오지 못한 병사들의 것이라는 설이다. 그 전쟁이 심지어는 시대가 맞지 않는 미국 남북전쟁이라는 이야기도 있고, 또 혹자는 존 맥솔리가 그저 위시본을 모으는 게 취미였다고 주장하기도 한다. 어쨌든 이제는 몇 개밖에 남지 않았지만, 그 위시본을 보면서 도대체 얼마나 많은 사람이 이곳을 다녀갔는지 궁금하지 않을 수가 없다.

붐비는 시간을 피해 기다리지 않고 이곳에 들어오면 웨이터들이 연회색 셔츠를 입고 맥주잔 여덟 개, 어떨 때는 손가락 개수보다 더 많이 손가락 사이에 끼워 들고 바쁘게 움직이는 것을 볼 수 있다. 이 집에서는 어떤 술을 마실지 고민할 필요가 없다. 다른 술은 판매하지 않고 종업원은 단지 "다크 오어 라이트Dark or Light?"만 물을 뿐이다. 즉 '다크 에일'와 '라이트 에일' 중에 무엇을 고를지만 정하면 된다. 맥주 사이즈도 묻지 않는데, 무얼 주문해도 250ml에 조금 못 미치는 작은 사이즈로 '두 잔'을 주는 것이 이 집의 기본이다. 그래서 대답은 "다크", "라이트", "다크 앤 라이트" 이 세 가지 중 하나만 말하면 된다.

다크 앤 라이트는 처음 가는 손님 입장에서는 좋다. 다크와 라이트를 모두 하나씩 시음해볼 수 있기 때문이다. 마시는 건 순전히 개인의 취향이지만, 라이트 에일부터 시작하는 것이 기본이다. 이 맥주를 받으면, 바에 서서 마시거나 커다란 테이블을 여러 사람과 합석해야 한다. 요즘 새로 문을 여는 카페나 음식점 사이에서 이런 공동 식탁communal table이 유행하고 있다. 그 덕에 롱아일랜드에 사는 잘생긴 젊은 경찰과 기분 좋게 대화도 나누고, 판사 아버지와 법사위 아들 부자의 다정한 모습을 부럽게 쳐다보면서 함께 술잔을 부딪쳐보기도 했다.

My Pick

다크, 라이트, 다크 앤 라이트
Dark or Light or Dark & Light

이곳에서 맥주 한 잔 아니 두 잔은 꼭 마셔봐야 한다!

price $6.00

치즈, 크래커, 어니언
Cheese, Cracker, Onion

처음 문을 열었을 때부터 있었던 전설의 메뉴. 처음에는 맥주를 마시는 손님들에게 공짜로 제공된 점심 메뉴였다고 한다. 지금은 두 가지 치즈 중 하나를 고를 수 있다. 크래커는 처음 받으면 좀 황당하다. 나비스코사의 프리미엄 솔틴 크래커로 하얀 포장지에 싸여 있는 과자가 포장 그대로 한 줄이 나온다. 마지막으로 익히지 않은 썬 양파가 함께 나온다. 먹는 방법은 간단하다. 함께 나오는 겨자를 이 세 가지 재료에 발라서 먹는 것이다. 겨자가 꽤 매우니 맛을 보고 먹는 것이 좋다.

price $4.00/소, $6.00/대

펠트먼 핫도그
Feltman's Hot Dog

방부제와 첨가물이 전혀 들어가지 않고 오로지 자연산 소고기로만 만들어진 '펠트먼 핫도그Feltman Hot Dog'를 사용한다. 펠트먼 핫도그는 미국에서 가장 오래된 핫도그 브랜드로 이미 재료나 맛으로 정평이 나 있다. 입에 맞게 겨자나 케첩을 곁들여본다. 특히 여러 명이 간다면, 이 가게의 칠리 메뉴를 주문해 핫도그 위에 올려 먹는 것을 추천한다.

price $5.50

리버부어스트 샌드위치
Liverwurst Sandwich

이 집의 메뉴는 그날그날 바뀌는데 칠판에 써서 그날의 메뉴를 알린다. 바뀌지 않는 메뉴로는 다섯 종류의 샌드위치가 있다. 그중 리버부어스트 샌드위치는 음식 모험을 즐기는 이들에게 적합한 메뉴다. 보통 샌드위치에 들어가는 고기 대신 간을 갈아 넣은 소시지가 들어간다. 실제로 얇게 썬 양파, 피클, 코울슬로와 함께 나오는데 여기에 겨자를 발라서 먹으면 된다.

price $6.00

한번 시작하면 멈출 수 없는
이탈리아 제과의
화려한 유혹

비니에로스
Veniero's Pasticceria   Since 1894

내가 어렸을 때 친척이 유명한 제과점을 운영했다. 그 덕에 그때 패스트리Pastry를 많이 먹어서인지 아직도 디저트 가게를 보면 생선 가게를 그냥 지나치지 못하는 고양이처럼 들어가보지 않을 수가 없다. 특히 처음 보는 제과점에는 시식이라도 해보려고 한 번은 들어가보는 편이다. 프랑스 파리를 여행할 때에는 눈에 보이는 제과점마다 들어가서 뭐라도 하나 사서 나오다 보니 가방 속에는 늘 먹다 남은 패스트리가 있었고, 그걸 세어보면 그날 제과점을 몇 군데 갔는지 알 수 있을 정도였다. 그래서 요즘에는 시야에 제과점이 들어오면 그 앞을 지나치지 않으려고 일부러 길을

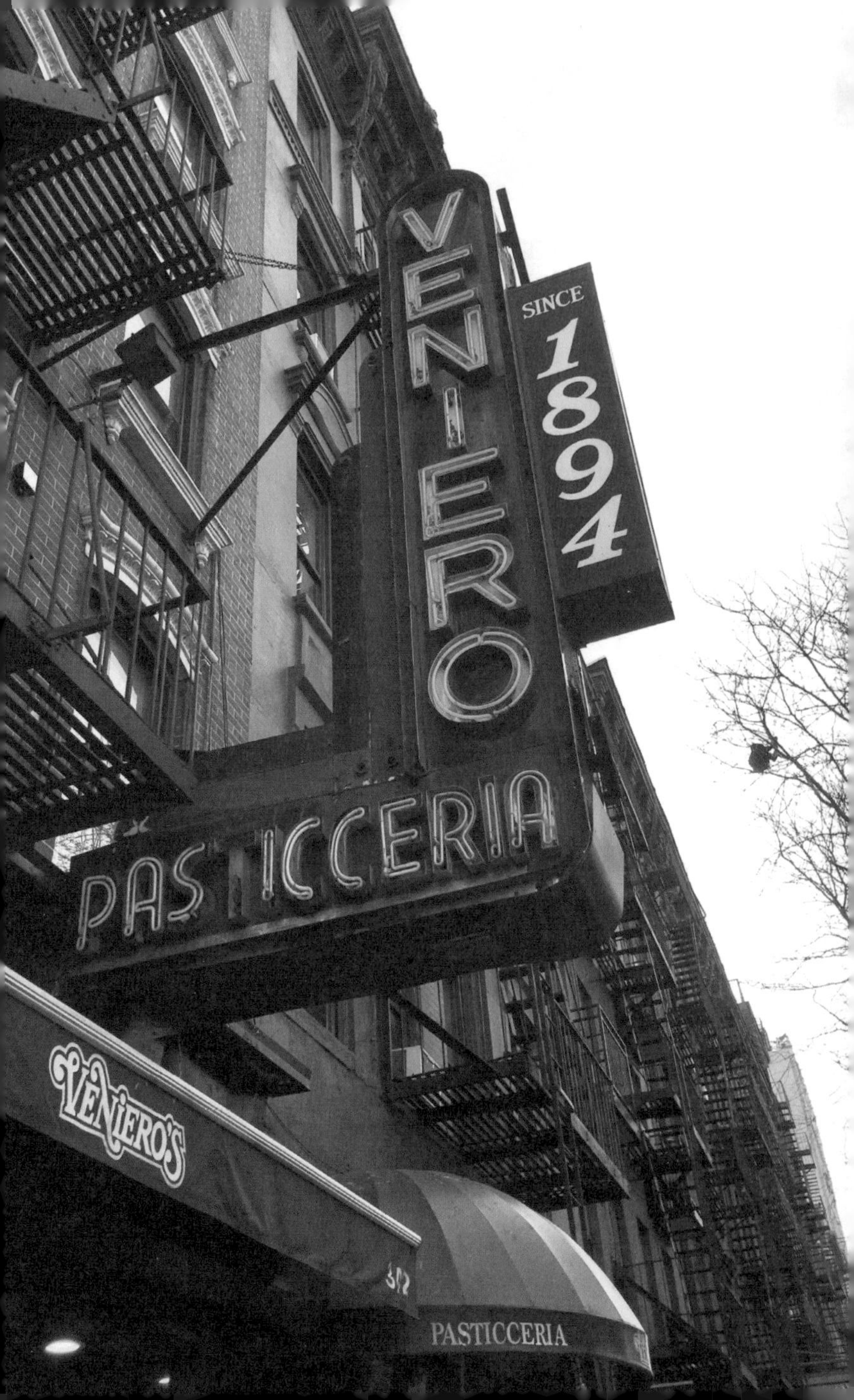
VENIERO
SINCE
1894
PAS ICCERIA
VENIERO'S
PASTICCERIA

빙 돌아갈 때도 있다. 나름의 자제 방법인데, 그런데도 어느 순간 손에 제과점 봉지가 들려 있는 걸 발견하곤 한다. 마음과 발길이 일치하지 않을 때가 참 많다.

한 대학 후배가 우리 회사에서 일했던 적이 있었다. 그 후배는 임신 중이었을 때 제과점 비니에로스를 정말 수시로 들락거렸는데, 사무실에서 그리 가까운 거리가 아니었는데도 점심시간이면 그 먼 데까지 가서 에끌레어éclair를 사갖고 오는 것이었다. 비니에로스는 내 생활 반경과 완전히 떨어져 있어 그간 자주 가지 못했는데, 그때 후배가 하도 맛있게 먹던 것이 꽤 오랜 시간이 지나도 잊히지 않아 근처에 오면 비니에로스를 꼭 들른다.

프랑스 루이 16세의 왕비였던 마리 앙투아네트는 "빵이 없으면 케이크를 먹으면 되지 않느냐"는 세상 물정 모르는 한마디로 아직까지도 세간의 조롱을 받고 있다. 하지만 나는 이 말을 들으면 엉뚱한 상상을 하게 된다. 나에게 한 끼 식사와 케이크 한 조각 중 하나를 고르라고 한다면? 나는 단연코 케이크다! 그것도 비니에로스의 이탤리언 리코타 치즈 케이크를 고를 것이다.

비니에로스에서는 이탤리언 치즈 케이크 외에도 다양한 메뉴를 판매한다. 하지만 아쉽게도 아직 이 집의 모든 케이크를 다 먹어보지는 못했다. 늘 한두 가지만 골라 사다 보니 아무래도 가장 좋아하는 것만 계속 선택하게 되었다. 이 상황이 일명 '짜장면과 짬뽕' 상황과 비슷하다. 이곳의 한인들은 한국식 짜장면과 짬뽕이 늘 먹고 싶지만 한국에서처럼 쉽게 먹을 수 없다 보니 어쩌다 한국식 중식당을 방문하게 되면 가장 먹고 싶었던 짜장면과 짬뽕을 주문하느라 다른 메뉴를 주문해볼 기회가 통 없다. 나에게는 이 집의 치즈 케이크가 짜장면과 짬뽕 같은 음식이다.

1894 비니에로스의 역사는 이탈리아 남부 베수비오산과 나폴리 해변이 있는 비코 에퀜세에서 출생한 안토니오 비니에로^Antonio Veniero^에서부터 시작된다. 1885년 열다섯 살의 안토니오 비니에로는 뉴욕 여행을 마음먹었다. 1876년에서 1924년 사이 대략 450만 명이 이탈리아에서 뉴욕으로 왔다. 처음에는 자연재해와 정치 불안정으로 어려워진 경제 상황 때문에 잠시 미국에서 돈을 벌고 갈 생각으로 왔다가 완전히 정착하게 된 이들이 많았다. 안토니오도 뉴욕으로 와서 사탕 가게에서만 9년 일했는데, 지배인으로 승진을 하게 되자 사탕 가게를 그만두고 일하며 모아둔 돈으로 1894년에 사교장을 열었다. 비니에로스의 모태가 되는 이곳에 처음에는 당구대만 갖다 놓았다. 사교장이라고 하지만 우리나라로 치면 당구장과 같은 곳이었다. 여기서 안토니오는 '캔디드 과일^Candid Fruit^', 즉 신선한 과일에

녹인 설탕을 입힌 것을 만들기 시작했다. 그중에서도 수박 껍질로 만든 사탕이 비니에로스의 대표 메뉴가 됐다. 이 사탕을 만들 때 수박 껍질만 들어가고 수박 과육은 필요 없다 보니 안토니오는 남은 수박을 모두 동네 아이들에게 나눠주었다고 한다. 그 덕분에 비니에로스는 동네에서 매우 인기가 많아졌다. 또 커피콩을 볶아 만든 삼부카와 비스코티도 구워서 팔기 시작했다. 자연스럽게 사교장에서 제과점으로 서서히 바뀌게 되었다. 찾는 손님이 많고 바빠지다 보니 온 가족이 가게로 나와 일하기 시작했고, 그 것도 모자라 이탈리아 전통 제조법으로 베이킹할 수 있는 전문 파티시에를 시칠리아에서까지 영입해왔다.

1932년 프랭클린 루스벨트가 대통령이 되었을 때 취임식에 쓴 아르데코풍 케이크를 이 집에서 만들었고, 1939년에 열린 세계박람회에서는 비니에로스가 프랑스 파티시에를 물리치고 제과 경쟁 대회에서 일등을 거머쥐었다.

1931   37년간 이 제과점을 성공적으로 운영한 안토니오 비니에로는 1931년에 사망하고, 이후 그의 아들인 마이클Michael이 가게를 물려받았다. 1930년대 초 미국과 유럽 전역을 위기로 몰아넣은 세계 대공황이 뉴요커들의 생활에도 큰 경제적인 타격을 입혔는데, 당시 비니에로스는 지친 뉴요커들에게 달콤한 과자로 잠시나마 마음의 위안을 주었다고 한다. 영화를 보면서 시름을 잊었던 것처럼 과자를 즐기며 잠시나마 고달픈 현실을 내려놓을 수 있었을 것이다.

시간이 흐르고 마이클 비니에로는 사촌 프랭크 제릴리Frank Zerilli에게 비니에로스를 맡겼다. 사실 프랭크의 부친인 안드레아Andrea도 창립자인 안토니오 생전에 비니에로스의 지점을 맡아 운영한 바 있었는데, 장사에서는 크게 두각을 드러내지 못했었다. 그의 관심은 오로지 바이올린이어서 가게에서도 종종 바이올린 연주를 했는데, 그 때문에 제 발로 찾아들어온 손님도 제대로 응대하지 못해 그냥 발길을 돌리게 한 적도 꽤 많았다고 한다. 반면 아들 프랭크는 스무 살이 되기 전부터 비니에로스에서 일하며 가게 돌아가는 사정을 옆에서 착실히 보고 배웠다. 어쨌든 아버지와 달리 장사에 소질이 있었던 프랭크는 3대 오너로 있는 동안 비니에로스를 양적으로나 질적으로 성장시켜 지금의 비니에로스를 만드는 데 일조했다. 지금은 프랭크의 아들인 로버트 제릴리Robert Zerilli가 4대째 가업을 이어가고 있다.

2019　　비니에로스의 외관에는 상호와 설립연도가 함께 크게 적힌 네온 간판이 걸려 있어 못 보고 지나치기는 쉽지 않다. 게다가 창문을 통해 보이는 진열대에는 조명도 잘 되어 있고, 패스트리들도 깔끔하게 진열되어 있어 들어가보고 싶게 만든다. 3단으로 나열된 수많은 패스트리 중 원하는 것 하나를 고르는 것도 꽤 번민이 생기는 일이다. 신선한 크림과 바삭한 빵이 조화를 이루는 카놀리, 바바리안 크림이 들어간 스폴리아텔레, 흰 크림이 들어간 랍스터 테일은 놓칠 수 없다. 아무리 신경 쓰고 먹어도 입가에 노란 크림이 묻고 마는 에끌레어도 있다. 비니에로스의 패스트리는 다행히 크기가 두 가지로 나오는 것이 많다. 같은 돈이라면 작은 것을 여러 개 사서 다양

1 • 다양한 맛의 비스코티 진열대
2 • 종류가 매우 다양해 고르기
　어려운 케이크들

©Veniero's Pasticceria

1 • 비니에로스 내부 전경
2 • 마르지판 부활절 양 케이크를 든
　주인 로버트 제릴리Robert Zerilli

248

하게 먹어보는 것도 좋다. 하나하나 손으로 만든 이탤리언 버터 쿠키와 빈 산토^{Vin Santo} 와인에 찍어 먹으면 더 맛있는 비스코티도 빼놓을 수 없다. 반듯한 사각형의 티라미수도 나를 유혹한다. 뉴욕의 다른 '백년 식당'과 달리 신용카드를 쓸 수 있어 왠지 안심되는 곳이다.

여기서 파는 모든 음식은 들어가는 생크림 하나부터 열까지 모두 이곳에서 만든다. 가장 신선한 재료로 질 좋은 제품을 만든다는 자부심도 있다. 지금 이곳을 운영하는 로버트와 이야기를 나눌 기회가 있었는데, 열정 넘치는 그의 모습에서 단단한 자부심을 찾아볼 수 있었다. 자연스럽게 주방도 구경하게 됐는데, 사전에 잡은 약속이 아닌데도 흠잡을 데 없이 청결한 모습에 감탄하지 않을 수 없었다. 이탈리아 제과점으로서 뉴욕 안에서 명성을 지키고 있는 이유를 충분히 알 수 있었다.

My Pick

이탤리언 리코타 치즈 케이크
Italian Ricotta Cheese Cake

이 집은 케이크가 강점이다. 결혼식 케이크 주문 제작도 받고, 조각 케이크 종류만 해도 서른 가지가 넘는다. 긴 진열대 중간쯤 올려놓은 것이 시칠리아 치즈 케이크와 이탤리언 치즈 케이크다. 이 두 종류의 치즈 케이크는 미리 조각으로 잘라놓지 않았는데, 원하는 크기를 이야기하면 그만큼 구매를 할 수 있다. 이탤리언 치즈 케이크는 리코타 치즈로 만들어서 덜 달고, 시칠리아 치즈 케이크는 이탤리언 치즈 케이크에 말린 과일을 넣어서 단맛이 좀 더 두드러지는 편이다. 진열대에서 사서 갈 때 둘 중 하나를 고르기 힘들다면 시식을 요청할 수 있다.

price $5.00/한 조각당

뉴욕 치즈 케이크
New York Cheese Cake

이 집의 시그니처 메뉴 중 하나가 뉴욕 스타일 치즈 케이크다. 헤비크림으로 만들어 부드럽고 공기가 들어가지 않아 꽉 찬 밀도감이 느껴진다. 거기에 사워크림이 들어가 다른 제과점 것과 비교하여 덜 진해서 뉴욕에서는 최고의 뉴욕 치즈 케이크로 꼽힌다. 부드러운 크림이 입안에 들어가면, 피곤에 찌든 마음마저 부드럽게 만들어줄 것 같은 맛이다. 1인용으로 딱 맞은 작은 사이즈도 판매하니 테이크아웃을 해도 좋다.

price $4.50/한 조각당

이탤리언 페이스트리 크림을 넣은 바바 럼 케이크
Baba Rum filled with Italian Pastry Cream

여러 문화가 혼재된 이 케이크는 폴란드 왕이 프랑스로 망명을 가면서 처음 프랑스에서 만들어졌다. 브리오슈보다 촘촘해 뻑뻑한 식감을 부드럽게 하려고 럼주를 적시게 된 것이 시작이다. 시작은 프랑스로 알려져 있으며, 나라마다 조금씩 변형되어 만들어지고 있다. 그중에서도 알코올 없는 럼 시럽이 촉촉한 바바 럼 케이크는 파는 곳이 뉴욕에서는 흔하지 않은데, 주로 이탤리언 제과점에서 볼 수 있다. 촉촉한 케이크와 커스터드 크림을 같이 먹는다.

price $5.00

마피아는 쇠락해도
마피아의 전설은
이탈리아 식당에 남아

12가의 존스
John's of 12th Street Since 1908

뉴욕 시민으로 살다 보면, 관광객은 알 수 없는 뉴욕 사회의 미묘한 변화들을 체감할 수 있다. 미국으로 건너와 소호에서 일을 시작한 지 몇 년 되지 않았을 때, 주변 동료들에게서 이런 이야기를 종종 들었다. "어제저녁 이태리 음식점에 갔는데, 거기서 마피아 모임을 하는 것 같더라고. 분위기가 특이해." 혹은 함께 길을 걷던 친구가 갑자기 어느 이탈리아 음식점을 가리키며 "저기 이태리 식당, 진짜 맛있어. 그런데 마피아가 자주 온대"라고……. 오래된 이탈리아 식당은 직접, 혹은 간접적으로 마피아와 연결되어 있다. 그렇다고 무조건 범죄와 연루되어 있다는 말은 아니다.

미국 내에서 마피아와 같은 범죄조직이 생긴 이유 중 하나는 이민 초기 뉴욕의 상황과 관련이 있다. 다른 유럽 지역 출신의 이주민들보다 상대적으로 늦게 미국으로 건너온 이탈리아계 이민자들은 이미 뉴욕에 정착한 이민자들로부터 차별을 받았다. 게다가 당시 뉴욕은 법질서가 확립되어 있지 않았고, 부정부패가 심했다. 처음에는 이탈리아 이민자들이 스스로를 보호하기 위해 결성된 조직이 나중에는 자국인을 괴롭힐 뿐 아니라 금주령 시기에는 법망의 허술함을 이용해 범죄 집단으로 발전했다. 그러나 그들도 이탈리아인이다 보니 자국의 음식점을 찾게 되고, 또한 음식점 주인이나 종업원 들의 형제나 친척 중 하나가 조직에 가담되어 있다 보니 본의 아니게 마피아와 연결되는 경우가 꽤 있었다. 아마도 뉴욕의 수많은 이탈리아 식당에 마피아가 드나들었을 것이다. 그 범죄조직의 발자취를 따라가자는 뜻은 아니지만, 이들이 드나들었던 곳 중에는 유명한 음식점, 특히 맛집으로 알려진 음식점들이 몇 군데 있다.

이탈리아 마피아도 몇 세대를 거쳐왔기 때문인지 요즘은 이전처럼 많은 이야깃거리를 만들지 못하고 있다. 이제 그들도 나이가 지긋해졌고 옛 방식으로 범죄조직을 이끌기에는 세상도 변했고, 축적한 자산으로 새로운 신분을 갖게 되면서 자연스럽게 세대교체가 일어났다. 그리고 새 세대는 교육을 통해 전문직이나

기업 CEO 등 주류사회의 일원으로 변신했다. 미국에서 큰 인기였던 드라마 〈더 소프라노스〉에서 보듯 마피아들이 현재는 교외로 나가 부유하게 살고 있으므로 예전만큼 뉴욕에서 그들을 볼수 없게 되었는지도 모른다.

마피아는 아직도 존재한다고 하는데 요사이는 도시 전설처럼 변해가고 있다. 그리고 그 전설이 뉴욕 이탈리아 레스토랑에 관광객을 모으는 역할을 하고 있고, 12가의 존스 역시 마피아 스토리의 덕을 보는 곳 중 하나일 것이다.

1908 이탈리아 중부 움브리아주에서 이민 온 존 푸치아티John Pucciatti는 1908년에 맨해튼 12가에서 음식점을 시작했다. 자신의 이름과 음식점이 위치한 12가를 활용해 "12가의 존스"로 가게 이름을 지었다. 당시 이탈리아인들은 1번가, 유대인은 2번가, 독일인은 톰킨스 스퀘어에서 나름대로 하나의 타운을 이루며 살고 있었다. 12가의 존스가 있는 이곳이 로어 이스트 사이드로 불릴 때다.

금주령 시대 때 존 푸치아티의 부인 '마마 존Mama John'은 이 건물의 뒷마당과 헛간, 지하실에서 몰래 술을 만들었다. 거기서 만들어진 술은 도르래를 이용해 2층으로 옮겨졌고, 식당을 찾는 사

1 · 벨기에 자기 타일 바닥과
    이탈리아 풍경 벽화가
    있는 실내
2 · 세월이 알려주는
    유명인 손님들
3 · 1933년 금주령 해제를
    기념하는 촛불
4 · 1919년 제너럴일렉트릭GE
    사의 냉장고
5 · 공동운영자인
    로웰Lowell Fein과
    존John Bishuk과 함께

람들 중 술을 원하는 손님은 2층으로 안내받아 작은 에스프레소 잔에 몰래 술을 마셨다. 단속반이 급습해도 1층 음식점에서는 술은 한 방울도 찾아낼 수가 없었다. 단속이 뜨면 1층에서 2층으로 신속하게 알렸고, 손님들은 에스프레소 잔에 있던 술을 재빨리 비운 뒤 그 잔에 물을 부었다. 단속반이 2층에 올라갔을 땐 물병과 에스프레소 잔밖에 보이지 않았기 때문에 적발이 쉽지 않았다. 당시 애주가들 사이에서 입소문이 퍼져 술 한잔하려는 사람들로 가게 앞에 줄이 길게 늘어설 정도였다고 한다. 금주령 해제후 주방이 있던 자리에 지금의 마호가니 바를 설치하고 술을 만들었던 헛간과 뒷마당까지 음식점으로 확장했다.

이후 존은 일선에서 물러나고 2차 세계대전에서 돌아온 아들대니[Danny]가 가게를 물려받았다. 1972년에는 가게 단골이었던 닉 시트니키[Nick Sitnycky]와 마이크 알퍼트[Mike Alpert]가 이곳을 인수했다. 이후 마이크의 부인인 주디[Judy]가 음식 조리과정과 메뉴 개발에 적극적으로 참여해 채식주의자를 위한 식단을 추가했다. 40년간 큰 변화 없이 닉과 마이크가 잘 운영해오던 가게는 마이크가 암으로 먼저 세상을 떠나자 닉과 주디가 맡아 운영했다. 지금은 30년 단골이며 이 가게 회계사였던 폴 도버[Paul Dauber]와 이곳에서 오랫동안 직원으로 일했던 존 비슉[John Bishuk], 로웰 페인[Lowell Fein], 로버트 런바켄[Robert Runbaken] 등 총 4명의 동업자가 그 전통을 이어 운영하고 있다. 다른 백년 식당들처럼 이곳 역시 바텐더나 주방 직원도 몇십 년씩 일하고 있다.

2019   가게 앞에는 빨간 차양이 쳐 있고, 빨간 차양에는 'TRADITIONAL & VEGAN ITALIAN RESTAUR-ANT'이라는 문구가 새겨 있다. 입구 옆의 유리벽 전면에는 이 가게가 소개된 신문이나 음식 잡지의 스크랩 기사가 액자에 넣어 진열되어 있다. 가게 이름을 금박으로 붙여 놓은 유리벽을 통해 가게 내부를 들여다보면, 깨끗하고 새하얀 천을 두른 식

탁들이 첫눈에 들어온다. 냅킨홀더, 포크, 나이프가 식탁 위에 깔끔하게 세팅되어 있고, 바닥에는 오래된 벨기에산 타일이 깔려 있으며, 유럽 풍경을 담은 벽화가 천장부터 벽까지 이어져 있다. 입구에서 오른쪽으로 금주령 시대 때 2층으로 통하던 빨간 문이 보이지만, 지금은 잠겨 있다. 또 하나 놓쳐서는 안 될 장식물이 있다. 1933년, 금주령 해제를 축하하는 의미에서 켰던 초의 촛농이 지금까지 쌓여 거대한 탑을 이룬 모습이다. 식당 뒤편 한가운데에 있는데, 거대하게 쌓여 있다 보니 가끔 다듬어준다고 한다.

나는 아직 이탈리아 음식을 싫어한다는 사람을 만나본 적이 없다. 질 좋은 토마토로 만든 소스에 치즈를 녹여 만드는 이탈리아 음식은 맛이 없기가 더 어렵다. 요즘은 여러 나라의 특색이 섞이면서 새롭고 다양한 맛을 내는 음식들이 많지만, 이곳은 100년 넘게 정통 이탈리아 요리를 선보이고 있다. '선데이 소스'라고 부르는 이탈리아식 컴포트 푸드가 여전히 판매되고 있다. 채식주의자들을 위한 메뉴와 글루텐 프리 메뉴가 추가되었다는 것을 제외하면, 처음 그대로의 전통을 이어오고 있다. 치즈와 밀가루가 주재료인 이탈리아 요리에서 철저한 채식주의 메뉴와 글루텐 프리 메뉴를 만들기는 쉽지 않다. 전통과 함께 혁신의 노력이 있었기에 가능한 일이다.

'선데이 소스'는 '선데이 그레이비Sunday Gravy'라고 불리기도 하는데, 일요일에 온 가족이 혹은 가까이 사는 친척들이 모여서 함께 먹던 음식에서 유래됐다. 일요일 성당 미사를 마친 가족들이 집에 모여 천천히 소스나 그레이비를 끓이는데, 밑바닥이 들러붙지 않게 식구들이 번갈아가며 저어주는 것이 핵심이다. 이 과정에서 할아버지, 할머니 세대의 레시피가 이모, 고모를 거쳐 그 아래 세대들까지 이어지는 기회가 된다. 선데이 소스나 선데이 그레이비에는 이런 따뜻함이 함께 녹아 있다. 이탈리아 음식점들이 일요일에 '선데이 소스 스페셜'이라는 이름으로 메뉴를 만드는 것은 이런 따뜻함과 정성스러움까지 손님에게 전달하고 싶기 때문일 것이다.

아주 오래전 처음으로 나에게 12가의 존스를 소개해주었던 지인이 얼마 전에 핸드폰으로 사진 한 장을 보내왔다. 이 집의 치킨 파르미지아나 스파게티 사진인데, 그 아래에는 "지금 이 가게에는 사람으로 발 디딜 틈도 없다"라는 메시지가 있었다. 맨해튼에는 수없이 많은 음식점이 있고 유행 따라 사람들이 몰리는 음식점도 많다. 하지만 손님이 철새처럼 찾아드는 음식점은 손님의 발길이 끊기면 문을 닫을 수밖에 없다. 하지만 동네에서 조용히 자리를 지키고 있는 가게들의 공통점은 기본적으로 음식이 맛있고, 주인이 바뀌어도 변함이 없다. 이런 믿음으로 이 가게를 찾는 사람이 많아 늘 자리가 가득 차 있는 것이다.

My Pick

고기가 들어간 토스카나식
라구 소스 파르파델레

Tuscan Ragu over Homemade Pappardelle

소고기, 야채, 토마토소스를 넣고 대여섯 시간 푹 끓여
만든 파스타 요리다. 야채는 오래 끓여 형체도 없고 토마
토소스 속으로 그 맛이 다 녹아 들어갔다. 또한 듬뿍 들
어 있는 홍두깨살도 소스와 한 몸이 되어버렸다. 그것을
넓적한 파스타가 보이지 않을 정도로 듬뿍 올린다. 한국
음식으로 비교하자면 아주 오랫동안 천천히 익혀 부드
러워진 장조림 고기와 잘 만든 짜장소스를 넓적하게 만
든 손칼국수 위에 얹어 놓은 것으로 생각하면 될 것이다.
대표적인 슬로푸드 중 하나며, 이 집에서 가장 인기 있는
파스타다.

price $28.95

송아지고기 미트볼

Polpetto di vitello-Veal Meatball

전채 요리 중에 송아지고기 미트볼은 어디에서도 볼 수
없는 이 집만의 메뉴다. 보기에는 흔히 볼 수 있는 미트
볼과 똑같다. 그래서 미트볼을 기대하고 먹었다가는 한
입 베어 먹는 순간 깜짝 놀라게 되는데, 공기가 들어찬
것처럼 가벼운 맛 때문이다. 이 요리는 소고기가 아닌 송
아지고기를 직접 갈아서 이 집만의 레시피로 만든 것이
다. 그 위에 가볍고, 단맛이 살짝 도는 토마토소스가 얹
어서 나오는데 그 조합은 말로 표현하기 어려울 정도다.
꼭 먹어봐야 할 음식으로 한번 맛보면 한 접시 더 주문하
게 될지도 모른다.

price $19.95

로마식 살팀보카

Saltimbocca alla Romana

이곳의 대표 음식 중 하나로 밀가루 반죽을 얇게 입힌 송
아지고기에 프로슈토 햄과 모차렐라 치즈를 겹으로 올
린 다음 오븐에 구운 것을 올리브유에 살짝 볶은 이탈리
아 야채 에스카롤Escarole 위에 올린 음식이다. 그 위에
마르살라 와인소스가 얹혀 나온다. 먹다 보면 이 에스카
롤이 밑에 숨어 있는 것을 발견하게 된다. 이 에스카롤은
치커리 종류로 살짝 쓴맛이 나며 한국의 여름 배추보다
작고 잎줄기가 얇다. 날로 혹은 가열해 먹어도 좋은 음식
이다. 좀 느끼할 수 있는 음식과 이 야채의 조화는 금상
첨화다.

price $29.95

치킨 파르미지아나와 스파게티
Chicken Parmigiana with Spaghetti

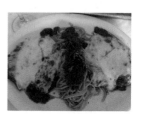

1922년 8월 22일 소문난 총잡이 움베르토 발렌티가 동료 여럿과 함께 이곳에서 점심 식사 겸 회의를 마치고 나가다가 저격당하는 일이 있었다. 움베르토를 저격한 이는 찰리 럭키 루치아노Charley Lucky Luciano라고 꽤 유명한 마피아였는데, 마피아들 사이의 패권 다툼이 한창이었을 때 벌어진 사건이었다. 움베르토가 숨지기 전 먹었던 음식이 바로 치킨 파르미지아나였다는 설이 있는데, 그래서 마피아의 마지막 식사로 유명한 메뉴다. 닭가슴살에 밀가루와 빵가루를 묻혀 튀긴 후 모차렐라 치즈를 얹어 오븐에 구운 것이다. 그 위에 토마토소스를 뿌리고 스파게티를 곁들이면 요리가 완성된다. 닭고기 대신 가지로 만든 '가지 알라 파르미지아나Eggplant Alla Parmigiana'도 맛있다. 치킨 파르미지아나 두 개에 스파게티까지 나온다는 것을 고려하고 주문하는 것이 좋다. 음식 재료만 봐도 맛이 없을 수 없는 데다가 이 식당에서 100년 동안 팔고 있는 음식이다.

price $19.95

모차렐라 치즈튀김

Spedino Mozzarella Romana

따뜻한 전채 요리 중에서 이 요리를 시킨다면, 열량 계산
은 일찌감치 포기해야 한다. 모차렐라 치즈를 양념해서
튀긴 것으로 한입 베어 물면 씹는 맛과 함께 길게 늘어지
는 치즈가 입안에서 녹는 맛이 일품이다. 혼자서 다 먹기
에는 꽤 양이 많은 편이다.

price $15.95

쉬림프 스캄피

Shrimp Scampi

처음 이 음식을 맛보고 앞으로 이것만 시켜야지 마음먹
었을 정도로 흥분했던 기억이 난다. 이 요리는 대부분 가
격대가 높은 편이다. 마늘을 듬뿍 넣어 마늘맛이 강하며,
올리브오일에 새우를 적당히 익히는 것이 중요한 포인트
다. 남은 소스에 꼭 빵을 찍어 먹어본다.

price $27.95

4

Midtown
미드타운

오 헨리가 죽음에
다다를 정도로 술을 마신
노천카페

피츠 태번
Pete's Tavern

Since 1864

위낙 걷는 것을 좋아하다 보니 맨해튼 전체는 아니지만 센트럴
파크가 끝나는 110가 아래 남쪽 길들은 거의 한 번쯤은 걸어봤을
것이다. 그러다 보니 자연스레 특별히 좋아하는 길이 생겼고, 시
간에 쫓기지 않을 때는 그 길을 걸으려고 일부러 돌아가는 경우
도 종종 있다. 바로 그래머시 파크^{Gramercy Park} 주위의 여섯 블록으
로 구성된 짧은 길, 어빙 플레이스^{Irving Place}와 그 주변이다. 그 길
한가운데에 피츠 태번이 있다. 아마도 이 동네에서 가장 손님으
로 북적이는 가게일 것이다. 뉴요커들의 일상은 날씨에 따라 기
분이나 활동이 확연히 달라지는데, 날씨가 좋으면 노천카페가 있

는 술집은 사람으로 가득 찬다. 특히 노천카페에는 사람들로 넘쳐나 얼핏 보면 도시 전체가 축제 분위기인 듯 보인다. 그 장면을 볼 때마다 〈섹스 앤드 더 시티〉의 한 장면이 생각난다. 미란다와 스티브가 바둑판무늬 테이블보가 깔린 노천카페에 앉아 지나가는 노부부를 보며 서로 논쟁을 벌인다. 노부부의 모습을 보며 본인들의 미래를 그려보다 갑자기 미란다가 스티브에게 청혼하는 장면이 있다. 그 장면의 배경이 된 장소가 바로 피츠 태번이다.

1864   현재 피츠 태번이 입점해 있는 빨간 벽돌 건물은 1829년에 지워진 것으로, 1832년 어느 한 개발자가 그 건물을 포함해 그 일대 땅들을 모두 사들여 그곳에 열린 공간인 그래머시 파크와 어빙 플레이스를 조성했다. 빨간 벽돌 건물은 처음에는 호텔로 사용되었다. 포트먼 호텔 Portman Hotel 이라는 이름으로 영업을 시작했는데, 요즘으로 치면 여인숙 같은 곳으로 장기투숙객들이 주로 찾았다. 그러다 지금부터 약 170년 전인 1852년부터 저렴한 식료품들도 호텔에서 팔기 시작했는데, 술도 함께 팔지 않았을까 추측해본다. 공식적으로는 1864년부터 술을 팔기 시작했다고 하니 이때부터를 피츠 태번의 시작으로 보고 있다. '뉴욕에서 지속적으로 운영되는 가장 오래

1 • 피츠 태번의 노천카페
2 • 미국 문학동호회의 인증패

된 술집The New York City's oldest continuously operating bar'이라고 주장하는 것도 이러한 이유에서다. 하지만 이 타이틀을 두고 브릿지 카페와 맥솔리스, 그리고 이어 인이 서로 그 명성을 주장하고 있는 상태다. 하지만 애석하게도 브릿지 카페는 더 이상 여기에 해당되지 않는데, 폭풍 '샌디'가 뉴욕을 강타했을 때 피해복구를 위해 잠시 문을 닫은 후 슬프게도 아직도 열지 못하고 있기 때문이다. 남은 곳은 피츠 태번과 맥솔리스, 이어 인인데 너무 오래전이어서 서류나 기록이 불분명한 탓에 아직도 명쾌한 판결이 내려지지 못하고 있다(하지만 많은 사람들이 이어 인에 한 표를 주고 있는 추세다). 세 곳의 역사를 가까이에서 경험해본 나로서는 앞으로도 판결이 나기 힘들 것으로 보인다.

1899   아일랜드 출신의 형제 톰 힐리Tom Healy와 존 힐리John Healy가 1899년에 이 술집을 구입해 이름을 '힐리스 카페Healy's'로 바꾸었다. 힐리스 카페는 당시 민주당의 '정치조직political machine' 역할을 했던 태머니 홀Tammany Hall과 거리상으로 가까워 정치인들을 포함한 사회 인사들의 출입이 잦았다. 정치인은 아니지만 그 당시 단골손님 중에는 우리에게 '오 헨리O. Henry'라는 필명으로 잘 알려진 작가 윌리엄 시드니 포터

William Sydney Porter도 있었다. 오 헨리 하면 다작으로도 유명한데, 장장 600편이 넘는 단편소설을 썼다. 하지만 처음부터 그가 창작에만 몰입할 수 있었던 형편은 아니었다. 생계를 위해 약사, 설계도면사, 경리 등의 일을 했고 기타와 만돌린 연주뿐만 아니라 종종 노래를 하기도 했다. 은행출납계원으로 일하다 공금유용이라는 죄목으로 구속형을 살았고, 출소 후인 1902년에 뉴욕으로 왔다. 1903년에서 1907년 사이에는 어빙 플레이스 55번지에서 머물며 피츠 태번의 전신인 힐리스 카페의 단골이 되었다. 그의 단편〈잃어버린 술The Lost Blend〉에서는 '힐리스'를 '크닐리Kenealy's'로 표현했고, 이곳에서〈크리스마스의 선물The Gift of the Magi〉을 썼다고 전해진다.〈마지막 잎새The Last Leaf〉역시 이 지역을 배경으로 쓰였다. 애주가였던 그는 결국 간경화로 1910년 47세의 나이로 뉴욕에서 사망했다. 피츠 태번의 차양막에는 "오 헨리가 죽음에 다다를 정도로 술을 마신 곳The Tavern Where O. Henry Drank Himself to Death"이라고 쓰여 있다.

1926　　이 가게도 금주령이라는 암흑기를 거쳐야 했다. 1920년대에는 꽃가게로 가장해 영업을 했으며, 꽃을 보관하는 냉장고 근처에 비밀 문을 설치해

뒤쪽에 있는 술집으로 들어갈 수 있게 했다. 비밀 문을 모르는 손님들은 꽃만 사서 나갔다. 지미 워커로 더 많이 불리는 당시 뉴욕시장 제임스 워커도 이곳의 단골이었다. 금주령 단속반의 단속 대상에서 벗어날 수 있었던 이유다. 한편 존 F. 케네디의 아버지로 알려진 밀주업자 조지프 P. 케네디[Joseph P. Kennedy Sr.]로부터 밀주를 제공받았다는 소문이 비공식적으로 돌지만, 문서로 기록된 것을 찾을 수가 없어 아직은 사실관계가 밝혀지지 않았다.

1926년에 피트 드벨스[Pete D' Belles]가 이곳을 인수해서 피츠 태번으로 상호를 변경했다. 손님들은 여전히 그대로였으며 이곳이 호텔에서 술집으로 바뀔 때에 설치한 장미목 술판매대도 그대로 두었다. 대신 금주령을 피해 몇 년간 운영했던 꽃가게는 닫고 옥외에 노천카페를 추가했다. 추측하건대, 오 헨리 외에도 여러 문인이 이 가게에서 작품 구상을 했을 것이다. 아동문학 삽화가이자 작가인 루트비히 베멜먼스[Ludwig Bemelmans]는 주로 저녁 시간대에 이곳을 찾았다. 그의 대표 작품 〈마들린느[Madeline]〉의 첫 구절과 삽화를 이곳의 종이 식단표 뒤에 그렸다고 한다. 그의 삽화는 익살스럽지만 사랑스럽고 따뜻해 아직도 전 세계 어린이들에게 읽히고 있다. 맨해튼에는 '베멜먼스 바[Bemelmans Bar]'라는 이름의 술집이 있는데, 그가 18개월 동안 무료 숙박한 대가로 그려준 벽화가 아직 그 집에 남아 있다.

1 · 쇠창살이 있는 과거 호텔 계산대와
   뒤편 식당 입구
2 · 장미목 술판매대와 주석 부조
   타일 천장

1

2

3

1 · 오 헨리 부스O'Henry's Booth
2 · 뒤편 식당 내부 모습
3 · 지배인 데클런Declan Gaffney과 함께

1961년에 피츠 태번의 주인은 한 번 더 바뀌었고, 1980년에는 지금 주인의 아버지인 데이브 프리드먼^{Dave Friedman}이 가게를 인수하게 된다. 그 후 그의 아들 브루스 프리드먼^{Bruce Friedman}에게 경영권이 넘어가며 그 가족들이 경영을 이어오고 있다. 여전히 장미목 술판매대는 그대로다.

2019　　　다른 오래된 가게와 비교하면 이곳은 친절하게도 간판이 많이 걸려 있는 편이다. 피츠 태번이라는 가게 이름 외에도 '오 헨리의 길^{O. Henry's Way}'과 '오 헨리 덕에 유명해진 집^{The Tavern O'Henry Made Famous}'이라는 안내문도 쓰여 있어서 놓칠 수가 없다. 특히 날씨가 좋은 날에는 이 건물 노천카페를 가득 메운 사람들로 생동감이 넘쳐 알아보기가 쉽다. 가게에 문을 열고 들어가면 오른쪽에 오 헨리 기념석이 있다. 꽤 높은 한쪽 벽면에 테이블을 놓고 양쪽에 두 명이 앉을 수 있도록 의자가 배치되어 있어 꽤 아늑하고 사적인 분위기가 나는 공간이다. 벽에는 오 헨리의 사진과 책 표지, 편지 등이 진열되어 있다. 그 반대편에 있는 긴 장미목 술판매대의 뒤편 메뉴판 하단에 흥미로운 문구가 하나 눈에 띈다. "15달러로 일주일을 사는 방법^{How to Live on $15 a Week}"이 적혀 있는데, 이어서 "15달러 중 8달러는 위스

키나 맥주를 마시는 데 쓰고, 땔감인 석탄은 옆집에서 빌려오고, 집세는 미룬다"라고 쓰여 있다. 당시 힘겨운 삶을 살았던 사람들의 위트 있는 모습이 엿보여 피식 웃음이 나온다.

이곳에는 1864년부터 판매하던 '피츠 1864 에일Pete's 1864 Ale'을 지금도 생맥주로 판매하고 있으며 와인은 물론이고 마티니 같은 칵테일도 다양하게 갖춰져 있다. 커피가 들어간 다양한 칵테일이 특징이다. 이 바를 지나면, 포트맨 호텔 당시 사용했던 옛날 그대로 앞에 쇠창살을 댄 계산대를 볼 수 있다. 테이블 좌석을 원한다면 여기서 요청하면 된다. 오래된 술집은 대체로 기본 재료를 가지고 전통 조리법으로 음식을 만드는 특징이 있다. 스테이크, 햄버거, 해산물 요리 등이 기본을 이루고, 주말에는 브런치를 제공한다. 여러 번 강조했듯이 이런 펍에서 절대 실패하지 않는 음식 중 하나가 햄버거인데 이곳 또한 예외가 아니다. 이곳에도 역시 주중 4시부터 7시에 해피아워가 있어 할인된 술과 함께 공짜로 나오는 소량의 안주까지 챙겨 먹을 수 있다.

My Pick

호박튀김
Fried Zucchini Spears

심플한 호박튀김으로 같이 나오는 토마토소스를 찍어 먹
는 메뉴다. 아마도 이 집에서 가장 가성비가 좋은 메뉴일
것이다. 양이 많아 여럿이 나누어 먹기에 좋으며 술안주
로 적격이다. 매운맛을 좋아한다면 종업원에게 타바스코
소스를 요청해서 토마토소스에 뿌려 먹으면 환상적이다.

price $9.50

코코넛 새우튀김
Fried Coconut Shrimp

큰 새우에 실처럼 가느다란 코코넛 채를 입혀 튀긴 전채
요리다. 과일 농축액이 밑에 깔려 나오는데 소스처럼 묻
혀 먹으면 된다. 평소 후식이 아니라면 달콤한 요리를 즐
기지 않는 편인데, 이 소스는 새우튀김과 맛이 잘 어울려
서 좋다.

price $16.50

모차렐라 치즈튀김

Mozzarella Ferri

버펄로 모차렐라 치즈에 빵가루를 입혀 튀긴 것을 토마
토소스에 찍어 먹는 메뉴다. 열량 생각만 하지 않는다면,
그 누구도 싫어할 요소가 없는 음식이다. 두 명 이상이
함께 먹는다면, 샐러드를 하나 시켜 이 요리에 곁들여 먹
어도 좋다.

price $15.00

견과류를 묻힌 구운 염소 치즈와 샐러드

Baked Goat Cheese with Nut Crust and Mesclun Salads

견과류를 묻혀 구운 부드러운 염소 치즈가 같이 나오는
샐러드이다. 식사로 먹기에 양이 부족하다면 주로 구운
가슴살 치킨 요리를 시키면 그 위에 얹어서 나온다.

price $9.00/소, $19.00/대

홈메이드 미트 라자냐

Homemade Meat Lasagna

종업원이 강력히 추천하는 음식 중 하나다. 모차렐라 치
즈가 작은 배 같이 생긴 그릇 위에 뚜껑처럼 녹아 있다.
녹은 치즈와 함께 그 아래에 숨은 파스타와 간 고기를 숟
가락으로 함께 퍼먹어야 한다. 끌려오는 치즈를 적당히
잘라가며 먹는 기술이 필요하다. 추운 날이나 비 오는 날
마음을 따뜻하게 해주는 이곳의 자랑거리다.

price $21.00

송아지고기 스칼로피네 말사라와
송아지고기 스칼로피네 피카타
Veal Scaloppini Marsala OR Picatta

두 가지 다 얇게 썬 송아지고기를 밀가루에 입혀 튀겨내는데, 그 위에 얹혀 나오는 소스만 다르다. 그중 말사라는 말사라 와인을 넣고 만든 버섯과 브라운소스가 얹혀서 나온다. 피카타는 레몬소스를 뿌린 것으로 개인적으로 이것을 더 선호한다.

price $25.00

그릴드 454g 뉴욕 설로인 스테이크
Grilled 16oz New York Sirloin Steak

스테이크 전문점은 아니지만, 이 집의 이 스테이크는 고기가 크고 두꺼운 데다 질도 좋다. 스테이크와 함께 나오는 음식은 핑거링 감자와 구운 채소다. 살짝 구워 나오는 채소와도 아주 잘 어울린다. 채소는 계절마다 바뀌지만, 내가 좋아하는 것은 구운 호박과 작은 예쁜 배춧속같이 생겼으나 약간 씁쓸한 맛이 있는 엔다이브다. 껍질이 얇고 버터와 견과류 맛이 도는 감자도 아주 만족스럽다. 양이 많으니 감안해서 주문하는 게 좋다.

price $32.00

휴대전화 사용을 금지하는
소박하고
아늑한 바

올드 타운 바
Old Town Bar

올드 타운 바에 앉아 맥주 한잔을 마시다 보면 옆 사람이 주문한 치킨윙 냄새에 코끝이 자극될 때가 있다. 그때마다 떠오르는 오래전 일 하나, 두 번째 직장에서의 일이었다. 전형적인 아일랜드계 미국인 상사와 함께 외부 회의에 참석하는 일이 잦았다. 퇴근 시간이 되어서야 회의가 끝나는 경우가 많았는데, 그때마다 상사는 "내가 맥주와 치킨윙 살게. 한잔할래?"라고 했고 우리는 올드 타운 바와 같은 술집으로 갔다. 상사는 듀어스 위스키 온더락 Dewar's whisky on the rock 을 시키고 나는 맥주를 시켰다. 당연히 치킨윙 주문도 잊지 않았다. 나는 치킨윙에 같이 나오는 셀러리를 블루

치즈 드레싱에 찍어 먹으면서 주로 상사의 이야기에 고개를 끄덕이며 듣는 편이었다. 그는 다섯 명의 아이들이 있었는데 이 중 세 명이 같은 시기에 대학을 다니는 바람에 내야 할 등록금이 만만치 않았다며 당시 들어갔던 등록금이 얼마였는지 한 자릿수까지 끄집어내며 열을 올렸다. 사실 이 이야기는 그가 술 마실 때마다 하는 레퍼토리인지라 나중에 한 번 놀려주려고 그가 말하는 등록금 액수를 살짝 메모해둔 적이 있었다. 설마 내가 그 액수를 기억하리라고는 꿈에도 몰랐던 그는 말할 때마다 금액을 조금씩 다르게 말했고, 나는 그럴 때마다 반박하는 재미가 쏠쏠했다. 올드 타운 바의 역사에 비하면 내 스토리의 역사는 아주 짧지만, 그래도 올드 타운 바에 갈 때마다 생각나는 에피소드다.

100년이 넘는 뉴욕의 술집과 음식점 들은 역사를 두고 누가 더 오래되었는지 서로 경쟁을 하곤 한다. 금주법 시대에 역사가 끊기지 않았는지, 옛것 그대로 잘 보존하고 있는지도 끊임없이 논쟁하는데, 항상 명쾌한 결론을 낼 수는 없다. 그 이유는 올드 타운 바처럼 아직도 과거의 역사가 완전히 정리되지 않은 집도 있기 때문이다. 올드 타운 바는 오래된 역사로 다른 집들과 경쟁하던 곳은 아니지만 우연히 발견된 유물로 과거를 새롭게 써야 하는 즐거운 상황이 된 곳이다.

1892 올드 타운 바의 시작은 얼마 전까지만 해도 이렇게 알려졌다. 1892년경에 문을 연 이곳은 처음에는 '비마이스터스Viemeister's'라 불렸고, 요크빌에 있는 독일 양조장에서 술을 받아 팔았으며, 손님 대부분은 독일계 이민자들이었다고 말이다. 하지만 '비마이스터스' 이전에 '엘.이

라이헨네커 카페'^{L.E. Reichenecker Café}'라는 간판을 걸고 장사를 했고, 또 그 이전에는 '브루켈 브라더스 카페'^{Burckel Brothers' Café}'로 영업을 했다는 증거가 발견되면서 이곳 역사에 한발 더 가까이 다가갈 수 있었다. 현재 오너인 제럴드 미거'^{Gerald K. Meagher}에 따르면, 명함만 한 크기의 낡디낡은 종이 한 장으로 이 사실을 알게 되었는데, 오래전 '엘.이 라이헨네커 카페'에서 지배인으로 일했던 분의 고손자가 그 종이를 간직하고 있다가 전해주었다. 제럴드 미거는 그것을 복사해 바 뒤편 거울에 청테이프로 붙여 놓았다. 거기에는 "오전 11시부터 오후 3시까지 남성 직장인들에게 점심을 제공한다"라고 쓰여 있으며, 1층은 남성 전용 술집 2층은 가족용 식당으로 독일 음식을 제공했다는 사실을 유추할 수 있다. 이처럼 뜻밖의 자료가 발견되면서 이미 100년이 넘은 노포들의 역사가 더 길어지는 일도 종종 생긴다. 언제 어디서 어떤 자료가 등장해 자신들의 역사를 증명해줄지 모르니 어디가 가장 오래된 가게인지에 대한 논쟁은 앞으로도 이어질 것이다.

1933 비마이스터스는 1918년경 '크레그스 레스토랑^{Craig's Restaurant}'으로 다시 상호가 바뀌었다. 피츠 태번과 마찬가지로 '태머니 홀'과 가까운 곳에 있는

덕분에 정치인들이 즐겨 찾았고 금주법 시기에도 큰 위기 없이 지속 운영할 수 있었다. 금주령이 끝난 1933년에는 클로스 로덴Claus Lohden이 이곳의 주인이 되면서 이름을 '올드 타운 바'로 바꿨다. 1952년부터는 그의 아들 헨리Henry와 며느리 버니스Bernice가 운영을 이어갔다.

1930년대까지만 해도 이 일대가 꽤 번화했는데, 큰 백화점들이 업타운으로 옮겨가면서 자연스럽게 경기가 침체하기 시작했다. 그래서 이 집도 아침 9시에 문을 열고 오후 5시면 문을 닫았다. 지금의 주인인 제럴드의 아버지이자 신문사 사진기자였던 로런스 래리 미거Lawrence Larry Meagher는 당시 주인이었던 헨리 로덴에게 이 아름다운 가게를 저녁에도 운영할 것을 제안하며 동업자 겸 지배인으로 함께 일하기 시작했다.

올드 타운 바의 주 고객은 당시 주위 인쇄소에서 일했던 트럭 운전사들이었다. 헨리의 판단대로 저녁에도 문을 열면서 사업은 더 번창했으며, 근처에 스튜디오가 있었던 앤디 워홀과 그의 친구들도 이곳의 고객이 되었다. 1960년대 접어들면서는 그동안 쓰지 않았던 2층도 영업장으로 확장하면서 음식 판매도 시작했다. 그러면서 근처 유니언 스퀘어 지역이 활기를 띠며 올드 타운 바도 확실히 자리매김하게 되었다.

올드 타운 바의 현재 고객은 항상 이곳에 모이는 오래된 레귤러들 외에 월가의 직장인들, 광고업에 종사하는 20대, 아직은 변변찮은 젊은 작가들이 많다. 이곳의 전반적인 분위기를 보면 성공하고 싶어하는 '글쟁이'들에게 어울릴 법한 특유의 매력이 있다. 1995년 노벨문학상 수상자인 셰이머스 히니^{Seamus Heaney}의 《시의 교정^{The Redress of Poetry}》 표지와 저자 사인이 벽에 걸려 있다. 바로 그 위에는 프랭크 매코트^{Frank McCourt}의 《안젤라의 재^{Angela's Ashes}》 표지와 저자 사인이 있으며 그 외에도 문학가, 시인, 소설가, 저널리스트의 책 표지가 진열돼 있다. 이 장소가 책이나 드라마에 등장하는 경우도 잦은데, 〈섹스 앤드 더 시티〉 시즌2의 첫 번째 에피소드에서 캐리가 야구선수와 데이트를 하다 헤어진 전 남자 친구와 우연히 재회하는 장소가 바로 이곳이다.

2019　　　3층짜리 작은 건물 1층에 자리 잡은 올드 타운 바의 간판은 그 역사에 비해 크기나 형태에 있어 그리 화려하지 않다. 가게 위쪽에 내걸린 빨강과 초록의 네온 간판만이 지나가는 사람들의 시선을 붙잡는다. 실내에는 고개 숙인 꽃봉오리 모양의 우윳빛 조명이 있는데 낮보다 밤에 밖에서 보는 모습이 훨씬 매력적이다. 개인적으로는 100년이 넘은 뉴욕 가게 중 이 집의 실내를 가장 좋아한다. 붉은색과 초록

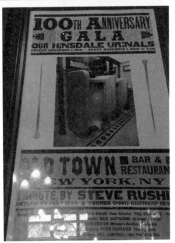

1 • 외관 창문
2 • 주인인 제럴드Gerald K. Meagher와 함께
3 • 1층의 아늑한 부스
4 • 2층 주 식당
5 • 올드 타운 바의 역사를 증명하는 옛 명함
6 • 남자 소변기 100년 기념식 포스터

색 무늬가 새겨진 작은 하얀 자기 타일로 바닥 장식을 했고, 천장의 높이는 5m에 달하지만 균형 잡힌 조화로움과 아늑함이 동시에 느껴지는 공간이다. 큰 공간에서 이런 아늑함을 느끼기란 쉽지 않다. 천장은 19세기 말에서 20세기 초반에 유행하던 주석 부조 타일로 되어 있는데, 저택이나 연회장에서나 볼 수 있는 화려함과 우아함이 있다. 천장은 커피색을 띠는데 1952년에 흰색으로 칠한 것이 변색한 것이다. 술집과 음식점에서의 흡연이 법으로 금지되기 이전에 손님들이 피운 담배 연기로 천장 색이 누렇게 바랬다.

바 쪽에 앉으면 가장 먼저 들리는 소리가 있다. 오래된 금전출납기에서 계산하느라 숫자를 찍을 때 나오는 소리다. 이 가게에서는 아직도 낡은 금전출납기를 사용하고 있는데 다행히 신용카드도 받고 있다. 이 금전출납기와 더불어 역사적 유물이라 불릴 만한 것이 하나 더 있는데 남자 화장실의 거대한 소변기가 그것이다. 지난 2010년, 대형 소변기 설치 100년 기념 축하파티가 성대하게 열렸다. 불행히도 나는 실물을 볼 기회가 없었지만, 남자 손님에게는 화장실도 필수 관광코스가 되지 않을까 싶다.

요즘은 믹솔로지스트Mixologist라고 부르는 전문 바텐더가 상주하며 다양한 스타일로 칵테일을 만들어주는 것이 유행이지만, 이곳에는 믹솔로지스트나 블렌더가 없다는 설명이 붙어 있다. 전통

적이고 간단한 칵테일을 만드는 바텐더만 있다는 뜻이다. 메뉴판에서 눈에 띄는 건 '뉴욕 타임스 고메 선정 최고의 메뉴New York Times Gourmet Magazine New York Best'라고 쓰인 햄버거 메뉴이다. 나 역시 뉴욕의 소문난 햄버거를 많이 경험해봤다고 자부하는데, 이 말에 완전히 동의한다. 시장이 반찬이어서 더 맛있게 느껴진 것일지도 모르지만, 그리니치 빌리지에 있는 유명 햄버거 맛집보다도 더 맛있게 먹었다. 이렇게 오래된 가게가 장기간 살아남을 수 있는 이유는 다른 무엇도 아닌 음식이다. 가장 기본이 되는 음식을 맛있고 저렴하게 제공하니 말이다.

TV 모니터가 크게 달린 스포츠 바도 아니고, 비싸고 정교한 칵테일이 있는 곳도 아니지만, 올드 타운 바는 이곳만의 매력으로 여전히 단골을 끌어모으고 있다. 특이하게 이곳은 'NO CELL PHONE'이라는 표지판에서 알 수 있듯이 핸드폰 통화를 금지하고 있다. 좋아하는 술 한잔을 시켜놓고 수첩에 글이라도 한번 써보는 것도 좋을 것 같다. 물론 관광객의 현실은 다음 행선지를 구글에서 찾아보는 일이 더 우선이겠지만, 잠깐의 여유를 찾아보는 것도 좋을 듯하다.

My Pick

버펄로 치킨윙
Buffalo Chicken Wing

매운 닭 날개 음식은 뉴욕주의 나이아가라 폭포가 있는 '버펄로'가 원조인데, 맛있기로 유명하다. 그래서 치킨윙 앞에 '버펄로'가 붙으면 매콤하다는 의미가 된다. 윙과 함께 셀러리 네다섯 개와 블루치즈 드레싱이 같이 나온다. 닭 날개의 매운맛을 가시게 하는 데 좋다. 여전히 이 가게에서 제일 맛있다는 평을 받는 음식이다. 특히 누군가이 음식을 주문하면 여기서 풍기는 냄새 때문에 여기저기에서 주문이 들어오는 특별한 광경도 경험해볼 수 있다. 뉴욕에서 '가장' 맛있는 윙으로 뽑혔다고는 하나 개인적으로 '가장'까지는 아닌 것 같다. 그래도 맥주 한 모금과 함께 먹으면 충분히 행복하다.

price $9.50/소, $13.25/대

바싹한 감자튀김
Crispy Spuds

술안주 삼아 시키기 좋은 메뉴다. 두껍게 썬 감자튀김을 홀스래디쉬 체다 디핑소스에 찍어 먹는다.

price $4.75/소, $7.75/대

참치 멜트
Tuna Melt

기대하지 않고 시켰던 메뉴였는데 한입 먹고 나서 "유레
카!"라고 소리치고 싶었던 메뉴다. 잉글리시 머핀에 마요
네즈와 양념을 더한 참치 샐러드를 얹고, 그 위에 또 체
더치즈를 올린 뒤 오븐에서 마무리하는 요리다. 녹아내
린 치즈 아래 살짝 차가운 참치 조각을 함께 떠먹으면 된
다. 육류를 안 먹는 이들에게 추천한다.

price $11.50

프랑크푸르터
Frankfurters

겉보기에는 심플한 핫도그처럼 보이지만 맛만큼은 단순
하지 않다. 베어 먹을 때마다 육즙이 터져 나오는 쇠고기
로 만든 프랑크푸르터 소시지 때문이다. 그러나 그 소시지
의 맛을 북돋아주는 빵 역시 버터 맛이 감도는 브리오슈
번을 쓰기 때문에 맛이 더 알차게 느껴진다. 뉴욕 최고로
뽑힌 것 중 하나이며, 나의 목록에도 그렇게 적혀 있다.

price $7.25/1개, $10.50/2개

햄버거, 치즈버거
Hamburger, Cheese Burger

올드 타운 바에서 판매하는 햄버거의 매력은 단순함이
다. 요즘 비싼 고기로 새롭게 만든 햄버거가 유행이지만
이곳 햄버거는 전통적이고 소박하다. 깨를 뿌린 번에 토
마토, 양파, 상추, 오이 피클로 구성돼 있고 사이드는 샐
러드나 코우슬로 중 하나를 고를 수 있다. 추가 금액을
내면 속 재료인 양파를 양파튀김으로 바꿀 수도 있다.

price $12.00, $15.00

산 넘고 물 건너
좋은 고기만큼은
확실하게 구해오는 곳

올드 홈스테드 스테이크하우스
Old Homestead Steakhouse   Since 1868

14가 지역은 올 때마다 바뀐 것들이 많아 어디를 먼저 가봐야 할지 마음이 더 바빠진다. 이런 변화의 시작점에 첼시 마켓^{Chelsea Market}이 있다. 첼시 마켓 이후에는 남서쪽에서 시작하는 하이라인 공원^{High Line Park}이 들어서면서 변화의 속도가 더 빨라졌다. 게다가 휘트니 미술관이 하이라인 남단으로 이전해오면서 더 활기를 띠기 시작했다. 맨해튼을 남북으로 크게 나눈다고 생각했을 때, 이 14가를 중심으로 다운타운과 미드타운으로 경계가 그어진다.

14가 밑으로 남북으로 연결된 9번가가 두 길로 갈라지면서 열린 공간이 생겼다. 거기에 '벨지안 블록^{Belgian Block}'이라는 돌이 깔려 있는데 돌이 하도 울퉁불퉁해서 택시 안에서도 요철이 그대로 느껴진다. 이 주변에는 이런 길들이 꽤 많아 오래된 거리의 느낌이 난다. 그래서인지 프랑스 독립기념일 축제인 '바스티유 데이 Bastille Day'가 이곳에서 열렸을 때 꽤 잘 어울린다는 느낌을 받았다. 바스티유 데이를 떠올리면 단두대가 먼저 연상되는데, 이 동네에서 가끔씩 나는 피 냄새가 이상하게도 잘 맞아떨어진다고 생각했다. (물론 바스티유 데이 길거리 축제가 있는 날에는 도살은 하지 않고 정육한 고기를 소포장으로 판매했다). 사실 이 지역은 고기 도매업장이 밀집했던 곳으로 초창기 가장 번성했을 때는 도살장 수만 250여 곳에 달했다고 한다. 그러다 보니 길거리로까지 핏물이 흘러나오기 일쑤였고, 특히 여름에 피비린내가 많이 났다. 그래서 이 지역의 이름이 고기포장지역이라는 뜻의 '미트 패킹 디스트릭트 Meatpacking District'다. '미트 마켓Meat Market'이라고도 부르는데, 우리로 치면 마장동 축산시장과 비슷하다. 흥미로운 것은 'Meat Market'이라고 발음하면 'Meet Market'으로도 들릴 수 있는데, 결국 사람들이 북적거리기 시작하면서 이 두 가지의 의미 모두 맞는 말이 되었다. 요즘은 대형 마켓의 유통망에 밀려 뉴욕의 작은 정육점들이 없어지면서 이런 고기 도매업도 크게 줄어 몇 군데밖에 남아 있지 않다. 크고 작은 정육도매업장이 떠나면서 그 자리는 젊은 사람들로 북적이는 음식점, 술집, 클럽으로 채워졌다.

지금 이곳은 전 세계 유명 브랜드 의류 매장과 새로 생겨나는 음식점, 술집 들로 더 가득 메워지는 중이다. 더욱이 날씨 좋은 주말 밤에는 킬힐을 신고 울퉁불퉁한 벨지언 블록의 차도를 걸으며 곡예에 가까운 균형 잡기 신공을 보이는 멋쟁이 젊은 여성들을 쉽게 볼 수 있다. 이런 변화에도 이 동네에 변하지 않은 것이 있다면 1953년부터 일 층 높이에 매달려 열린 광장을 바라보고 있는 큰 소 한 마리다. 실제 소 크기만 한 모형으로 몸통에는 "우리는 소고기의 왕이다^{We're The King of Beef}"라는 문구가 쓰여 있다. 이 모형의 주인은 오랜 세월 동안 같은 자리를 지키고 있는 올드 홈스테드 스테이크하우스다.

1868   이 소 모형은 현재 주인의 할아버지인 해리 셰리 ^{Harry Sherry}가 이 가게를 운영할 때부터 있던 것으로, 이 식당을 너무나 사랑한 손님이 선물로 보내준 것이다. 당시 네브라스카에서(텍사스라는 말도 있다)에서 목장을 운영하던 사람이었는데, 한번은 해리에게 소를 보내주겠다고 이야기를 한 모양이었다. 당연히 해리는 별 기대 없이 지내고 있었는데, 1년 후에 진짜로 실제 크기의 소 모형이 트럭에 실려오는 것을 보고 깜짝 놀랐다고 한다. '애나벨'이라는 이름을 갖게 된 이

모형은 곧바로 이 가게의 상징이 됐다. 심지어 분점을 냈을 때 이 소를 그곳으로 보내 광고 모델 역할을 맡기기도 했다.

1868년에 처음 영업을 시작한 올드 홈스테드 스테이크하우스는 중간에 한 번도 영업을 중단하지 않고 지금까지 이어져 온 미국에서 가장 오래된 스테이크 전문점이다. 미국 남북전쟁이 끝난 후 석탄에 구운 고기를 제공한 것이 그 시작이다. 이 가게의 첫 번째 주인은 독일계 이민자 가정으로 '타이드워터 트레이딩 포스트Tidewater Trading Post'라는 상호로 영업을 시작했다. 간척 및 매립 등을 통해 지금은 강가와 거리가 좀 멀어졌지만, 당시만 해도 이 가게에서 한 블록도 되지 않은 거리에 강가가 있었다. 자연스럽게 선착장 노동자와 그 주위 정육업에 종사하는 노동자들이 자주 찾았다. 1940년에 주인이 한 번 바뀌는데, 이 가게에서 설거지부터 시작한 장기근속자인 해리 셰리가 인수하면서부터다. 그 이후 후손들이 물려받아 지금은 그의 손자인 그레그Greg Sherry와 마크Marc Sherry가 운영을 책임지고 있다.

스테이크 전문점에서 가장 중요한 것은 질 좋은 고기의 공급처다. 올드 홈스테드 스테이크하우스는 선대 주인이 쌓아 놓은 인맥으로 지금까지도 시장에서 가장 신선하고 품질 좋은 고기를 우선적으로 제공받는다고 한다. 어느 한 인터뷰에서 그레그는 자신도 40년간 질 좋은 고기를 고르는 일에 몰두했다고 언급하며,

지금도 매우 까다롭게 프라임 등급의 쇠고기만 취급한다고 강조했다. 그가 농담처럼 하는 말이 있다. "올드 홈스테드는 네 가지 고기를 전문점으로 다룹니다. 쇠고기, 쇠고기, 쇠고기, 쇠고기요." 공동 운영자인 마크 셰리 역시 "세상이 바뀌어도 우리 집의 고기는 변하지 않을 것입니다"라고 단언했다.

또 한 가지 흥미로운 사실은 올드 홈스테드 스테이크하우스가 처음으로 미국에 일본 고베산 와규를 소개한 곳이라는 점이다. 그레그와 마크는 미국의 식품인증을 받을 수 있도록 일본의 축산업자와 함께 일본 현지 목장을 재설계했다. 더 질 좋은 고베산 와규를 생산하기 위해 사료로 쌀, 보리, 대두를 쓰며, 맥주를 먹이기도 하며, 때로는 정종으로 소의 몸을 마사지해주는 등의 노력도 기울였다. 입에서 살살 녹는 이곳의 고베산 쇠고기는 약 340g에 350달러에 달한다.

처음 영업을 시작할 때에는 테이블이 다섯 개에 불과했지만, 지금은 전체 3층, 총 225석이 마련되어 있으며 하루에 약 500~800명의 손님을 받는다고 한다.

올드 홈스테드에서는 매주 약 4,535kg의 고기가 팔려나간다. 이곳의 음식은 양이 많기로 유명한데, 남은 음식을 싸 가져가는 '도기백^{Doogie Bag}'이라 하는 포장 문화도 이곳에서 시작되었다고 한다.

2019   가게의 실내는 100년이 넘는 역사에 비하면 깔끔
하고 현대적이다. 리모델링을 거치면서 지난 역
사의 발자취를 찾기는 힘들어졌다. 다만, 40년 넘
게 이곳에 일하는 종업원들만이 역사를 대변해주고 있다.

스테이크 전문점들은 가격이 비싸다. 고깃값 자체가 비싼 데다
워낙 최상품을 쓰다 보니 가격이 올라갈 수밖에 없고, 여기에 사
이드 메뉴도 다 따로 시켜야 하기 때문에 나중에 영수증을 받아
보고 깜짝 놀라기 일쑤다. 의외로 고기의 양이 많아 다 먹기가 힘
드니 주문할 때는 가격과 중량을 모두 고려해 적당히 시키는 것
이 좋다.

미국의 음식이라고 하면 가장 먼저 떠오르는 것이 스테이크
와 햄버거다. 미국 동북 지역이라면 랍스터까지 포함할 수 있을
것 같다. 올드 홈스테드는 이 세 가지를 모두 한 자리에서 맛볼
수 있는 특별한 레스토랑이다. 여행자의 지갑 사정으로는 가격
대가 좀 높은 것은 사실이지만 미국의 맛을 즐기고 싶다면 경험
해볼 만하다.

요즘 미국에서는 기다란 뼈에 두툼한 고기가 붙어 있는 큼지
막한 스테이크가 유행이다. 웬만한 아이 팔 길이만큼 긴 뼈에 달
린 갈빗살을 '토마호크 립아이'라고 하는데, 올드 홈스테드에서
는 '고담 립 스테이크 온 더 본 24oz The Gotham Rib Steak On The Bond'이라고

© Old Homestead Steakhouse

© Old Homestead Steakhouse

1	
2	3

1 · 1층 주 식당
2 · 주인 형제인 마크Marc Sherry와
그레그Greg Sherry와 함께
3 · 2층의 라이브러리 방

한다. 뼈가 하도 크다 보니 뼈 무게까지 포함된 가격이 가성비 측면에서 불공평하다는 손님들의 볼멘소리도 많이 나오지만, 그만큼의 가격은 내 SNS를 장식해줄 근사한 '모델비'라고 생각하면 마음이 편하다.

주중 오후 4시 전에 올드 홈스테드를 찾으면, 랍스터롤과 스테이크와 함께 햄버거를 저렴한 가격에 맛볼 수 있는 점심 프로모션도 진행하고 있다. 첼시 마켓에서 선 채로 삶은 랍스터를 뜯는 것도 맛있지만, 살만 쏙 발라 샌드위치로 만든 랍스터롤을 앉아서 우아하게 먹는 것도 추천한다. 립아이 스테이크와 햄버거도 놓치면 아쉬울 메뉴다.

My Pick

두껍게 썬 프라임 등급 갈빗살 스테이크
The Empire Cut of Prime Rib On The Bone

다른 스테이크하우스에서 쉽게 찾아볼 수 없는 메뉴 중 하나로, 특별히 이곳을 찾는 이유 중 하나다. 두껍게 썬 프라임 등급 갈빗살 스테이크로, 서양 고추냉이 크림과 같이 나온다. 단 금요일과 토요일에만 판매한다. 늦으면 다 팔리고 없을 수도 있다. 커다란 고기를 통으로 장시간 익혀 5~6cm 정도로 두툼하게 잘라 나오는 터라 수량에 제한이 있기 때문이다. 메뉴 하나가 여성이 먹기에는 2인분 정도 되는 양이다. 굽기는 미디움을 추천한다.

price $60.00

453g 안심 버거
16 OZ. Filet Mignon Burger

다른 가게에서 잘 찾아보기 힘든, 품질 좋은 고기로 만든 필레미뇽 버거. 버터밀크 튀김옷을 입혀 한층 더 고소한 양파튀김이 꼬챙이에 꽂힌 채로 햄버거 패티 위에 층층이 쌓여서 나온다. 올드 홈스테드의 상징인 'OH' 이니셜이 햄버거 빵 위에 찍혀 있는지도 확인해본다.

price $29.00

고베산 와규 A5+ 스테이크

Wagyu 'A5+' Steak 170g & 340g

역시 다른 스테이크집에서는 쉽게 보기 힘든 메뉴다. 올
드 홈스테드는 일본 시장에서 고베산 쇠고기를 경매할
자격까지 취득했다. 고베산 쇠고기를 먹어보고 싶은데
지금이 넉넉지 않다면, 고베 미트볼 메뉴나 고베 햄버거
로 대체해도 괜찮다. 살아 있는 소의 등에 농장 이름의
낙인을 찍듯이 모든 햄버거 빵 위에 올드 홈스테드의 앞
글자를 딴 스펠링 OH가 찍혀 나온다.

price $175.00/170g, $350.00/340g

작은 새우튀김과 바싹하게 튀긴 오징어의 만남

Rock Shrimp Tempura & Crispy Calamari Collision

애피타이저로 추천하고 싶은 메뉴다. 작은 새우를 튀긴
것에 겨자를 넣어 만든 '고추냉이 아이올리' 소스가 무쳐
나온다. 함께 나오는 오징어튀김은 타이 음식처럼 약간의
매운맛과 단맛이 함께 나는 스위트 타이 칠리소스가 곁
들여져 나온다. 스테이크를 메인으로 먹을 요량이면, 하
나만 시켜도 두 명의 애피타이저로 충분하다.

price $25.00

100년간 '양고기 찹'을
셀 수 없이 판매해온
스테이크 전문점

킨스 스테이크하우스
Keens Steakhouse   Since 1885

1960~70년대를 지나 최근 10년 전까지 맨해튼의 스카이라인에
는 큰 변화가 없었다. 도시 풍경이 멈췄다고나 할까. 최근 들어서
야 변화가 좀 생긴 허드슨강 일대를 제외하고는 기존의 높디높은
건물들 때문에 그 사이에 새로운 건물이 들어서도 그 변화를 쉽게
알아차리지 못했다. 겉으로 보기에 뉴욕은 큰 변화가 없어 보이
지만 사실 그 안의 삶은 빠르게 변하고 있다. 같은 건물이라도 공
장과 도매상은 사라지고 호텔과 사무실이 그 자리를 채웠다. 킨
스 스테이크하우스가 자리 잡은 가먼트 지역Garment District 역시 이
러한 변화를 피할 수 없었다.

의복, 옷이라는 뜻의 가먼트^{Garment}에서 연상할 수 있듯이 이 구역에는 옷, 신발, 가방을 도매로 판매하는 상설 매장들이 있었고, 그 영향으로 의류 샘플 제작소, 패턴 제작장, 패턴 자르는 설지 시설, 봉제 공장 등의 의류 생산업이 왕성했던 곳이었다. 하지만 지금은 상설 매장 정도만 남아 있고 나머지 생산 및 관련 사업은 거의 전멸했다고 봐도 무리는 아니다. 이런 변화의 바람 속에서도 킨스 스테이크하우스는 100년이 넘도록 그 자리를 굳건하게 지키고 있다.

킨스 스테이크하우스를 처음 방문하게 된 계기는 좀 독특하다. 회사 건물의 엘리베이터에서 우연히 만난 지인이 초청한 모임에 가게 되었는데, 정확히 어떤 모임인지도 모르는 상태에서 호기심에 응한 자리였다. 가서 보니 지인 회사 동료들의 점심 회식 자리였다. 나를 아는 사람도, 내가 아는 사람도 없는, 그 자리에서 나만 아웃사이더였다. 괜한 자리에 끼었다는 생각에 그저 연기처럼 사라지고 싶은 마음이 굴뚝 같았지만, 막상 박차고 일어날 용기도 없어 그냥 조용히 앉아 있기로 했다. 어색함을 감추기 위해 천장을 자꾸 올려다봤는데, 그때 천장에 줄지어 매달린 담배 파이프가 눈에 들어왔다. 누가 저렇게 많이 매달아 놓았을까 하는 상상을 하면서 아웃사이더의 어색함과 지루함을 견뎌냈던 추억이 있는 곳이다.

1885   킨스 스테이크하우스의 설립자인 앨버트 킨^{Albert}

Keen은 이 건물 2층에 있던 문인들과 연극인들의

사설 사교모임장^{Private Club}인 램스클럽^{Lambs Club}의

지배인이었다. 지금은 헤럴드 스퀘어^{Herald Square}가 된 당시 시어터

지역^{Theater District}에서는 꽤 알려진 인물이었다. 1885년, 지금은 없

어진 개릭 시어터^{Garrick Theater} 극장 뒤에 '킨스 찹하우스^{Keens}

Chophouse'가 있었다. 극장 분장실과 휴게실이 건물 뒤쪽에 있다 보

니 킨스 찹하우스로 바로 통할 수 있었는데, 그러다 보니 배우들

이 공연 중 쉬는 시간에 분장을 한 채 킨스 찹하우스로 와서 허기

를 달래고 갈 수 있었다. 그 밖에도 연극 제작자, 극작가, 출판인,

배우, 당시 근처에 있었던 헤럴드 신문의 기자들이 주로 찾았다.

킨스 스테이크 내부 천장에는 파이프클럽 회원들이 피우던 파

이프 담배로 가득 차 있다. 램스클럽의 소모임 격이었던 파이프

클럽 회원들은 킨스 스테이크에 평생회비 5달러를 지급하면 이

곳에 파이프를 보관할 수 있었다. 파이프 지킴이 역할을 하는 직

원도 따로 있었는데, 파이프를 보관하기 위해 정리하고 기록하는

일을 주로 했으며, 손님의 파이프를 찾아 테이블까지 전달해주는

일도 맡아서 했다.

이곳에 보관된 파이프는 '교회 관리인의 담뱃대^{Churchwarden Pipe}'

로, 24시간 개방하는 교회 관리인들이 피웠다고 해서 붙은 이름

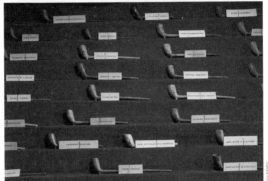

1 • 1층 안내소
2 • 유명인의 서명이 있는 파이프 전시대

©Keens Steakhouse

©Keens Steakhouse

1
2

1 · 옛 사진. 과거 파이프
관리자의 모습
2 · 옛 사진. 파이프에 불을
붙이는 손님

이다. 이 파이프는 주로 네덜란드에서 진흙을 구워 만든 것으로 길이가 긴 것은 40cm짜리도 있다. 길이가 유난히 긴 이유는, 관리인들이 교회를 지킬 때 시야를 가리지 않기 위해서였다고 한다. 그 때문에 독서용 파이프라고 부르기도 했다. 이 형태의 파이프는 17세기에 유럽에서 많이 사용되었다. 점토로 만든 파이프의 빨대 부분이 가늘고 길어서 이동할 때나 여행할 때, 특히 그 당시에는 말이나 마차로 다니다 보니 파이프가 자주 부러졌다. 그래서 파이프를 음식점이나 숙박업소에 보관하는 전통이 시작되었다고 한다.

이 가게에 진열된 파이프는 약 45,000개다. 1층 천장에 매달린 파이프는 천장과 같은 색으로 칠을 새로 한 것이며, 2층 천장에 매달린 파이프는 원래의 파이프 색깔을 띠고 있다. 가게에 진열하지 못하고 따로 보관 중인 파이프도 45,000개에 달한다. 시어도어 루스벨트, 알베르트 아인슈타인, J.P. 모건, 베이비 루스, 테드 터너, 마이클 잭슨 등 유명인이 서명한 파이프는 입구 벽난로 옆 유리장에 따로 진열되어 있다. 회원이 사망하는 경우에는 그 파이프를 더 이상 사용하지 못하도록 빨대 부분을 부러뜨리는 것이 전통이다. 이곳 천장에 붙은 파이프 중에 부러진 파이프가 꽤 많이 보인다. 손님 중에는 그들의 할아버지나 증조할아버지의 파이프를 찾아달라고 요청하는 사람들도 있다고 한다.

1905 킨스 스테이크하우스 역시 한때는 여성의 출입이 제한된 곳이었다. 그런데 그 규율을 깨버린 사람이 있었다. 당대의 소문난 미인이자 영국의 유명한 배우 릴리 랭트리Lillie Langtry가 그 주인공이다. 그녀는 에드워드 7세의 정부였고 후에는 친구로 오랜 인연을 맺었다고 한다. 1905년 남자만 허용되는 이곳에 그녀가 비단옷에 깃털 목도리를 두른 채 들어와 '다 자란 양고기 찹Mutton Chop'을 주문했는데, 규율을 고집하는 종업원에게 그만 거절을 당하고 만다. 이 사건을 두고 그녀는 킨스 스테이크하우스를 고소했고 결국 승소 판결을 얻어내면서 여성도 입장할 수 있게 되었다. 2층에 있는 방 하나에는 그녀의 이름이 붙여져 있는데, 당시에 이런 말까지 나왔다고 한다. "운이 좋은 숙녀들은 킨스에서 식사를 할 수 있다Ladies are in luck, they can dine at Keens." 현재 그 방으로 가는 계단에 에드워드 7세 사진이 걸려 있고, 그들의 관계를 말해 주듯이 그보다 조금 떨어진 곳에서 릴리 랭트리의 사진이 있다.

1935년 10월 30일자 《뉴욕 타임스》에는 킨스 스테이크하우스의 성인 양고기 찹 요리 백만 개 판매 축하파티에 대한 기사가 실렸다. 이 기사에서 25년째 킨스 스테이크하우스의 단골인 보험회사 직원 갓프로이Mr. Godfroy란 자가 백만 번째 주문했다고 한다. 그와 그의 부인, 또 36년 단골손님인 그의 처남 부부가 이날 함께 했는데, 왕실 같은 분위기에서 빨간 정장을 입은 종업원들로부터 무료로 융숭한 대접을 받았다고 한다. 그러다 2차 세계대전 이후로 대중들의 입맛이 바뀌면서 그렇게 많이 팔리던 '다 자란 양고기 찹'의 주문이 많이 줄어들었다. 세계대전 당시 참전군인들에게 전투식량MRE, Meals Ready to Eat으로 대량 공급되던 육류 대부분에 육성 양고기가 사용되었는데, 다른 육류보다 쉽게 상하지 않아 안전했지만 그만큼 맛은 떨어졌다. 그래서인지 전쟁이 끝나고 난 이후부터 육성 양고기에 대한 수요가 급격히 줄어들었던 것 같다. 물론 이 고기 때문에 떠오른 전쟁에 대한 기억도 한몫했을 터. 어찌 되었든 상황이 이렇다 보니 '다 자란 양고기'를 메뉴에서 내리는 집들이 많아졌고, 1940년대 말에는 대부분의 음식점에서 '어린 양고기 요리Lamb Chop'를 메뉴로 올렸다.

킨스 스테이크하우스는 양고기뿐만 아니라 다양한 부위의 쇠고기를 전문적으로 취급한다. 등심과 안심을 동시에 맛볼 수 있는 포터하우스, 안심, 양 갈비, 프라임립, 치마살 등 다양한 부위의 고기들을 건조숙성실Dry Aging Room에서 보관하고 있는데, 많을 경우는 그 양이 무려 9톤 이상일 때도 있다고 한다.

1981   1975년 뉴욕시는 시 운영비조차 충당하지 못해 파

1 • 1층 주 식당
2 • 2층 램스 룸
3 • 2층 릴리 랭트리 룸
4 • 2층 천장에 보관된 파이프들
5 • 지배인 보니Bonnie Jenkins와
　　부지배인 줄리아Julia Lisowski와 함께

산에 이를 정도로 경제적 위험에 빠져 있었다. 그 여파로 킨스 스테이크하우스가 입주해 있는 건물도 사라질 뻔한 위기에 처했었는데, 문화적 유산이라 할 수 있는 이 가게가 사라지게 되는 것을 아쉬워하는 기사가 신문에 게재될 정도로 상황은 심상치 않았다.

1978년 위기에서 이곳을 구해줄 영웅이 등장했다. 세인트빈센트 병원의 방사선과 의사이자 요식업도 운영하는 독일 태생의 미국 유대인 조지 슈바르츠^{George Schwarz}와 화가인 그의 아내 키키 코겔니크^{Kiki Kogelnik}다. 이 건물을 매입한 그들은 애초에는 대략 2~3만 달러 예산 안에서 보수 공사를 시작했는데, 3년 후 완공시에 계산한 총 공사비는 무려 140만 달러에 육박했다. 전체 공간에 새롭게 냉방 시설을 갖추고 지하실 천장을 높이기 위해 건물의 기둥과 토대 공사를 다시 했다. 바를 넓히는 공사를 하다 바가 있는 방 전체를 넓히게 되었고, 그 과정에서 들보 하나가 빠져 있는 것을 발견하게 되면서 일이 더 커져버렸다. 천장에 걸린 담배 파이프는 하나하나 내려서 닦은 다음 다시 걸었다. 방마다 진열된 전시품들은 키키 코겔니크가 세심하게 재배열했는데 그의 예술가로서의 안목과 창조적 재능이 이 공간에 새로운 숨결을 불어넣었다. 1981년 이런 노력 끝에 킨스 스테이크하우스가 재개장했다.

2019 이 식당에는 출입문이 두 개다. 5번가와 가까운 입구로 들어가면 레스토랑과 '바par'로 통하고, 6번가와 가까운 입구로 들어가면 바와 연결된다. 이렇게 큰 레스토랑에서는 식사하기 전 바에서 잠깐 술 한잔하며 대기하는 풍경을 자연스럽게 볼 수 있는데, 만약 식사할 기회를 놓쳤다면 바에서 칵테일과 싱글 몰트위스키만 즐겨도 좋다. 300종류가 훌쩍 넘어갈 정도로 다양한 싱글 몰트위스키 셀렉션을 갖추고 있고, 맥주 플라이트 메뉴처럼 싱글 몰트위스키 플라이트 메뉴가 있어 매일매일 바뀌는 위스키를 조금씩 다양하게 맛볼 수 있다. 바 뒤편에는 〈미스 킨Miss Keen〉이라는 작품명을 단 당당한 여인의 나체화가 있다. 공간을 전체적으로 압도하는 듯한 이 그림을 벗 삼아 혼술을 하는 이들이 많다. 메뉴판에는 '미스 킨 버거'가 있는데 빵 대신 샐러드가 나오는 햄버거다. 바에서 술을 마신다면 '프라임립 해쉬' 메뉴를 추천한다. 갈빗살과 감자를 볶은 뒤 달걀프라이를 올린 것으로 다른 곳에는 찾기 어려운 메뉴다. 주중 오후 5시 30분에서 7시까지 바에서 해피아워를 진행하는데, 이때 고기완자를 삶은 달걀에 감싸 튀긴 스카치 에그 등의 음식이 서비스로 나온다. 어떤 음식이 무료 서비스로 나올지는 모르지만, 내 앞으로 음식이 나오면 부끄러워하지 말고 먹도록.

또 5번가와 가까운 입구로 들어가면 예약 확인과 자리 배정을 받기 위해 기다리는 동안 파이프 진열대에서 유명인의 이름을 찾아볼 수 있다. 2층은 총 4개의 특별한 룸으로 구성되어 있다. 방마다 수많은 전시품으로 볼거리가 넘친다. 2층의 첫 번째 방인 '링컨 룸'에는 링컨의 초상화와 연설문, 링컨이 암살당하던 당시의 핏자국이 묻은 연극 프로그램 팸플릿도 있다. '램스룸'에는 램스 클럽 회원들의 사진이 진열되어 있으며, 시어도어 루스벨트 대통령을 기념하는 '혁신당원Bull Moose 룸'(혁신당은 루스벨트 대통령이 대선 이전에 창당한 진보 성향의 정당으로 불 무스당Bull Moose Party으로 불리기도 했다)과 소송을 통해 여성 고객의 출입을 가능하게 한 배우 '릴리 랭트리 룸'도 있다.

이렇게 유서 깊은 식당이지만 시대에 맞추어 변한 것이 있다. 여성의 입장조차 허용하지 않았던 이곳에서 오랫동안 일해온 지배인 보니 젠킨스Bonnie Jenkins와 부지배인 줄리아 리소우스키Julia Lisowski가 모두 여성이라는 점이다. 즉 현재 이 가게는 두 여성의 총괄 지휘하에 운영되고 있다. 킨스 스테이크하우스는 점심 메뉴와 저녁 메뉴의 차이가 크게 없고, 공간이 전체적으로 날씨의 영향을 덜 받는 편이라 어느 시간에 찾아도 늘 분위기가 있다. 비 오고 추운 날이 특히 아늑하게 느껴지는데, 마치 박물관 안에 앉아 식사하는 듯한 기분이 들기도 한다.

My Pick

블루치즈 드래싱을 얹은 양상추

Iceberg Lettuce Wedges, Blue Cheese Dressing

고기를 먹기 전에 즐기기 좋은 전채 요리로 다진 토마토
가 같이 나온다. 여기에 추가로 잘게 썬 베이컨을 함께
주문해서 곁들이면 좋다. 다만 하나의 양이 2인분은 족
히 되기 때문에 두 그릇으로 나눠 달라고 요청하면 함께
온 사람과 나눠 먹을 수도 있다.

price $15.00

메리랜드산 게살 케이크

Maryland Lumps Crab Cakes

게살 케이크는 선호하는 사람이 많은 인기 메뉴다. 두 덩
이가 나오는데, 이보다 게살이 더 풍부한 게살 케이크를
다른 곳에서 먹어본 경험이 있는 터라 '최고'라고 말하기
는 어렵지만, 절대 실망시키지 않는다.

price $23.00

다 자란 양고기 찹
Mutton Chop

©Keens Steakhouse

이 식당에 오는 궁극적인 목표라 할 수 있는 메뉴다. 이
곳에서 직접 숙성시키며, 숙성 비법은 당연히 영업기밀
이다. 영어로 '어른 양'은 Sheep, '어린 양'은 Lamb이라
고 하는데, 머튼Mutton은 12~20개월이 지난 '어른 양'에
서 나온다. 그러나 요사이 사료를 먹이면서 양들의 성장
이 빨라지다 보니 다 클 때까지 기다리지 않고 12개월 미
만 어린 양에서 두꺼운 26온스(약 737g)의 고기를 얻는
다고 한다. 그래서 머튼보다 냄새는 덜 나고 육질은 부드
러운 장점이 있다. 또한 이토록 두껍고 크고 맛있는 고기
를 제공하는 곳이 이곳이 유일하며 이 때문에 이곳을 찾
는 사람들이 많다. 민트 소스와 함께 나오는데 고기가 두
꺼워 미디움으로 익히길 권한다. 약간 씁쓸한 맛이 나는
에스카롤을 살짝 볶은 것과 함께 나오는데 이것만 다시
주문하고 싶을 정도로 아주 맛있다. 다른 스테이크는 채
소를 따로 주문해야 한다.

price $62.00

샤토브리앙 스테이크 2인 메뉴

Chateaubriand Steak for two with three sauce

두 명이 먹기에도 양이 꽤 많은, 부드러운 안심을 사용하
는 샤토브리앙 스테이크다. 후추 베어네이즈 소스, 버섯
소스, 레드와인 소스 세 가지가 나온다.

price $130.00

프라임 포터하우스 2~3인 메뉴

Prime Porter House for Two or Three

적어도 두 명 혹은 세 명이 나눠 먹어야 하는 음식이다.
그것도 서양 남자 어른을 기준으로 할 때다. 이 음식이
나오면 아마도 감탄이 끊이지 않을 것이다. 큰 티본을 접
시 위에 직각으로 세우고 그 주위를 두껍게 썬 고기가 둘
러싸고 있다. 안심과 등심을 사이좋게 나누어 먹을 만한
양이 나온다. 고급 스테이크집에 가야 맛볼 수 있는 메뉴
중 하나다.

price $114.00/2인, $158.00/3인

크림소스 시금치 또는 시금치 볶음

Keens's Creamed Spinach or Sauteed Spinach

스테이크하우스에서 빠질 수 없는 것이 시금치 요리다.
미국 시금치는 줄기가 두껍지 않아 기름에 볶기가 좋다.
크림소스 시금치와 스테이크는 떼어놓기 어려운 환상의
조합이다. 버터 향이 강해서 더 맛있다.

price $14.00

최상급 갈빗살을 넣은 감자

Prime Rib Hash-Pub Menu

이 메뉴는 펍과 바에만 있다. 늦은 아침이나 점심으로 간
단히 먹기 좋은 메뉴로 구운 다진 갈빗살에 감자와 달걀
프라이 하나가 곁들여져 나온다. 두 명이 나눠 먹겠다고
하면 반을 갈라 각각 달걀프라이를 올려준다. 다른 식당에
서는 보기 힘든 메뉴로 이곳에 가면 한번 먹어볼 만하다.

price $22.00

시간이 지날수록
더 아름다워지는
이탈리아 식당

바르베타
Barbetta

Since 1906

"친구 따라 강남 간다"라는 말처럼 인생에서 누구를 만나느냐가 정말 중요하다. 그도 그럴 것이 나는 스키를 잘 타지 못하는데, 스키를 정말 좋아하는 친구들을 둔 덕분에 전 세계 좋다는 스키장은 웬만큼 가봤더랬다. 한번은 이탈리아 북서부 마터호른Matterhorn의 설원이 한눈에 내다보이는 스키장에 갔다. 더욱 이색적인 것은 분명 이탈리아에서 출발했는데 스키를 타고 스위스까지 갔다 올 수 있다는 점이다. 마터호른을 사이에 두고 이탈리아와 스위스가 국경을 마주하기 때문이다. 어느 날은 스위스에서 곤돌라를 기다리고 있는데, 포스터 하나가 눈에 들어왔다. 장정들이 큰 술

통을 짊어지고 마터호른을 넘어가는 장면인데, 오래전 이렇게 높은 산을 오르내리며 두 나라 사이에서 술을 밀매했구나 싶어 무척 인상에 남은 그림이었다. 그런데 그날 우연히 본 그 포스터가 뉴욕의 바르베타를 이해하는 중요한 열쇠가 되었다.

스키를 타러 가면 점심만큼은 스키장 안에서 해결한다. 마터호른이 보이는 '브뢰이 체르비니아Breuil-Cervinia' 스키장에서는 조식과 석식이 제공되는 호텔에서 숙박했다. 아침을 먹으면서 저녁 메뉴를 미리 주문하고 가는 시스템이었다. 여기 호텔 음식이 어찌나 맛이 있던지 하루 내내 스키를 타는 강행군에도 날이 갈수록 바지가 몸에 꼭 낄 정도였다. 스키장이 있던 곳은 이탈리아 피에몬테Piedmont 지역의 발레다오스타Valle d'Aosta Valley이다. 이탈리아 피에몬테는 이탈리아 음식 중 맛이 가장 진하고 섬세한 곳으로 유명하다. 알프스 지역의 축산업과 인근 농경 지대의 좋은 식자재가 받쳐주기 때문일 것이다. 스키 여행을 끝내고 근처 도시 유명 레스토랑에 가서 식사를 하다가 옆 테이블에서 주문한 음식을 보게 되었는데, 라자냐 위에 얇게 깎은 송로버섯이 수북하게 올려 있었다. 옆자리에 있던 나에게까지 송로버섯의 향이 풍겨와 그 향기에 취해버릴 정도였다. 이탈리아 북서쪽 음식을 전문으로 하는 바르베타를 떠올리면 이런 기억들이 줄줄이 떠오른다.

1906   바르베타는 1906년 '마이오글리오 브라더스^{Maioglio}

Brothers'라는 이름으로 장사를 시작했다. 두 형제는

이탈리아 북서쪽의 푸빈^{Fubine}에서 이주해온 세바

스티아노^{Sebastiano}와 빈센조^{Vincenzo}다. 맨 처음 메트로폴리탄 오페

라 하우스 근처 39가에 자리 잡은 이 집은 자연스럽게 오페라 작

곡가, 성악가, 지휘자 들이 자주 찾았다. 주인뿐만 아니라 가게를

찾아오는 사람들 대다수가 이탈리아인들이다 보니 자연스럽게

그들이 단골이 되었다. 성악가 엔리코 카루소^{Enrico Caruso}, 오페라

작곡가 자코모 푸치니^{Giacomo Puccini}, 지휘자 아르투로 토스카니니

^{Arturo Toscanini} 등 유명한 이들도 많았다.

사업 초기 영업이 잘되자 형제는 1925년에 건물 네 개가 나란

히 붙은 브라운스톤^{Brown Stone} 건물을 약 25만 달러에 구입했다. 그

리고 46가의 8번가와 9번가 사이에 있던 그 건물로 식당을 이전

하고 그들은 그 위층에 상주했다. 형 빈센조는 턱수염이 있었는

데 작은 수염이라는 뜻의 이탈리아어 '바르베타^{barbetta}'가 그의 별

명이었다. 1926년 형이 세상을 떠나자 동생 세바스티아노는 이

식당의 이름을 바르베타로 바꾸었다.

1962년 건강이 나빠진 세바스티아노가 이곳을 팔려고 내놓았

다. 하나밖에 없는 딸 로라^{Laura}가 요식업과는 관계없는 미술사를

공부했던 터라 다른 사람에게 가게를 넘겼다. 이 사실을 알게 된

1 • 네 채의 브라운스톤 건물
2 • 대기실
3 • 하프시코드가 있는 안내장소

로라는 힘들게 일군 음식점이 다른 사람의 손에 넘어가는 것을 두고 볼 수가 없어 음식점을 사기로 한 사람을 찾아가 읍소 끝에 다시 찾아왔다. 미술사를 전공한 로라 덕에 이 음식점은 전환기를 맞이한다. 로라는 이탈리아 피에몬테에서 구한 18세기 골동품 가구로 내부를 새롭게 단장했다. 18세기 크리스털 샹들리에도 들여와 레스토랑 한가운데에 설치했다. 유명 제작사의 사인이 있는 1631년산 하프시코드(피아노의 전신이 되는 악기)도 입구 작은 공간에 설치했다. 불행하게도 아버지 세바스티아노는 딸이 완전히 새롭게 꾸민 가게를 보지 못하고 생을 마쳤다.

1962   새롭게 시작한 바르베타는 고급화된 실내에 걸맞게 음식도 고급스럽게 바꾸었다. 당시 미국의 이탤리언 음식점에서는 주로 이탈리아 남부의 음식을 만들어 팔았다. 이탈리아계 이주민 대부분은 자연재해와 정치적 혼란에서 오는 빈곤으로부터 벗어나기 위해 미국으로 건너왔고, 그래서 그들이 먹고 파는 음식들 대체로 서민적이었다. 하지만 바르베타는 이탈리아 북부 피에몬테 지역의 섬세한 맛을 뉴욕으로 옮겨왔다. 다른 식당들과는 다르게 고급의 정통 이탈리아 음식을 다룬다는 자부심도 있었다. 피에몬테는 와인, 초콜릿, 헤

이즐넛으로 유명한 지역이었고, 초콜릿-헤이즐넛 스프레드인 누텔라^{nutella}가 여기서 시작됐다. 축산품과 유제품이 훌륭한 지역이며 가장 유명한 송로버섯 산지이기도 하다. 지형적으로 축산업이 발달한 이곳에서는 올리브오일보다 버터를 많이 쓴다. 로라는 이 점을 차별화 포인트로 삼았다. 송로버섯을 미국에 처음 들여온 음식점도 바르베타이다. (그래서 매년 10월부터 크리스마스 사이에는 화이트 송로버섯 요리를 특별 메뉴로 판매한다.) 1973년에는 블루밍데일 백화점에서 열린 송로버섯 전시도 바르베타가 진행했다.

1963년, 로라는 식당 건물의 뒷마당을 정원으로 꾸미고 날씨가 좋으면 야외에서 식사할 수 있도록 단장을 새로 했다. 당시에는 이런 분위기가 드물었고 지금도 뒷마당이 있는 식당은 흔하지 않다. 더군다나 이렇게 잘 꾸며놓은 곳은 말할 것도 없이 드물다. 가운데는 나지막한 천사 동상의 분수대가 있고, 계절마다 은은한 향을 더하는 목련, 등나무, 재스민, 서양 협죽도, 치자나무 등이 숲을 이루고 있다. 또 로라는 어머니가 바르베타에서 일할 수 있게 도왔다. 그 덕에 어머니 피에라^{Piera}는 이곳에서 새로운 인생을 맞았으며 여러 사람을 만나는 일을 즐겼다고 한다. 어떤 날은 21세기 미국 최고의 작곡자이자 지휘자로 유명한 레너드 번스타인$^{Leonard Bernstein}$이 식사를 하러 왔을 때 피에라의 뺨에 뽀뽀를 했는데, 그 후 피에라는 평생 얼굴을 닦지 않겠다고 선언할 정도로

기뻐했다고 한다. 한번은 복장이 허름한 손님이 들어왔는데 피에라가 손님이 가격을 보면 나가지 않을까 하는 마음에 시큰둥한 태도로 메뉴판을 건넸는데 다행히 로라가 손님을 알아보고 어머니에게 귀띔해준 적이 있다. 그는 롤링스톤스의 믹 재거^{Mick Jagger}였다. 롤링스톤스의 멤버들도 바르베타를 좋아했는데 론 우드^{Ron Wood}는 한 인터뷰에서 가장 좋아하는 음식점으로 바르베타를 꼽았다. 바르베타에서 40년 넘게 일한 바텐더는 키스 리처드^{Keith Richards}에게 술을 만들어준 것을 자랑으로 삼고 있다. 그 외에도 이곳을 찾은 브로드웨이 관계자, 영화배우, 예술가, 정치가 들은 수 없이 많다. 마돈나는 허락 없이 자신의 사진을 찍은 종업원에게 에스프레소 잔을 던지고 다시는 이곳을 찾지 않았다는 소문도 있다. 그 후 그 종업원은 바르베타에서 볼 수 없었다. 앤디 워홀도 장 미셸 바스키아^{Jean Michel Basquiat}와 함께 이곳을 찾았다.

2019　　　현재 바르베타가 사용하는 건물은 1874~1881년 사이에 지어진 오래된 건물이다. 로라의 남편이자 노벨상 수상자인 귄터 브로벨^{Günter Blobel}이 주도한 건물 2층의 복원 공사가 끝나면서 금요일과 토요일에 한해 2층에서 식사를 할 수 있게 되었다. 작은 모임을 위한 대관도 가능하다. 또 1층 식당 내부를 통하지 않고 곧바로 2층으로 올라갈 수 있게 해 남의 눈을 많이 의식하는 유명인들의 방문과 소모임을 위해서도 아주 편리하다.

이 식당이 소유하고 있는 네 채의 건물 중 왼쪽 두 건물은 현재 사용하고 있지 않다. 이들 두 건물의 뒷마당이 정원으로 활용되고 있을 뿐이다. 요즘 생긴 음식점이라면 비싼 땅값 때문에 정문 바로 앞에서부터 식탁이 자리 잡고 있을 테지만, 바르베타에는 외부와 내부를 연결해주는 절충 공간이 있다. 이것만 봐도 요사이 별로 남아 있지 않은 옛날식의 '파인 다이닝^{Fine Dining}', 즉 '우아

1 · 우아한 주 식당 내부
2 · 바르베타의 40년 근속 바텐더
　　콘스탄티노스Konstantinos Hristeas
3 · 2층 거울 갤러리
4 · 2층 와인 라이브러리
5 · 주인 로라Laura Maioglio와 함께

한 저녁 식사'를 경험해볼 수 있는 곳이라는 것을 알 수 있다.

입구 옆 코트보관소가 있는 방에는 박물관에서나 볼 수 있는 하프시코드가 있다. 로라는 송로버섯을 온전하게 캐기 위해 돼지를 이용하지 않고 강아지를 이용했다고 한다. 그래서 양쪽 붙박이장에는 자기로 만든 강아지의 모형이 진열돼 있다. 이 방에서 다시 입구로 가면 대기 공간에 이어서 바 공간과 황동으로 만든 오래된 금전출납기가 보인다. 그곳을 지나면 로라가 애써 가져온 18세기 크리스털 샹들리에가 걸려 있는 가장 큰 식당이 나온다. 주로 여기서 식사를 하는데 날씨 좋은 날은 정원에 앉는 것도 좋다. 그러나 바르베타에서 가장 낭만적인 식사를 한 끼하고 싶다면 2층을 추천한다. 로즈, 와인 라이브러리, 거울 갤러리, 가든 룸으로 나뉘어 있는데, 특히 와인 라이브러리의 벽난로 옆자리는 로맨틱 영화 속 한 장면을 떠올리게 하는 아름다운 곳이다. 가든 룸에서 정원이 보이는 자리도 아주 아름답다. 이런 자리들 덕에 이 음식점을 묘사할 때에는 '낭만'이라는 단어가 항상 들어갔다.

근처에 브로드웨이 극장들이 밀집해 있다 보니 공연을 보러 오는 사람들이 많다. 그 일대 식당에서는 그들을 위한 '공연 관람 전 디너Pre-Theater Dinner'라는 메뉴가 만들어졌는데, 공연 시작 전인 저녁 7시 30분까지만 이용 가능하다. 바르베타의 '공연 관람 전 디너'도 눈에 띄는데, 음식에 소금을 덜 넣어 조리했다고 설명되어 있다. 두세 시간 공연을 관람하는 동안 짠 음식으로 목이 마를 것을 염두에 두고 만든 세심한 메뉴다. 주로 이런 메뉴는 전채, 본 요리, 후식 코스로 나오며 약간 저렴한 편이다. 꼭 공연을 봐야만 주문할 수 있는 것은 아니니 시간만 맞다면 기회를 잡아보는 것도 이곳을 즐기는 좋은 방법이다.

올해로 로라가 바르베타에서 일한 지 56년이 되었다. 어느새 여든이 넘은 나이가 되었는데, 내가 방문한 날은 안타깝게도 병원에 입원 중이었다. 그런데도 그날 저녁 영업시간 전에 병원에서 잠시 나와 삐뚤어진 화분의 위치를 바로잡으면서 영업 준비를 점검하고 있었다. 직계 후손이 없어 그녀가 앞으로 어떻게 이곳을 운영할지는 아직 알려진 바가 없다. 아직도 열정은 대단해 보이지만, 그 열정만큼 지금의 유산이 200년까지 이어졌으면 하는 고객의 바람도 크다. 앞으로 바르베타의 변화를 조용히 지켜볼 예정이다.

My Pick

구운 신선한 피망과 바냐카우다 소스

Roasted Fresh Peppers alla Bargna Cauda(1962)

이 음식은 프란치스코 교황이 좋아하는 음식으로 유명해서 메뉴판에 큰 글씨로 쓰여 있다. 다진 마늘을 기름이나 버터에 천천히 조리한 후 기름을 더 붓고 소금 간을 한 앤초비를 잘게 다져 넣은 다음 껍질 벗긴 호두와 함께 끓이면 바냐카우다 소스가 된다. 이것을 테라코타 종지에 넣고 각종 채소를 찍어 먹는다. 여러 사람이 모일 때 주문하면 좋은 음식이며 바르베타에서는 꽃상추를 가운데 두고 피망을 꽃잎처럼 펼쳐서 바냐카우다 소스를 뿌려준다. 메뉴판에 있는 연도표기는 해당 음식을 그때부터 팔았다는 표식이다.

price $12.00

포르치니 버섯을 넣은 리조토

Risotto alla Piermontese with wild Porcini Mushrooms

(1906)

리조토는 오랜 시간 타지 않게 계속 지켜보며 저어줘야 하는 정성 가득한 음식이다. 비싼 포르치니 버섯의 양과 질에 따라 맛이 좌우된다. 바르베타의 리조또는 충분한 양의 버섯을 넣어 진하게 맛을 냈다.

price $14.00

수제 아뇰로티

Agnolotti-Made by Hands(1906)

아뇰로티는 라비올리의 일종으로 손으로 아주 작게 빚은
파스타다. 버터소스와 함께 나오는데 느끼하지 않고 고
소하여 자꾸 손이 가는 음식이다. 여럿이 나눠 먹으려고
시켰는데 손이 멈추지 않아 민망했던 기억이 있다.

price $13.00

연어 구이

Broiled Atlantic Salmon(1962)

동그란 접시 위에 초록색 소스를 깔고 별 모양으로 썬 오
이를 위에 얹었다. 그 위를 가로질러 손가락 마디보다 두
꺼운 연어가 더해지면 시각적으로 매우 아름다우며 맛의
조화도 색감에 뒤지지 않는다.

price $34.00

피렌체식 스테이크

Bistecca alla Fiorentina,

Aged Angus Steak Charcoal(1992)

피렌체식으로 조리한 것으로, 숙성된 앵거스 스테이크에 엑스트라 버진 올리브오일과 향료를 넣고 숯불에 구운 다음 자이언트 스위트 러너 콩Giant Sweet Runner Bean 을 넣었다. 이 음식은 적어도 2인분 이상 주문해야 하며, 양은 성인 남성을 기준으로 보면 된다. 고기의 질도 좋고 조리도 잘해 여느 유명 스테이크 전문점이라 해도 믿을 만큼 놀랍다.

price $49.00/1인

피에몬테시의 적포도주에 익힌 서양배

Pears in red wine alla Piemontese(1962)

아마도 쉽게 찾아볼 수 없는, 건강한 디저트일 것이다. 서양 배를 레드와인, 설탕, 정향, 계피, 레몬주스를 넣고 끓인 것인데 먹고 나면 기분이 좋아진다. 보기에는 간단 하지만, 기대한 것보다 훨씬 맛있을 것이다.

price $12.00

귀신도 홀딱 반한
정통 아이리시 펍의 매력

더 랜드마크 태번
The Landmark Tavern

Since 1868

맨해튼 11번가는 한적하고 지하철역에서도 꽤 떨어져 있어 그 지역에서 근무하는 직장인이나 주민 이외에는 보행자가 별로 없다. 몇 해 전만 해도 뉴욕 여행을 와서 이곳까지 방문해야 할 이유는 전혀 없었다. 이 지역을 사람들은 '헬스 키친Hell's Kitchen'이나 '클린턴Clinton'으로 보통 부르는데, 나는 헬스 키친이라는 이름을 더 좋아한다. 이 구역의 독특한 분위기를 그나마 잘 드러내주는 표현이라고 생각하기 때문이다. 영화 〈미드나잇 카우보이〉에서 처음으로 헬스 키친이란 말을 들은 기억이 난다. 당시의 지역 풍경을 상세히 보여주지는 않았지만, 충분히 감을 잡을 수 있었다. 지저

분하고 음침해서 혼자서는 걷고 싶지 않았던 우중충한 동네와 아파트들……. 그래서 나는 헬스 키친을 좋아하지만, 지역 주민이라면 클린턴이라는 이름을 더 선호할 것이 분명하다.

11번가에는 주로 미드타운에 자리 잡은 회사의 보조 사무실이나 창고, 자동차 판매소, 건축자재 판매소 등이 위치해 있다. 여느 도시의 외곽지역이 지닌 특징과 비슷하다. 20년 전쯤, '술맛 나는 술집'을 좋아하는 친구를 만나기 위해 이 지역에 왔다가 한참 구시렁거렸던 기억이 난다. 지하철역에서도 먼데다가 거리 분위기마저 별로여서 더 멀게 느껴졌기 때문이다. 물론 랜드마크 태번에 들어서고 나서는 그 친구의 안목을 다시 한번 믿게 되었지만 말이다.

1868   여전히 11번가는 번화하다는 느낌을 주는 거리는 아니다. 뉴욕시 경제가 전체적으로 부흥하면서 11번가 주변 거리도 정화되고 환경도 많이 개선되었지만, 지금도 하루하루 더 나아지는 중이다. 하지만 1868년 한 아일랜드 이민자가 3층짜리 빨간 벽돌 건물에 선술집을 차렸을 때에는 정말이지 인적이 드문 곳에 섬처럼 떠 있는 느낌이었을 것이다. 아일랜드계 출신이었던 패트릭 헨리 칼리Patrick Henry Carley

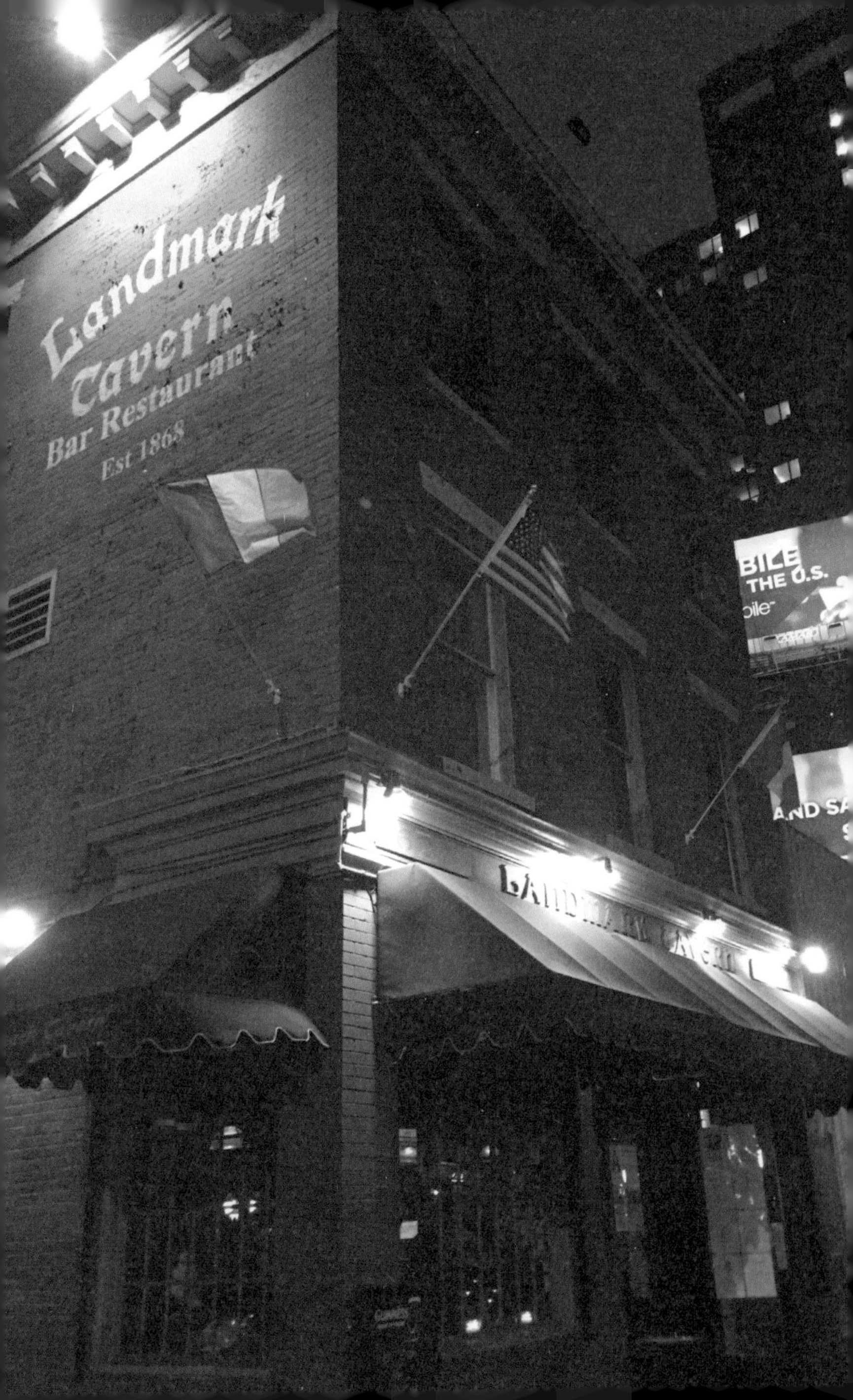
Landmark
Tavern
Bar Restaurant
Est 1868

가 '칼리스 살룬Caley's Saloon'이라는 상호로 술집을 처음 열었을 때
는 가게 앞이 바로 부두였다. 지금은 매립지가 늘어나면서 두 블
록쯤 지나야 강에 가닿지만, 옛 지도를 보면 당시는 거의 선박업
종사자들을 위한 술집이라 할 만큼 선착장과 가까웠다. 금주법
시대의 많은 펍들과 마찬가지로 이 건물의 3층도 한동안은 비밀
리에 술을 팔던 밀주업소로 운영되기도 했다. 또 1960~80년대까
지는 아일랜드 이민자들의 갱 조직인 '웨스티스Westies'의 아지트
로 쓰이기도 했다. 어쨌거나 외부인이 쉽게 찾아갈 만한 술집은
아니었음에도 이토록 오래 유지될 수 있었던 데에는 오랫동안 많
은 이들이 그곳에서 희로애락을 함께해왔기 때문은 아닐까.

2019   지금은 맨해튼에서 좋은 동네와 나쁜 동네라는 개
       념이 점점 무너지고 있다. 도시계획법이 바뀌면
       서 강가 쪽에 큰 자리를 차지하던 산업용 건물들
이 점점 없어지고, 그 자리에 고층 빌딩이 올라가며, 여기저기에
고가의 호화 아파트와 숙박업소가 생기는 중이다. 11번가 근처도
젠트리피케이션에서 자유롭지 못하다. 주변의 수요에 맞춰 자연
스럽게 새로운 음식점과 가게 들이 생기기 시작했다.

 그 변화의 물결 사이에서 세월의 흔적을 고스란히 품고 있는

랜드마크 태번에 들어서면 요즘은 만들고 싶어도 만들기 힘든 마호가니 통나무 한 판으로 만든 바가 나온다. 천장은 빅토리아 시대에 유행했던 무늬가 찍힌 주석 타일로 되어 있고, 작은 모자이크 타일로 무늬를 만든 바닥은 시간을 그대로 품고 있다. 바 반대쪽으로 식사를 할 수 있는 식탁이 몇 개 마련되어 있고, 더 안쪽으로 들어가면 고전적인 짙은 색 목재로 벽을 장식한 아늑한 공간이 나온다. 각각의 테이블은 흰색 테이블보와 냅킨으로 우아하게 장식되어 있다.

이곳에서는 매주 월요일 저녁 8시부터 11시까지 아이리시 전통 음악을 연주한다. 따로 마련된 무대가 있는 것은 아니지만 음악에 맞춰 연주할 수 있다면 누구든 자신의 악기를 가져와 참여할 수 있다. 시간 여유가 있다면 이때 맞춰 저녁 식사를 하거나 술 한잔하는 것도 좋다. 이곳의 분위기에 연주가 어우러져 아마도 다른 세상, 다른 시대로 돌아간 듯한 경험을 하게 될 것이다.

100년도 넘은 곳에 빠질 수 없는 귀신 이야기가 이 집에도 몇 개 있다. 그중 하나는 이 건물이 간이 여인숙이었을 때, 아일랜드에서 이민 온 소녀가 콜레라 혹은 장티푸스로 생을 마감하면서 그 귀신이 2층에 종종 나타난다는 이야기다. 또 하나는 남부 동맹군이 1층에서 싸우다 칼을 맞고 비틀거리다 결국 2층 목욕탕 안에서 죽음을 맞이했는데, 그 귀신이 2층 연회장의 책장을 넘어

©Landmark Tavern

©Landmark Tavern

1 • 마호가니 바가 있는 실내 모습
2 • 주 식당
3 • 주 식당에서의 아이리시 음악 연주
4 • 공동운영자인
　도나투스Domnchadh O'Sullivan와 함께

뜨렸다는 이야기다. 또 다른 귀신 이야기의 주인공은 배우다. 당시에 험프리 보가트^{Humphrey Bogart}보다 유명했던 배우 조지 래프트^{George Raft}는 잘생긴 외모에도 불구하고 주로 깡패 역할만 맡아왔다. 이 지역에서 성장했던 그는 어린 시절 동네 깡패들과 어울렸던 경험이 있었는데, 그러면서 범죄조직의 말투나 습관 같은 것을 익히게 되었다고 한다. 영화계에 진출하고 나서는 연기파 배우는 아니었기에 자연스레 그쪽(?) 재능을 더 잘 살릴 수 있는 깡패 역할을 주로 많았던 것 같다. 어쨌든 그는 뉴욕에 올 때마다 이곳을 꼭 방문했다고 알려져 있는데, 그래서인지 죽고 나서도 귀신으로 남아 1층 바에 앉아 있다고 한다. 이렇게 많은 풍문이 있지만, 아직 실제로 귀신을 봤다는 사람을 만나본 적은 없다. 개인적으로 그 잘생겼다는 조지 래프트 귀신을 한번 만나보는 것도 나쁘진 않을 것 같다.

My Pick

셰퍼드 파이
Shepherds Pie

랜드마크 태번에 어울리는, 아일랜드식 컴포트 푸드에 가장 가까운 메뉴다. 으깬 감자가 하얗게 가득 덮혀 있고 오븐 용기 맨 위쪽만 거뭇거뭇하게 그을려서 나오는 셰퍼드 파이는 볼 때마다 삽으로 눈을 푸듯 한번 퍼 보고 싶어진다. 안에는 완두콩과 같은 크기로 잘게 썬 당근, 양파, 간 고기가 숨어 있다. 따뜻한 고기 육즙과 함께 채소를 같이 먹는 그 맛이야말로 푸근함 그 자체다.

price $19.00

©Landmark Tavern

콘비프와 양배추
Corned Beef & Cabbage

대표적인 아이리시 음식으로 삶아서 부드러워진 콘비프와 채를 썰어 익힌 양배추, 그리고 담백한 삶은 감자에 파슬리를 더한 새콤달콤한 크림소스가 더해져 나온다. 여기에 약간 톡 쏘는 매운맛이 나는 서양 고추냉이를 곁들어 먹으면 아주 좋다.

price $22.00

팬에 볶은 새우

Pan Seared Shrimp

약간의 기름으로 볶아서 익힌 새우를 샐러드 위에 올린 다음 크랜베리와 샴페인을 넣어 약간 달짝지근한 맛이 도는 비네그레트Vinaigrett 소스와 염소 치즈가 뿌려 나온다. 가성비가 높은 식단으로 적극 추천한다.

price $15.50

아이리시 소시지와 으깬 감자

Irish Banger And Masch

소시지와 으깬 감자로 구성된 간단한 음식이다. 쇠고기, 돼지고기, 양고기를 합쳐 만든 다채로운 맛의 소시지와 으깬 감자의 담백함이 궁합이 잘 맞는다. 여기에 같이 나오는 익힌 양파와 약간의 완두콩에 그레이비 소스를 곁들이면 완벽한 맛을 즐길 수 있다.

price $17.00

롱아일랜드산 오리가슴 고기

Long Island duck Breast

바싹한 껍질과 촉촉하고 부드러운 오리가슴살 요리로 생각보다 양이 많다. 다진 호박과 적양파 등의 채소를 함께 버무린 것에 부드러운 쿠스쿠스가 곁들여져 나온다. 영양가와 맛 모두 다 충족시키는 조화로운 한 접시다.

price $25.00

뉴욕 문화를 지배했던
사교 모임 '악순환'의 아지트

앨곤퀸 호텔의 라운드 테이블
The Round Table at the Algonquin Hotel

Since 1919

앨곤퀸 호텔이 위치한 44가에는 미국 명문대 졸업생들을 위한 클럽 하우스가 유난히 많이 있다. 또한 사설 사교클럽로 지어진 건물 중에서도 아름답기로 단연 손에 꼽히는 뉴욕 요트클럽^{N. Y. Yacht} ^{Club} 건물도 이 거리에 있다. 앨곤퀸 호텔에서 5번가 방향으로 조금만 걸어가다 보면 좌측으로 보이는 건물인데, 2층 창문을 배의 앞머리 모양으로 석조조각을 한 것이 딱 봐도 요트클럽 건물임을 알 수 있다.

앨곤퀸 호텔과 요트클럽 건물 중간 즈음에 서서 맞은편 건물을 바라보면 대문이 굳게 닫혀 있는 호텔 하나가 있는데, 로열튼

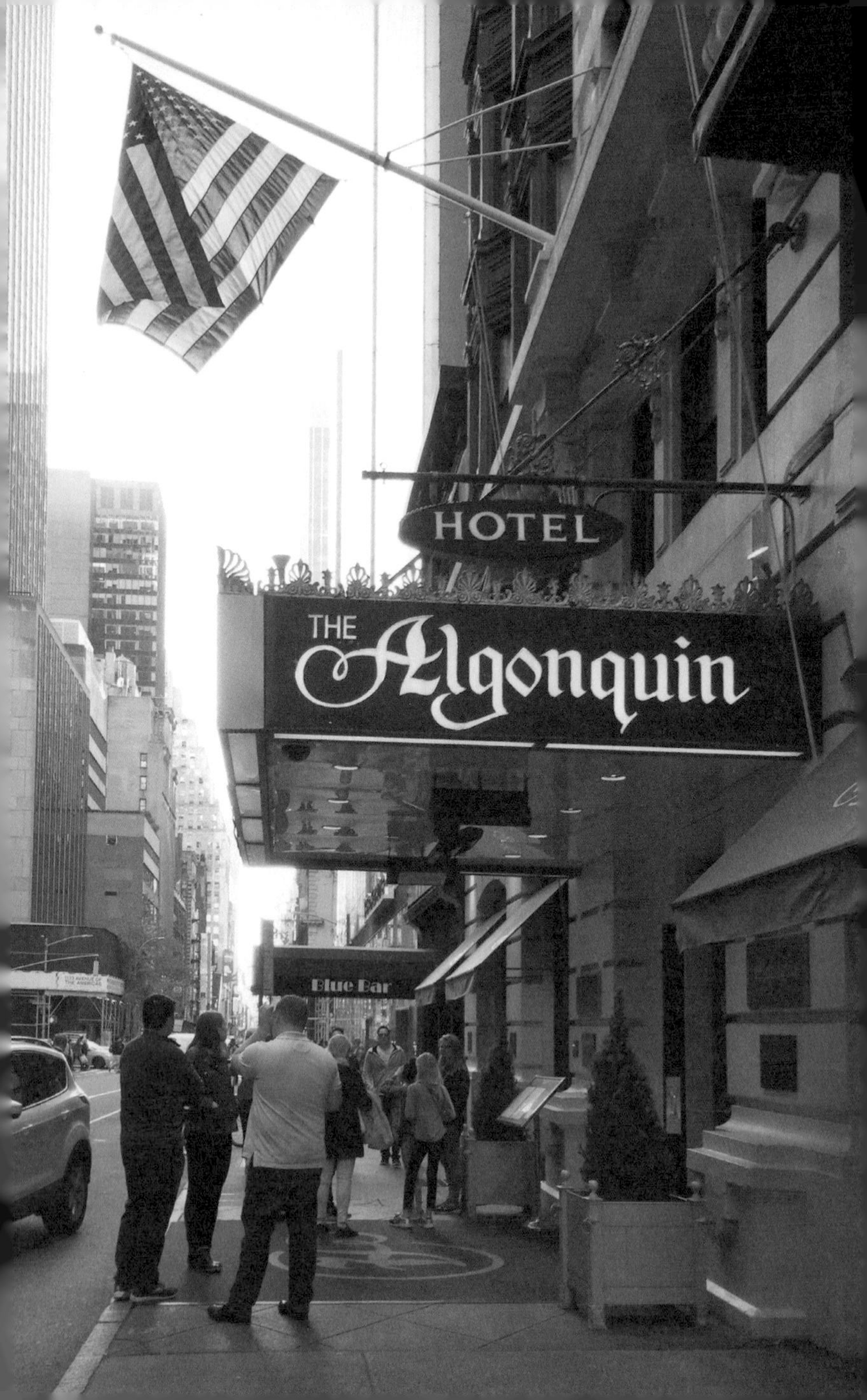
HOTEL
THE Algonquin
Blue Bar

Royalton이라는 부티크 호텔이다. 1988년에 이 호텔이 처음 개업했을 때, 1층 로비 안에 있는 술집은 젊은 뉴요커들 사이에서 핫플레이스로 떠올랐다. 반면, 이들은 사실 건너편 앨곤퀸 호텔에는 큰 관심이 없었다. 앨곤퀸은 오래된 단골이나 찾는 호텔이었다.

한번은 뉴욕으로 여행 온 친구에게 로열튼 호텔을 구경시켜주러 갔다가 로비에 앉아 이런저런 대화를 나누고 있는데 옆자리에 앉은 손님이 조심스레 말을 건네왔다. 이 호텔 1층을 디자인한 디자이너 필립 스탁Philippe Starck이라고 자신을 소개하며 자신이 디자인한 테이블에 관해 우리의 의견을 물었다. 인테리어 디자이너인 나로서는 그에게 나를 소개할 수 있는 절호의 기회였다. 옆에 있던 친구가 나를 쿡쿡 찌르며 계속 기회를 만들어보라고 했지만, 나는 그 말을 듣지 않았다. 로열튼 호텔을 생각하면 그렇게 놓쳐버린 기회가 생각난다. 하지만 이제는 필립 스탁의 디자인은 온데간데없다. 요즘 유행하는 스타일로 완전히 새 단장했기 때문이다. 100년이 넘도록 예전 그대로의 모습을 유지하고 있는 건너편 앨곤퀸 호텔과 비교하면 길 하나를 사이에 두고 두 호텔의 행보가 사뭇 다르다는 생각이 든다.

1919   '앨곤퀸'이라는 호텔의 상호는 이 지역에 살고 있

었던 원주민 부족의 이름에서 따온 것이다. 1907년 프랭크 케이스Frank Case가 아파트먼트 호텔로 지어진 건물을 임대해 호텔업을 시작했고, 1927년에 완전히 건물을 매입했다. 그리고 1946년 6월, 사망하기 전까지 이 호텔의 주인이자 지배인으로 일했다. 같은 해 10월 새로운 주인을 만나면서 호텔도 새롭게 모습을 바꾸었다. 그 후로도 소유주가 여러 번 바뀌었으며, 지금은 메리어트호텔그룹이 관리하고 있다.

1차 세계대전이 끝나고 1년이 지난 1919년, 이 호텔의 음식점이 유명하게 된 계기가 있었다. 바로 어떤 한 모임 때문이었다. 특정 목적을 위해 결성된 단체도 아니며, 어디에 등록된 단체도 아닌, 그저 점심을 함께 먹기 위해 모인 사교모임이었다. 몇몇이 모여 점심을 먹었던 것이 새로운 사람들이 한 명 한 명 합류하면서 자연스레 모임으로 발전하게 되었다. 테이블을 가운데 두고 주로 풍자와 해학, 냉소가 담긴 대화들이 길게 오고 갔다. 모임 참석자들은 이 모임을 '악순환Vicious Circle'이라고 불렀는데, 모임의 성향이 재치있게 반영된 별명이었다.

당시 엘곤퀸 호텔 근처에는 18개의 신문사와 85개의 브로드웨이 극장들이 밀집해 있었다. 자연스럽게 극장 관계자, 배우, 연출가, 극작가, 에이전트 등이 이곳을 편리하게 애용했다. 프랭크 케이스는 '팝오버popover'라고 우리나라 공갈빵처럼 크고 바삭하지만

속은 빈 과자로 손님들을 유혹했고, 특히《뉴욕 타임스》비평가이
자 비평계의 제왕으로 군림하던 알렉산더 울콧^{Alexander Woolcott}을 엘
곤퀸의 단골로 만들기 위해 노력했다. 그의 강력한 영향력만큼이
나 그에 대한 경계도 만만치 않았는데, 당시 알렉산더 울콧으로
부터 혹평을 받은 슈베르트 극장은 그가 극장에 출입하는 것을
불허할 정도였다. 울콧은 자신의 출입을 막은 일까지 비평 기사
를 썼고, 그 결과 극장은 더 큰 타격을 입게 되었고, 결국에는 그

를 다시 초대하는 촌극이 벌어지기도 했다. 알렉산더 울콧이 바로 '악순환 클럽'을 처음 주도했던 인물이다.

앨곤퀸에서의 악순환 모임은 초반에는 사람들 눈에 잘 띄지 않는 안쪽 방에서 이뤄졌다. 그러다 이 모임이 명성을 얻게 되자 프랭크 케이스는 호텔 로비에서 가장 잘 보이는 커다란 원형식탁으로 이들 자리를 옮겨주었다. '라운드 테이블Round Table'이라는 식당 이름은 그들이 앉았던 크고 둥근 식탁에서 유래된 것이다. 그 후로 이곳은 '앨곤퀸 라운드 테이블Algonquin Round Table'로 더 알려졌다.

이 모임에 참석했던 이들의 면면만 봐도 알 수 있듯이, 그들 대부분은 미국 명문대를 졸업한 지성인들이었으며 그중에는 훗날 퓰리처상 수상자들도 있었다. 이 모임의 멤버 몇몇은 잡지 《베니티 페어Vanity Fair》, 《라이프Life》에서 일했으며, 그중 일부가 모여 잡지 《뉴요커The New Yorker》를 창간했다. 점심시간에 가졌던 짧은 모임은 저녁으로 이어지고, 휴가까지 함께 갈 정도로 돈독한 관계로 발전하며 서로의 인생에 중요한 도움을 주기도 했다. 이들 모임이 전국적으로 알려지면서 앨곤퀸 라운드 테이블에서 어떤 대화가 오갔는지 세간의 관심이 주목되기 시작했다. 당시는 무성영화의 시대로 1920년에 라디오 방송이 처음 시작되었지만 이마저도 대중적으로 잘 알려지지 않던 시절이다. 상황이 이렇다 보니 이 모임에 참석하는 신문잡지사 기자들의 기사들이 문화계에 얼

1

2

1 · 악순환 클럽 멤버들을 묘사한
　　그림과 라운드 테이블
2 · 목요 재즈 공연

마나 많은 영향을 미쳤는지 익히 짐작할 수 있겠다. 한 예로 앨곤 퀸 호텔 근처에 《베니티 페어》 편집팀이 있었는데, 그곳의 에디터와 비평가들이 이곳을 자주 찾았다. 그들이 이곳에서 점심을 먹은 날이면 그날 이곳에서 있었던 일이나 나눴던 대화 일부가 종종 잡지에 인용되어 실리곤 했다. 따라서 그들의 점심 대화는 '라운드 테이블'에서 끝나는 것이 아니라 미 전역의 구독자들에게까지 도달되는 셈이었다.

악순환 클럽에 들어가고 싶어 하는 사람들도 많았다. 존 F. 케네디 대통령의 어린 시절 소원 중 하나가 '악순환'의 멤버가 되는 것이었다고 하는데, 이 모임이 얼마나 유명했는지 알 수 있는 대목이다.

1987 앨곤퀸 라운드 테이블의 영향력이 나날이 커지면서 1987년에는 뉴욕시의 역사문화재보호^{New York City Historic Landmark}로 등록되었고, 1996년에는 '국가문학문화재^{National Literary Landmarks}'로 등재되었다. 이렇게 명성이 높아지는 동안 호텔에 상주하는 특별한 손님도 화제를 모았다. 이름하여 햄릿 8세^{Hamlet VIII}, 말 그대로 이름이 햄릿 8세인 고양이이다! 앨곤퀸에서 상주하는 12번째 고양이 손님이다. 앨곤퀸의 첫

특별손님은 1920년경 '빌리Billy'라는 고양이었다. 빌리가 죽은 지 사흘도 되지 않아 길고양이 한 마리가 호텔로 불쑥 들어왔는데, 호텔에서는 그 길냥이에게 '러스티Rusty'라는 이름을 지어주었다. 그런데 이 호텔 투숙객이었던 뮤지컬 배우 존 배리모어John Barrymore가 호텔에서 지내는 특별한 고양이의 이름으로 '러스티'는 격에 맞지 않는다며 '햄릿'이라는 이름을 붙여주었다. 앨곤퀸 호텔의 고양이는 이 햄릿 1세 이후로 96년 동안 총 8마리의 햄릿과 3마리의 마틸다Matilda 들로 이어져 왔으며, 지금의 햄릿 8세는 2017년부터 호텔에 상주하고 있다. 햄릿 8세의 룸은 1층 컨시어지 카운터이며, 로비에서 돌아다니는 모습이나 호텔 입구의 왼쪽 창문에서 잠자고 있는 모습을 종종 목격할 수 있다.

2019　　　　앨곤퀸 호텔을 처음 방문했을 때는 오래된 가구로 채워져 있어 전체적으로 낡았다는 느낌을 많이 받았다. 현재는 대형 호텔 체인이 운영권을 맡아 특유의 매력이 많이 사라졌다. 아마 작은 부티크 호텔 회사가 맡았더라면, 역사를 보존하는 데 더 큰 노력을 기울였을 텐데 아쉬움이 남는다. 옛 호텔의 자취라면, 손님들이 자유롭게 신문을 볼 수 있도록 엘리베이터 앞에 비치된 신문 거치대 정도다.

FREE POEMS
BY
ARS POETICA

1

2   3

1 · 호텔에 상주하는 고양이, 햄릿 8세
2 · 월행사 차원에서 손님에게 무료로
    시를 지어주는 시인 리사Lisa Ann Markuson
3 · 35년간 근속해온 종업원
    올메도Olmedo Medina와 함께

1층의 로비와 로비 뒤쪽의 라운드 테이블 레스토랑 사이에 벽이 없어 로비와 레스토랑의 경계를 한눈에 구분하기는 어렵다. 튀어나온 뒷벽에는 유화 한 폭이 벽 한 면을 다 차지해 걸려 있는데, '악순환' 멤버들이 함께 점심 식사하는 모습을 해학적으로 묘사한 그림이다. 그 그림 앞에는 10명이 앉을 수 있는 원형 식탁이 마련되어 있다. 여름에 방문을 할 경우 이곳에서 준비한 특별한 점심 식단을 챙겨보는 것도 좋다. 1919~29년까지 10년 동안 '악순환'을 위해 제공했던 메뉴를 살려 만든 것으로 3코스 식사에 19.90달러로 굉장히 저렴한 편이다. 일주일 내내 정오부터 오후 4시까지만 제공된다. 브로드웨이에 공연을 보러 간다거나 타임스퀘어를 방문할 계획이라면 이곳을 들려보는 것도 좋다. 브로드웨이 작품을 창작하던 인물들이 점심을 먹던 곳이니 공연을 보기 전에 이곳에서 그 기운을 느껴보는 것은 어떨지. 1층에서는 목요일마다 재즈공연이 열리니 웹사이트에서 미리 알아보고 가도 좋을 듯하다.

My Pick

오징어튀김
Fried Calamari

인기 있는 애피타이저 메뉴이자 술안주로도 좋은 오징
어튀김이다. 땅콩, 채를 썬 고추와 파가 고명으로 올라가
있다. 약간 단맛이 나는 해선장 소스가 의외로 오징어튀
김과 잘 어울린다.

price $19.00

브루스케타 플래트 브레드
Bruschetta Flatbread

보통의 피자 도우보다 훨씬 얇은, 크래커처럼 바삭한 플
래트 브레드로 만드는 피자다. 녹은 치즈 위에 루꼴라가
올라가고, 오래 숙성해 점도가 높은 발사믹초가 뿌려져
나온다. 고기를 안 먹는 사람들에게 적합한 음식이다.

price $22.00

갈비찜

Braised Short Rib

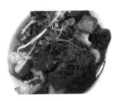

조리법과 식자재를 보면 영락없는 서양식 갈비찜이다.
갈아서 푸레로 만든 부드러운 컬리플라워 위에 고기가
올려져 나온다. 작은 조각으로 익힌 감자와 얌과 같은 뿌
리채소가 사이드로 같이 나온다. 포크만 갖다 대도 찢어
지는 부드러운 고깃살 한 점에 푸레와 채소를 다 함께 먹
어야 더 맛있다.

price $38.00

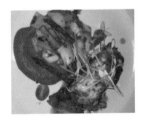

미소에 절인 줄무늬 농어

Marinated Miso Striped Bass

노란 호박 종류 중 하나인 버터넛 스퀘시를 부드럽게 갈
아서 만든 푸레와 입에서 살살 녹는 농어가 함께 나오는
요리다. 구운 아스파라거스와 볶은 청경채 등의 계절 채
소가 함께 나온다. 농어는 너무 부드러워 언제 목으로 넘
어갔는지 모를 정도다. 그래서인지 한 접시가 모자라는
듯한 느낌이 든다.

price $36.00

바쁜 기차역 안에서
따뜻한 수프 한 그릇

그랜드센트럴 오이스터 바
Grand Central Oyster Bar
Since 1913

맨해튼은 낮과 밤의 유동 인구 차이가 꽤 크다. 낮 동안 일하기 위해 맨해튼으로 들어오는 인구가 상당히 많은데, 그랜드센트럴역이 그들을 맞이하는 관문 중 하나다. 지금은 주로 뉴욕주의 북쪽과 북동쪽, 웨스트체스터 카운티나 코네티컷에 주거를 둔 이들이 맨해튼으로 출퇴근하기 위해 이곳을 이용한다. 그랜드센트럴역 중앙홀의 발코니에 올라가면 출퇴근 인파로 붐비는 모습을 볼 수 있다. 별자리가 점점이 박힌 돔형의 높은 천장 아래로 개미 떼처럼 일사불란하게 움직이는 출퇴근 행렬이 큰 대비를 이룬다. 그토록 많은 이들이 이용하는 이곳의 역사는 빌딩 숲에 가려 이제는 한눈에 들어오지 않지만, "그랜드센트럴역은 뉴욕의 과거와 현재 사이에 서 있는 이 우주의 상징이다Grand Central Terminal stands as a universal symbol between New York City's past and present"라고 할 정도로 여전히 육중한 아름다움을 자랑하는 역사적인 건물이다. 나에게도 그랜드센트럴역은 과거와 현재를 잇는 세월의 상징이기도 하다.

웨스트체스터 카운티에서 진행되는 회의 때문에 한동안 나는 이른 아침마다 이곳의 출근길 인파를 거슬러 아침 기차를 타야 했었다. 기차로 꼬박 1시간을 가야 했으니, 회의를 끝내고 맨해튼으로 돌아오면 점심시간이 끝날 무렵이었다. 고된 일정이었지만, 당시를 회상해보면 웨스트체스터 카운티에서의 일정을 나는 꽤 즐겼던 것 같다. 기차 안에서 꿀잠을 자는 것도 좋았지만 무엇보다 기차에 내려서 맛있는 수프를 먹을 수 있는 것이 가장 좋았다. 역사 안에 있는 그랜드센트럴 오이스터 바에서는 점심시간이면 창문을 통해 수프를 팔았다. 음식점에 앉아 느긋하게 식사할 여유가 없었던 나에게 토마토 베이스의 맨해튼 클램차우더나 크림 베이스의 뉴잉글랜드 클램차우더는 바쁜 일상 속에 맛있는 힐링을 선사해주었다. 사무실 책상에 앉아 작고 동그란 빵과 함께 이 수프를 먹는 것만으로도 웨스트체스터 카운티로의 출근길은 충분히 의미가 있었다. 어쩌다 회의가 늦은 오후에 잡혀 사무실에 들어가지 않고 바로 퇴근할 수 있는 날이면 속으로 쾌재를 불렀

다. 그런 날은 그랜드센트럴 오이스터 바의 높은 의자에 앉아 여유롭게 혼밥과 혼술을 즐길 수 있었다.

1913　　　나에게 그랜드센트럴역과 그랜드센트럴 오이스터 바가 하나의 기억으로 엮여 있는 것처럼, 이 두 공간을 각각 떼어서 생각할 수 없다. 그랜드센트럴 오이스터 바를 가려면 그랜드센트럴역사 안을 지나와야 하기 때문이다. 1913년 2월 2일 밤에 그랜드센트럴역이 대중에게 공개되고, 그로부터 3주 후에 그랜드센트럴 오이스터 바도 영업을 시작했다. 뉴욕은 한때 세계 최대의 굴 생산지로서 역사적으로도 굴 판매량이 압도적으로 많은 도시였다. 사람들이 몰리는 역에 굴 전문점이 생기는 것은 자연스러운 일이었다.

　이 그랜드센트럴역사를 짓기 위해 총 10년이 걸렸고, 철근은 3만 톤, 공사비는 8천만 달러가 투입되었다. 지금 시세로 환산하면 2조 달러, 우리나라 돈으로 약 2천 조 이상을 쏟아부은 셈이다. 역사 내부에서 눈에 띄는 것은 전구다. 전기가 막 대중화되던 시기에 지어진 건물이라 전등갓이 없이 전구를 드러냄으로써 전기가 설치되었다는 점을 강조했다. 이 역사의 1층으로는 총 41개의 철로가 들어올 수 있고, 지하로는 26개의 철로가 모인다. 세계에서 가장 많은 철로가 설치된 기차역이기도 하다.

미국의 철도왕이자 그랜드센트럴역을 건설한 코닐리어스 밴더빌트Cornelius Vanderbilt는 가문을 상징하는 도토리와 참나무잎 문양을 역사 내부 곳곳에 활용했다. "작은 도토리 한 알이 웅대한 떡갈나무로 자랄 것이다From a little acorn a mighty oak shall grow"라는 뜻으로 '그랜드센트럴'의 의미도 여기에서 시작했다. 코닐리어스 밴더빌트의 6대 손자가 CNN의 유명 앵커 앤더슨 쿠퍼다.

역사 내 만남의 광장에 매일 약 75만 명이 오가는 장관도 볼거리이지만 그곳에 있는 작은 안내소에 관심을 더 기울일 필요가 있다. 안내소 지붕 한가운데에 사면에서도 다 보이는 시계탑이 하나 있다. 전체적인 모양이 도토리를 형상화한 것으로 지름만 대략 4m에 달한다. 시계는 티파니에서 제작했다. 한 경매회사에서 이 시계를 감정한 적이 있는데, 감정가가 1천만 달러를 넘었다.

이렇게 웅장하고 화려한 건물에도 부침은 있었다. 교통수단이 현대화되고 뉴욕시의 경제 상황이 악화함에 따라 한때 이곳은 마약매매와 성매매 장소로 유명해질 정도로 치안이 불안했다. 맨해튼에 고층 건물들이 앞다퉈 세워질 때였다. 그랜드센트럴역사 역시 허물고 새로 지으려는 개발자가 접근했으나 비영리 단체인 '뉴욕시 예술사회The Municipal Art Society of NY'에서 개발을 막았다. 역사 보존에 관심이 많았던 존 F. 케네디의 부인 재클린 케네디Jacqueline

©Grand Central Oyster Bar

1 · 그랜드센트럴역사 발코니에서 바라본
역사 내부
2 · 역사 안에서 그랜드센트럴 오이스터
바로 가는 길
3 · 그랜드센트럴 오이스터 바 입구

Kennedy Onassis와 함께 여러 유명인이 이에 앞장서면서 15년 동안 진행돼오던 건물 존폐 논쟁이 1978년에 막을 내리고, 고등법원의 판결에 따라 보존이 확정되었다. 그 이후 역사를 계속 이용하면서 이곳저곳 꼼꼼히 복원해 1998년에 대부분의 공사를 끝냈다.

앞서 이야기한 시계탑에서 위를 올려다보면 38m 높이의 천장에 총 2,500개의 별을 그려 완성한 별자리 장식이 보인다. 지중해 하늘에 떠 있는 별을 형상화했는데, 복원 전에는 그저 시커먼 천장에 불과했던 것이다. 많은 이들이 알아채지 못하지만, 사실 별자리 위치가 잘못되었다. 첫 시공 당시 땅에서 하늘을 올려다봤을 때의 별자리를 그렸어야 했는데, 실수로 그 반대로 내려다봤을 때의 모양으로 그렸다고 한다.

2019   기차역 안에 내점해 있는 그랜드센트럴 오이스터 바로 들어가는 입구는 카탈로니아 아치형^{Catalan Vault}으로, 테라코타로 만든 구아스타비노^{Guastavino} 타일로 꾸며져 있다. 아치를 지탱하기 위해 타일들은 헤링본 모양으로 짜 맞추어져 있다. 타일 장인으로도 유명한 스페인 출신의 유명한 건설 기사 라파엘 구아스타비노^{Rafael Guastavino} 부자의 역작으로 보아도 무리는 아닐 것이다. 재미있게도 이 구아스타비노

타일의 카탈로니아 아치형 천장은 한쪽 귀퉁이에 대고 속삭인 말을 대각선으로 떨어져 있는 다른 귀퉁이에 서 있는 사람에게 마치 귓속말을 하듯 전달해주기 때문에 이를 체험해보려고 기둥에 서 있는 사람들을 종종 보게 된다. '속삭이다'라는 뜻에서 위스퍼월Whisper Wall 혹은 위스퍼 갤러리Whisper Gallery라 불리는 기둥이다. 마찬가지로 음식점 전체가 여러 개의 카탈로니아 아치형 천장으로 되어 있다. 그 때문에 공간은 매우 넓지만 천장은 그리 높지 않다. 둥근 테두리를 따라 달려 있는 수많은 전구가 실내를 밝히고 있다.

1972년, 기차역의 쇠락과 함께 이 식당도 파산 직전까지 가게 되었으나, 2년 후인 1974년에 기차역 운영기관이었던 MTA가 성공한 요식업자인 제롬 브로디Jerome Brody에게 이곳의 경영을 맡기면서 다시 살아나게 되었다. 제롬 브로디는 사망하기 2년 전인 1999년까지 이곳을 운영했으며 이후에는 직원에게 가게를 넘겼다고 전해졌다. 지금은 거의 30년간 이곳의 총주방장을 맡고 있는 샌디 잉버Sandy Ingber가 주방은 물론 가게까지 책임지고 있다. 그는 이 가게의 요리법을 모아 책으로 출간하기도 했다.

가게 안으로 들어서면 오른쪽으로 바가 있는데, 그 천장에는 그날그날 판매하는 굴 종류가 적힌 메뉴판이 높게 걸려 있고, 그 아래에서 종업원들이 굴을 까고 있다. 흰색의 유니폼을 입은 종업원들이 주문받은 굴을 열심히 까고 있는 모습을 보면서 처음

©Grand Central Oyster Bar

| 1 |
| 2 |

1 • 구아스타비노 타일의 카탈로니아 아치형 천장 입구
2 • 주 식당

```
    ┌──────────┐
    │    1     │
    └──────────┘
┌──────┐
│  2   │ ┌─────┐
└──────┘ │  3  │
         └─────┘
```

1 • 예약 없이 이용할 수 있는 카운터
2 • '오늘의 굴' 목록
3 • 30년차 주방인 샌디 잉버Sandy Ingber와 함께

에는 손을 얼마나 많이 베었을까 하는 안쓰러운 마음이 먼저 들었다. 굴 좀 좋아하는 사람이라면 그 아픔이 어떤 건지 금방 알 것이다.

사람이 몰리는 점심시간에는 가게 안으로 들어갈 필요 없이 입구 옆에, 다른 시간대에는 닫혀 있어서 눈에 잘 띄지 않는 창문을 통해 간단한 음식을 주문할 수 있다. 스튜와 팬 로스트 음식도 주문 가능하다. 스튜와 비교해 팬 로스트는 국물에 끓이기 전에 팬에 한 번 볶는 과정이 추가된다. 메뉴를 보고 굴, 조개, 새우, 랍스터, 가리비 중에 골라 주문하면 된다. 버터와 헤비크림이 들어가기 때문에 느끼한 맛을 즐기지 않는 이들에게는 크게 권하지 않는다. 처음에는 버터와 크림의 향을 느끼면서 먹다가 중간 즈음 타바스코 소스를 뿌려 먹으면 질리지 않고 먹을 수 있다. 눈앞에서 분주하게 움직이는 셰프들의 모습을 감상하면서 먹는 것도 흥미로운 방법이다.

상호가 말해주듯 이곳에서는 주로 생선과 해산물로 음식을 만든다. 취급하는 굴의 종류만 해도 총 25~30종 정도 되고, 하루에 맛볼 수 있는 굴은 대략 21가지 정도다. 하루에 팔리는 굴이 대략 4~5천 개라고 하니 굴에 대해서는 더 이상의 설명이 필요 없는 곳이다. 오늘의 특별 메뉴^{Today's Specials}나 오늘의 해산물^{Today's Catch}이 뭔지 메뉴판을 잘 살펴보고 싱싱한 것을 주문하는 것이 좋다.

　지난 2018년에는 한 손님이 오이스터 팬 로스트 수프를 먹다가 삼키기 직전에 진주를 발견한 적이 있다. 그 진주의 가격이 약 4천 달러 정도였다고 하는데, 그는 이 행운을 팔지 않고 대물림할 것이라고 한 신문 인터뷰를 통해 밝혔다. 이 식당이 앞으로 100년간 더 지속된다면 이런 요행을 맞는 손님도 계속 나오지 않을까?

My Pick

뉴 잉글랜드 클램차우더 수프
New England Clam Chowder Soup

개인적으로 조금만 싱거워도 좋을 것 같지만, 아마 다른 이들에게는 간이 딱 맞을지도 모르겠다. 이렇게 조개가 많이 나오는 수프는 찾기 힘들 것이다. 토마토를 베이스로 한 맨해튼 클램차우더보다 크림을 베이스로 한 뉴 잉글랜드 클램차우더 수프가 더 인기 있다.

price $8.25

©Grand Central Oyster Bar

©Grand Central Oyster Bar

기쁨의 갑각류
Medley of Shellfish

생굴을 1년에 1백만 개 넘게 파는 이곳에서 생굴 주문은 빠질 수가 없다. 굴 8개, 조개 2개, 새우 2개, 뉴질랜드산 홍합 3개가 나온다. 여러 가지 해산물을 동시에 맛볼 수 있는 방법이다. 품종별 굴 맛의 차이를 느껴보기 위해 그날 주문할 수 있는 굴의 종류를 메뉴판에서 확인한 뒤 종류별로 주문해볼 것도 추천한다. 더불어 거기에 반 마리 랍스터를 같이 주문할 수 있다. 당연히 추가 비용은 따른다.

price $36.95

오이스터 로커펠러
Oysters Rockefeller

달팽이가 워낙 귀한 식재료이다 보니 프랑스의 달팽이 요리 대신으로 만든 음식이라는 설이 있다. 버터소스에 버무려진 굴과 시금치에, 간간이 씹히는 다진 양파와 로마노치즈 가루가 감칠맛을 더한다. 총 6조각이 나오는데, 버터소스가 입맛에 따라 약간 진할 수 있다.

__price__ $16.45

블러디 매리 오이스터 슈터
Bloody Mary Oyster Shooter

블러디 매리에 굴맛을 더한 것이다. 토마토 주스와 보드카를 주로 한 칵테일에 바로 깐 생굴 하나를 넣었다. 마실 때 굴도 함께 먹게 된다. 음식 모험가, 아니 술 모험가에게 권한다.

__price__ $7.95

네 종류의 해산물이 들어 있는 샐러드
Foursome of Seafood Salads

차가운 해산물과 채소를 함께 즐길 수 있는 메뉴로 게살,
오징어, 새우, 살짝 삶은 연어로 구성되어 있다. 한꺼번에
여러 가지를 조금씩 먹을 수 있다는 점에서 개인적으로
좋아하는 메뉴다. 다양한 허브가 들어간 크림소스도 맛
깔나다.

price $26.95

새우구이와 코코넛 라이스
Grilled Shrimp

새우 애호가라면 완전히 반할 수 있는 음식이다. 새우를
건져 먹은 다음, 남은 마늘과 허브가 더해진 버터소스에
코코넛라이스를 더해 먹으면 금상첨화다. 새우 대신 가
리비를 사용한 메뉴도 있다.

price $30.95

엘리자베스 테일러,
냇 킹 콜,
메릴린 먼로의 단골 펍

P.J. 클락스
P.J. Clarke's　　　　　　　　　　　　　　**Since 1884**

P.J. 클락스가 있는 미드타운 동쪽은 대학 시절 실습 때부터 자주 찾았던 동네다. 건축 및 인테리어 자재 전문 매장들이 미드타운 안에서도 57가를 중심으로 밀집해 있는데, 특히 온갖 브랜드의 제품이 빼곡히 들어찬 D&D^{Designer and Decorators} 빌딩과 A&D^{Architect & Designer's} 빌딩도 여기에 있다. 그럼에도 정확히 원하는 물건을 찾으려면 온종일 미로 속을 헤매듯 돌던 곳이기도 하다. 이렇게 온종일 제품과 씨름을 하고 나면 멍 때릴 시간이 절실해진다. 그래서 친구와 함께, 아니 혼자서라도 P.J. 클락스에 들어가 시원한 맥주 한 잔과 사이드 디쉬 몇 가지를 주문하는 것으로 하루를 마무

리한다. 일이 아니더라도 이곳을 찾을 이유는 또 있다. 근처에 있는 블루밍데일 백화점을 돌다가 무리한 발에 휴식이 필요할 때도 P.J. 클락스는 좋은 휴식처가 된다.

1884   맨해튼의 3번가와 55가가 만나는 코너에 모던한 고층 빌딩에 완전히 둘러싸인 2층의 낮은 건물이 있다. 건물이 지어진 때는 1868년으로, 처음에는 4층짜리 벽돌 건물이었다. 이 건물에서 1884년에 처음으로 P.J. 클락스의 모태가 되는 '헤닝스Hennings'가 영업을 시작했다. 주로 이 동네의 도살장, 양조장, 가죽공장, 건설현장 등에서 일하는 인부들이 찾아와 목을 축였다. 그들뿐만 아니라 가게에 큰 통을 들고 와서 술을 직접 사가는 사람도 있었다. 과거 우리나라에서도 양조장에서 직접 막걸리를 받아갈 수 있었던 것처럼 말이다. 당시만 해도 병이나 캔 같은 용기 제작설비가 보편화되지 못했기 때문인데, 재미있게도 옛날 방식을 재현해 직접 만든 맥주를 즉석에서 담아 파는 양조장이 요즘 들어 늘고 있다. 또 당시 여자들은 혼자서는 술집에서 술을 마실 수가 없어서 술을 받아갈 수 있게끔 가게 밖에 구멍을 만들어둔 게 아직도 남아 있다.

당시 어퍼 이스트 요크빌 지역에는 독일계 이민자 조지 에레

트George Ehret가 세운 헬스 게이트 브루어리Hell's Gate Brewery라는 대형 맥주 양조장이 있었다. 그는 42개의 살롱을 직접 운영하며 자신의 양조장에서 담근 술을 팔았는데, 헤닝스를 임대해 판로를 확장하기도 했다. 이후 1902년에는 던인Mr. Duneen이 헤닝스의 두 번째 주인으로 왔고, 아일랜드 이민자 P.J 클라크P.J. Clarke가 바텐더를 맡았다. 클라크는 성실히 일해 모은 돈으로 1912년 이곳을 인수했고, P.J. 클락스로 상호를 변경했다. 가게 건물에서 상주하면서 그는 금주령 시기에는 목욕탕 욕조에서 술을 만들어 몰래 팔았고, 캐나다산 위스키를 밀반입해 팔기도 했다고 한다.

금주령 시기를 힘겹게 지나며 P.J 클락스는 점점 명성을 쌓아갔는데, 올 때마다 식탁 번호 20번에 자리를 잡는 프랭크 시나트라가 가장 유명한 단골이다. 가수이자 작곡가인 조니 머서Johnny Mercer는 이 식당 냅킨에 '원 포 마이 베이비One for My Baby' 가사를 적었다고 한다. P.J 클락스에 영화배우들이 드나들게 된 계기는 작가이자 각본가인 찰스 잭슨Charles R. Jackson이 이 집의 단골이 되면서부터다. 그의 소설 《잃어버린 주말The Lost Weekend》이 영화화될 때 P.J 클락스의 내부를 참고해 촬영장 세트를 만들었다고 전해진다. 이후 건물주가 클라크에게 건물을 아예 매입하라고 권했지만, 클라크는 거절했다. 결국, 1943년에 골동품 상인 마틸다 라베조Matilda R. Lavezzo가 건물의 새 주인이 되었다.

1948　1948년 클라크가 세상을 떠나자 건물주인 마틸타

라베조의 아들 다니엘 라베조Daniel H. Lavezzo Jr.가 식

당 운영을 맡게 되었다. 존 F. 케네디와 같은 사립

학교에 다닌 그가 주인이 되면서 더 많은 유명인사가 P.J 클락스

를 드나들기 시작했다. 미국 로큰롤rock'n'roll의 선구자인 버디 홀리

Buddy Holly가 P.J 클락스에서 청혼한 일화도 유명하다. 그것도 만난

지 불과 다섯 시간밖에 안 된 음반사 여직원에게 말이다. 그들은

두 달 후 결혼했고, '트루 러브 웨이'True Love Ways'라는 노래도 만들

었다. 안타깝게도 결혼 후 6개월 만에 버디 홀리가 비행기 추락사

고로 요절하면서 어린 아내는 느닷없이 과부가 되었다. '세기의

여배우' 엘리자베스 테일러Elizabeth Taylor는 늦은 밤 종종 이곳을 찾

았고, 배우 리처드 해리스Richard Harris는 항상 햄버거 하나와 보드카

여섯 잔을 주문했다고 한다. 냇 킹 콜Nat King Cole 역시 이 집의 햄버

거를 좋아했다. P.J 클락스에서 오랫동안 일했던 바텐더에 의하면

때는 1950년대쯤이었는데, 메릴린 먼로, 미국 부통령 휴버트 호

레이쇼 험프리Hubert Horatio Humphrey, 마피아인 프랭크 코스텔로Frank

Costello가 우연히도 한날 한시에 가게를 방문한 적도 있었다.

1956년에는 주방을 확장하고 음식 메뉴를 보강했다. 1967년에

는 식당 건물 옆 대지에 대형 고층 건물을 지으려고 P.J. 클락스 건

물까지 매입하려는 개발자가 나타났다. 라베조 가족은 건물을 개

발자에게 파는 조건으로 식당을 유지할 수 있도록 99년간 임대 계약을 요구했다. 이를 받아들인 새 건물주는 대신 PJ 클락스 건물의 층수를 4층에서 2층으로 줄이고, PJ 클락스 바로 옆에 건물을 높게 올렸다. 큰 건물의 한 귀퉁이에 PJ 클락스가 여전히 자리를 지킬 수 있게 된 이유다.

그사이 건물주가 바뀌었고, 2000년 다니엘 사후에도 라베조 가족은 같은 자리에서 P.J. 클락스를 계속 운영했는데, 안타깝게도 2002년 건물주와의 소송 중에 파산신고를 하게 된다. 체납된 수도요금과 월세 때문에 법정은 기존의 임대 계약을 무효로 했고, 그러면서 PJ 클락스는 폐점 직전 상황까지 몰리게 되었다. 건물주는 고민에 빠졌다. PJ 클락스의 역사적 가치와 그 후광효과를 무시할 수 없었기에 이 가게가 아예 없어지는 것만은 피하고 싶었다. 마침 영화배우 티머시 허튼^{Timothy Hutton}, 레스토랑 사라베스^{Sarabeth}의 주인 필립 스코티^{Philip Scotti}, 부동산 재벌 아널드 페너^{Arnold Penner} 등이 이곳을 공동 인수하기로 결정했다. 그들은 약 1년간의 실내 보수공사 끝에 가게를 다시 열었는데, 어디가 변했는지 손님들이 알아채지 못할 정도로 옛 모습을 그대로 고수했다. 심지어 몇 센트 단위로 떨어지던 음식 가격까지 그대로였을 정도다. 주인은 바뀌어도 이곳이 생존하는 한 역사는 계속된다.

1 | 3
2 | 4

1 • 가운데 식당
2 • 프랭크 시나트라가 가장 선호했던 자리
3 • 주 식당
4 • 바텐더 게리Gerry Biggins와
    40년간 근속해온 웨이트리스
    패트 무어Pat Moore와 함께

2019 PJ 클락스의 문을 열고 들어가면 135년 전으로 시
계를 돌린 것 같은 기분이 든다. 매우 붐비는 시간
에는 바가 제대로 보이지 않을 만큼 사람들로 가
득하다. 바 뒷벽에는 빛바랜 링컨과 케네디의 사진이 걸려 있고,
오래된 금전출납기는 냅킨 보관대로 쓰이고 있다. 바 바로 앞에 벽
면이 거울과 스테인드글라스로 장식이 된 공간 하나가 있는데, 바
로 남자 화장실이다. 프랭크 시나트라가 이 집 화장실 변기가 얼마
나 큰지 언급했을 정도로 거대 소변기가 있는 곳이다. 문이 잠깐
열렸을 때 지나가다 슬쩍 보긴 했지만, 들어가 볼 수 없으니 늘 궁
금한 부분으로 남아 있다.

또 바를 지나 식당으로 가기 전에 스테인드글라스로 된 벽이
보이는데, 그 벽과 천장이 만나는 지점을 자세히 보면 깜짝 놀랄
만한 게 하나 있다. 사람 다리뼈 두 개가 마치 벽을 지탱하듯이 그
사이에 박혀 있다. 4층 건물을 2층짜리 건물로 개조하면서 발견
된 것이라는 게 지배인의 설명이다. 아일랜드 사람들은 이것을
마치 행운의 부적처럼 여기고 있다. 이 벽을 지나면 1960년도에
살았던 이 집의 애완견 스키피가 보인다. 애완견이 죽자 손님들
이 돈을 모아 박제를 한 것이다. 스키피가 바라보는 쪽에 출입구
가 하나 더 있는데, 여성들의 정문 출입이 불가했던 초창기 시절
에 만들어졌다. 그 문에 난 구멍을 통해 여성과 아이들이 통에 맥

주를 받아가곤 했다. 지금은 그 구멍에 액자도 걸어 놓고, 그 앞에 식탁도 갖다 놓아 손님들이 식사할 수 있도록 해두었지만, 그 액자를 옆으로 살짝 밀면 구멍이 있던 자리를 볼 수 있다.

P.J 클락스는 맨해튼 내에만 지점이 두 군데 있으며, 워싱턴 D.C와 필라델피아에도 지점이 생겼다. 분위기는 물론이고 음식까지 똑같이 옮겨놨다. 하지만 뉴욕 본점만큼의 기분을 느낄 수는 없을 것이다. 아직도 이곳을 찾는 뉴욕의 셀러브리티가 많아 불시에 그들을 마주칠 수도 있는데, 시끌벅적한 군중들이 자아내는 특유의 분위기는 다른 지점에서 따라하기 힘들 것이다. 만난지 다섯 시간 만에 청혼을 받게 될지도 모른다는 엉뚱한 기대도 이곳에서만 품어볼 수 있다.

My Pick

샘플러
The Sampler, 4 Oysters, 4 Littlenecks, 4 Cherrystones, 4 Jumbo Shrimp

뉴욕 역사에서 굴을 떼어놓고 생각할 수 없다. 그래서인지 이런 펍에서도 생굴과 생조개는 쉽게 찾을 수 있다. 워낙 인기 있는 메뉴이다 보니 회전율이 빨라 신선하다. 굴 4개, 작은 대합 4개, 체리스톤 4개, 새우 4마리가 나오는 샘플러는 저녁 식사 전 애피타이저로 먹거나 안주로 곁들이기 좋다. 디럭스 메뉴를 시키면 랍스터 반쪽이 추가로 나온다. 주중 오후 3~6시 사이에는 바에서 해피아워가 진행되는데, 다른 많은 곳처럼 이곳에서도 바에 앉은 손님들만 해피아워 혜택을 받을 수 있다.

price $40.00

양상추 한 조각
Iceberg Wedge, Bacon, Tomato & Blue Cheese

전문 스테이크집에서 많이 볼 수 있는 음식으로 아삭한 맛이 살아 있는 양상추를 크게 조각내서 그 위에 바싹하게 구운 다진 베이컨과 파, 방울토마토를 올렸다. 작은 조각의 블루치즈와 드레싱이 잘 어우러진다. 크래커처럼 바싹하게 구운 빵이 함께 나온다. 가성비로 아주 좋으며 가벼운 점심으로 추천한다.

price $12.25

바싹한 감자채튀김

Crisp Parmesan Tater Tots

채썬 감자를 튀긴 후 파르미지아노 치즈 가루를 뿌렸다. 앙증맞은 무쇠 프라이팬에 나온다. 스모크 향이 나는 케첩에 찍어 먹는다. 탄수화물 메뉴가 필요할 때 좋다.

price $12.75

캐딜락

The Cadillac Double Smoked Country Bacon, Onion, American Cheese

이 집의 가장 유명한 음식으로, 한마디로 설명하면 두 번 훈제한 시골 베이컨을 얹은 더블 베이컨 치즈버거다. 냇킹 콜이 이 햄버거를 맛본 뒤 그 맛에 반해 당시 가장 좋은 차를 대표하는 자동차 브랜드명을 햄버거에 붙인 요리다. 각자 시식을 해보고, 어떤 자동차 브랜드가 떠오르는지 상상해보는 것도 재미있을 것 같다.

price $19.95

바싹한 방울양배추와 작게 부순 베이컨

Crispy Brussels Sprouts & Smoked Bacon

미니양배추 혹은 방울양배추라고 하는 브뤼셀 스프라우트로 만든 요리다. 이 집에서는 조금씩 나오는 사이드 요리를 여러 개 시켜 먹는 것이 즐거움인데, 이 메뉴도 그 즐거움 중 하나다. 채소를 좋아하는 이들이라면 반드시 반하고 말 메뉴다.

price $10.00

5

Uptown
업타운

'훈제 철갑상어의 왕'이라는
별명이 붙은
식료품점

바니 그린그래스
Barney Greengrass

Since 1908

나름 맨해튼의 이곳저곳에서 살아봤다고 자부할 수 있지만, 거
주 지역으로 가장 선호하는 곳이 어퍼 웨스트 사이드^{Upper West Side}
이다. 어느 가게에서 'Upper West Side'를 'Upper Best Side'라고
철자 하나만 바꾸어 장난한 것을 보고 적절하다고 생각했다. '어
퍼 베스트 사이드'라고 부를 만한 이유는 여러 가지다. 시작은 분
명 인공으로 조성된 공원이지만, 세월이 지나면서 아름다운 자연
풍광을 담게 된 센트럴 파크를 앞마당처럼 이용할 수 있고, 뒤쪽
으로는 쉬지 않고 흐르는 허드슨강을 따라 리버사이드 파크가 자
리 잡고 있다. 특히 밤에는 여행용 트렁크만 없다 뿐이지 휴양지

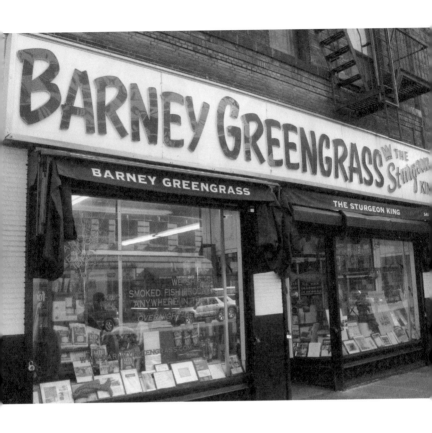

로 여행 온 듯한 기분을 만끽할 수 있다. 아마 맨해튼 안에서 공기도 가장 맑을 것이다. 공원뿐만 아니라 이곳에 있는 링컨 센터도 어퍼 웨스트 사이드를 문화적으로 빛나게 해준다. 비단 이 일대만 그렇지 않고 업타운 전역에 걸쳐 연중 내내 유·무료 행사가 끊이지 않아 축제 분위기가 느껴진다. 줄리아드 음대와 맨해튼 음악학교뿐만 아니라 주로 클래식 공연이 열리는 머킨 콘서트홀, 다양한 문화행사가 열리는 심포닉 스페이스, 새로운 스타일의 클래식 음악을 선보이는 밀러 극장, 록부터 대중음악까지 다양한 장르의 음악 공연이 펼쳐지는 비콘 시어터까지 이곳 업타운에서는 언제든지 손쉽게 보고 듣고 공유할 수 있는 마음의 양식이 흘러넘친다. 물론 몸의 양식도 얻을 수 있다. 골목마다 훌륭한 식료품점과 레스토랑이 많아 업타운에 살면 이곳을 벗어날 필요성을 느끼지 못한다.

업타운, 그 안에서도 어퍼 웨스트 사이드에 자리 잡은 바니 그린그래스는 식료품점이자 음식점이며, 식사 후 가장 행복감을 주는 식당이기도 하다. 나만 그런 기분을 느낀 것은 아니었는지, 바니 그린그래스를 두고 '우주에서 제일 맛있는 아침Best Breakfast in the Universe을 파는 곳'이라고 소개한 유명인이 있다. 안타깝지만 지금은 세상에 없는, 미국의 유명 셰프이자 방송인 앤서니 보데인Anthony Bourdain이다. 그는 자신이 진행자로 출연한 〈쿡스 투어Cook's

Tour〉 방송에서 이곳에서의 아침 식사를 그렇게 극찬했다.

한동안 식사 배달 봉사를 한 적이 있다. '밀스 온 휠스Meals on Wheels'라는 봉사단체로 미국 전역의 거동이 불편한 노인이나 환자 들에게 식사를 전달하는 것이 이 단체의 주 활동이었다. 누구나 이 봉사활동에 참여할 수 있으며 나도 친구와 함께 일요일 아침마다 식사를 나르게 되었다. 날씨가 좋을 때는 산책하는 느낌이 들 정도로 즐거웠다. 매주 다른 집을 방문하는 경우가 많았는데, 어떤 집은 아주 좋은 건물에 있기도 하고, 어떤 집은 계단으로 건물 5층을 올라가야 하고, 어떤 집은 건물 입구부터 들어서기가 꺼려질 정도로 남루하기도 했다. 식사를 받는 사람도 가지각색이었다. 대화를 중단할 수 없을 정도로 반갑게 맞아주는 사람, 무뚝뚝하거나 어이없는 행동을 하는 사람, 훅 불면 날아갈 것처럼 야윈 사람……. 삶이 고달프고 몸이 불편한 그들을 보고 나서 마음이 아팠던 적도 종종 있었다.

배달이 끝나 빈 배달 가방을 단체에 돌려주러 가는 길에 바니 그린그래스가 있었다. 가게 앞에 줄이 길지 않으면 마치 봉사활동 후의 포상처럼 바니 그린그래스에서 브런치를 먹곤 했다. 어쩌면 이 봉사활동 자체가 나에게는 '우주에서 제일 맛있는 아침'을 먹기 위한 나름의 정당화였다는 생각이 들 때도 있었다. 어떤 날은 배달 갔을 때 만난 사람들의 모습이 머리속에서 지워지지 않아 음식이 목에 막힐 때도 있었지만 말이다.

1908 1908년 세인트니콜라스가^{St Nicholas Street}와 113가가 만나는 코너에 바니 그린그래스는 첫 문을 열었다. 유대계 이민자들이 주로 거주하던 할렘 지역이었다. 가장 좋은 식료품만 팔겠다는 목표로 시작한 가게는 1929년에 지금의 자리로 이전을 했다. 단골도 함께 이곳으로 따라왔다. 시간이 지날수록 날로 명성도 높아져 1938년에 가게 내부를 확장하는 공사를 했고, 식사할 수 있는 공간도 새로 만들었다. 단골손님 중에는 태머니 홀의 지도자이며 주 상원의원인 짐 팔리 James (Jim) A. Farley도 있었다. 이 집 음식을 좋아했던 그가 '훈제 철갑상어의 왕^{the Sturgeon King}'이라는 별명을 가게에 붙여주었고, 그 이후로 지금까지 바니 그린그래스 하면 '훈제 철갑상어 왕'이라는 수식이 따르게 되었다. 물론 앞서 소개한 '러스 앤 도터스'도 '훈제 철갑상어의 여왕'이라는 별명이 있는데, 어디가 먼저인지는 좀 더 따져봐야 알 수 있을 것이다. 어쨌든 별명 덕에 더 많은 명성을 얻으면서 프랭클린 루스벨트 대통령도 백악관의 추수감사절 기념 만찬을 위해 이곳의 훈제 철갑상어를 주문하기도 했다.

창업주 바니 그린그래스를 이어 아들 모에^{Moe}가 1955년부터 운

영을 맡았고, 현재는 모에의 둘째 아들인 개리^{Gary}가 3대째 가게를 이어가고 있다. 개리는 1961년부터 아버지에게서 훈제 연어와 베이글 자르는 법을 배우기 시작했고, 1982년부터 본격적으로 운영에 뛰어들었다. 개리의 형은 할아버지와 이름이 같아 바니 그린그래스였지만 정작 사업을 물려받은 건 개리였다. 2006년에 태어난 개리의 아들 이름은 그의 아버지의 이름을 물려받아 모에 그린그래스로 지어졌다. 개리의 아버지가 쓰고 남긴 명함을 나중에 다시 쓸 수 있을 것이라고 설명했는데, 아무래도 4대째 가업이 이어질 모양이다.

지난 100년 동안 이곳을 거쳐 간 유명인들만 해도 손꼽을 수 없이 많다. 특히 영화에도 배경으로 자주 등장했는데, 2011년에 미국에서 개봉한 톰 행크스, 샌드라 불록 주연의 〈엄청나게 시끄럽고 믿을 수 없게 가까운Extremely Loud And Incredibly Close〉 영화가 기억에 남는다. 레오나르도 디카프리오와 케이트 윈즐릿 주연의 〈레볼루셔너리 로드Revolutionary Road〉도 이곳에서 촬영했으며, 〈유브 갓 메일You've Got Mail〉에서는 맥 라이언이 여기서 샌드위치를 먹는 장면이 나온다.

2019   어퍼 웨스트 사이드의 일명 '먹자거리'는 암스테르담가를 중심으로 79가와 85가까지를 아우른다. 바니 그린그래스는 이보다 한 블록 위에 떨어진 86가와 87가 사이에 있는데, 이 먹자골목이 형성되기 훨씬 전부터 이미 성업 중이었다. 철갑상어의 왕, 즉 'The Sturgeon King'이라는 문구가 차양에 크게 쓰여 있어 쉽게 찾을 수 있다. 가게 내부로 들어서면 요즘은 보기 힘든 전등갓이 없는 긴 형광등이 실내를 비추고 있다. 내부는 식품점과 음식점으로 나뉘어 있으며 꽤

많은 상품들이 천장에 닿을 듯이 가득 진열되어 있다. 오른쪽 상품진열대 앞의 2인용 테이블이 그 유명한 앤서니 보데인이 앉아서 촬영했던 자리다.

식품점과 벽 하나를 사이에 둔 식당 안으로 들어가면 뉴올리언스의 과거 모습이 그려진 벽지가 삼면에 붙어 있는데, 18세기 프랑스령이었을 때의 마을 풍경 같다. 지금 보면 약간 뜬금없어 보일지 모르지만, 도배할 당시에는 유행했던 벽지가 아니었을까 싶다.

이곳은 따로 예약을 받지 않는다. 그러니 직접 가게로 와서 먼저 흰옷을 입은 나이 지긋한 지배인에게 인원수를 알려주고 기다리면 된다. 꼭 이곳에서 먹지 않더라도 음식을 포장해 근처 공원에서 소풍 온 기분으로 먹어도 좋고, 야외 콘서트가 열릴 때 밖에서 음식을 즐겨도 좋다. 아침을 이곳에서 먹고 근처를 산책하는 것도 휴일을 보내는 좋은 방법이다. 많은 사람이 이곳의 아침을 특별히 좋아하는 이유는 따뜻한 달걀 요리와 함께 나오는 베이글 때문이다. 베이글은 따로 포장해갈 수도 있다. 각종 훈제 생선 요리들은 더 말할 필요가 없을 정도로 유명하다.

내가 워낙 좋아하다 보니 우리 집 냉장고에서 떨어질 날 없는 이 집의 메뉴 하나가 있다. 바로 '다진 닭간Chopped Chicken Liver'이다. 한때 미식 칼럼니스트들 사이에서 이 음식이 논란이 되어 '다진 간 전쟁Chopped Liver War'라는 말도 생겼더랬다. 전쟁의 시작은 《옵저

1 • 주 식당 내부

2 • 식품점 내부

3 • 주인 개리 그린그래스Gary Greengrass와 함께

버Observer》지의 칼럼니스트가 이 집의 다진 닭간 요리를 맛보고 "유대계 미국인의 문명에서 나온 최대 업적 중 하나"라고 하면서 부터였다. 곧바로《뉴욕 타임스》에서는 "뉴욕에 더 좋은 닭간 요리를 파는 곳이 있다"라며 반박했다. 사태가 치열해지자 한 유명 유대인 신문사에서 근무하던 매슈 굿맨Matthew Goodman이라는 자가 나섰다. 미식가로도 알려져 있던 그는 논란이 되는 바니 그린그 래스의 닭간을 포함해 뉴욕에서 이름값 한다는 집들의 닭간 요리를 모두 공수해 블라인드 테이스팅Blind Tasting를 진행했다. 그 테스트에서 최종 선택을 받은 최고의 닭간 요리는 바니 그린그래스의 것이었다. 그렇게 다시 명성을 되찾은 바니 그린그래스의 요리는 앤서니 보데인이 촬영을 마치고 택시를 타는 장면에서 그의 손에 들렸던 봉지 속에도 있었다.

My Pick

록스와 양파를 넣은 스크램블 달걀 요리

Lox Salty Scrambled with Eggs and Onions

록스는 연어의 뱃살 부분을 소금에 절여 숙성한 것으로 짭짤하면서 기름이 많다. 이 요리는 록스와 양파, 달걀을 넣어 스크램블로 만든 것인데, 베이글에 올려서 먹었을 때 제일 맛있다. 앤서니 보데인 셰프가 가장 좋아했던 메뉴다. 그러나 종업원의 추천에 따라 덜 짠 훈제 연어로 바꾸는 것이 더 낫다. 이 메뉴에는 베이글도 포함되어 있는데, 원하는 베이글을 주문하면 크림치즈와 버터도 함께 나온다.

price $20.00

감자채튀김

Latkes

주변 테이블을 보면 다른 손님들이 모두 튀김 한 접시를 나누어 먹고 있는 것을 보게 된다. 그 메뉴가 바로 감자를 채 썰어 만든 감자튀김이다. 같이 나오는 사워크림이나 사과소스와 함께 먹으면 더 맛있다. 먹고 싶은 만큼 개수로 시킬 수 있다.

price $2.50/개당

훈제 철갑상어와 연어 달걀 요리

Eggs With Side Of Sturgeon And Nova Scotia Salmon

이 메뉴를 주문할 때 나는 노바스코샤 연어Nova Scotia Salmon를 훈제 농어Smoked Sable로 바꿔 달라고 얘기한다. 훈제 연어는 많이 대중화되어서 여러 모임에서 전체 요리로 자주 맛볼 수 있지만, 훈제 농어는 판매하는 곳이 많지가 않기 때문이다. 또 이런 훈제 생선은 하루 판매량이 바니 그린그래스처럼 많은 곳에 가서 먹어야 신선하다. 훈제 철갑상어의 왕이라는 별명을 떠올리며 훈제 철갑상어를 먹어본다. 그저 달걀일 뿐인데, 도대체 왜 특별한 맛이 나는지 늘 궁금한 플레인 오믈렛도 추천하고 싶다. 이 메뉴에도 베이글이 같이 나오니깐 원하는 베이글을 주문하면 된다. 크림치즈와 버터가 함께 나온다.

price $28.00

파스트라미 루벤 샌드위치

Pastrami Reuben

바니 그린그래스의 생선 요리만 맛있는 건 아니다. 육류 요리 중 특히 파스트라미로 만든 루벤 샌드위치는 놓칠 수 없다. 녹아내린 스위스치즈가 호밀 빵 위에 올려 있는 사우어크라우트와 파스트라미를 이불처럼 덮고 있다. 이 샌드위치를 손으로 잡고 먹는 일은 사실상 불가능하고, 속이 삐져나오지 않도록 칼로 조심스레 썰어 먹어야 한다. 파스트라미는 앞서 소개한 캣츠 델리의 것이 더 유명하나, 파스트라미로 만든 루벤 샌드위치라면 이 집 것을 더 좋아한다.

price $21.50

생일선물로 받고 싶은
식자재가 그득한
뉴욕 최고의 식료품점

제이버스
Zabar's

Since 1934

이 책에 소개한 음식점들은 모두 100년이 넘는 역사를 자랑하고 있다. 단, 제이버스만이 2019년을 기준으로 100년에서 15년이 모자란다. 그럼에도 예외적으로 이 집을 소개하는 이유는 완전히 나의 개인적인 선택이다. 좋은 것이 있으면 주위 사람에게 꼭 알려줘야 직성이 풀리는 '오지랖'이 한몫을 했다. 또 이 책이 출간되어 15년의 세월이 흐르면 제이버스도 100년이 될 텐데, 그때까지 이 책이 많은 분께 읽혔으면 하는 바람도 작용했다.

제이버스는 미식이라면 뒤처지기 싫은 내가 뉴욕에서 가장 좋아하는 식품점이다. 한때 매 끼니를 이곳 음식으로 해결한 적도

있다. 사실 요즘 뉴욕뿐만 아니라 미 전역에 걸쳐 고급 식료품 가게들이 많아졌고 그만큼 고급 식품이 대중화되었다. 그러나 제이버스는 그보다 훨씬 오래전부터 고급 식료품들을 팔았으며, 아직도 다른 식품점과 비교해 맛과 품질이 뛰어나다. 물론, 계산대에서 받은 영수증의 총액을 확인하면 절대 싸지 않다는 걸 알 수 있다. 하지만 일단 맛을 보고 나면 그 가격이 충분히 납득된다. 나는 한때 황제 다이어트보다 더 많은 돈이 드는 다이어트를 한 적이 있다. 제이버스에서 사온 음식으로 식단을 조절한 것인데, 효과를 꽤 봤다. 연어보다 더 기름지기는 하지만 담백해서 평소 내가 제일 좋아하는 훈제 은대구를 로메인 상추 위에 얹어 먹는 다이어트를 보름간 했다. 솔직히 365일을 먹어도 질리지 않을 것 같았다. 식비 부담만 없으면 말이다. 식생활의 대부분을 제이버스에서 해결하다 보니 엥겔지수가 어마하게 올라갔지만, 어쨌든 제이버스 덕분에 매우 다양하고 맛있는 음식을 접해볼 수 있었다. 다른 지역에 사는 친척 집을 방문할 때도 제이버스에서 선물을 준비해간다. 또 한번은 제이버스에서 쇼핑을 하고 나서, 뉴욕으로 출장을 온 조카를 만나려 조카가 묵고 있는 호텔로 간 적이 있었다. 호텔 로비에서 기다리고 있는데, 한 여성이 내가 들고 있는 제이버스 쇼핑백을 힐끔힐끔 쳐다보는 것이었다. 그러더니 대뜸 "그 안에 뭐가 들었는지 모르겠지만, 그 쇼핑백 나한테 전부 팔아요"라고

1 • 매장 입구
2 • 포장 음식 진열대

묻는 것이 아닌가. 제이버스가 어떤 가게이고, 어떤 물건을 파는지 익히 알고 있던 그 여성이 부러움에서 건넨 농담이었다.

창업주인 루이스Louis와 릴리언 제이버Lillian Zabar 부부는 1934년부터 제이버스를 운영하기 시작했다. 한때는 지점을 10개까지 내면서 사업을 확장하기도 했는데, 지금은 어퍼 웨스트 사이드에 있는 제이버스만 유일하다. 루이스와 릴리언에 이어 현재는 부부의 첫째 아들 사울Saul과 둘째 스탠리Stanley가 대를 잇고 있다. 막내 아들인 이라이Eli는 제이버스와는 독립적으로 'Eli'라는 이름으로 어퍼 이스트에서 제빵공장, 식품점, 음식점 등을 운영하고 있다.

제이버스는 뉴욕은 물론이고 미국 내 다른 지점이 없다 보니 그 희소성에서 인정을 받고 있다. 물론 미국 내 배송은 가능하지만, 배송비가 싸지 않다. 식료품점 옆에는 셀프서비스로 운영되는 작은 카페가 있다. 식료품점에서 파는 음식은 한 끼 식사용으로 작게 포장되어 나오기 때문에 여기에 앉아 간편히 먹을 수 있다. 다양한 종류의 과자와 빵, 도넛도 있고 커피를 포함해 여러 음료도 판매하니 간단한 식사로도 충분하다. 아마 베이글을 먹는 사람들도 보일 것이다. 훈제 연어와 크림치즈를 올린 '록스 온 베이글Lox on Bagel'을 만들어 놓은 것이 있다. 그리고 베이글이나 빵 안에 넣어 먹을 여러 가지 샐러드를 한 끼 사이즈로 팔고 있는데, 베이글이나 빵이 같이 나온다. 계산대에서 따로 요청하면 된다.

그중 다른 곳에서는 흔히 볼 수 없는 흰살 생선 샐러드^{Whitefish Salad}를 꼭 한번 먹어보기를 추천한다. 그 외에도 각종 샌드위치를 판매한다. 특히 따뜻하게 데워주는 시실리안^{Sicilian} 피자도 추천한다. 프렌치 토스트도 맛있다. 일요일과 월요일 양일 동안에만 팔던 메뉴인데 인기가 많아져 이제는 매일 판매한다. 요즘엔 여기서 스시도 파는데, 군이 제이버스까지 와서 스시를 먹을 필요는 없을 것 같다. 제이버스에서 놓치면 안 되는 메뉴 중 하나가 오렌지주스다. 매우 신선하고 질 좋은 오렌지로 직접 만드는데 작은 병에 담아서 팔고 있다.

작은 카페라고는 하지만 제이버스를 찾는 수많은 이들이 이곳을 애용하는데, 여기에도 동네 술집처럼 단골이 있다는 것을 요즘에야 알게 되었다. 이 동네 주민들인데, 거의 매일을 이른 아침에 출근하듯 와서 간단한 아침을 즐긴다고 한다. 그들의 작은 사교모임이기도 하다.

제이버스의 식품점은 한 번의 방문으로 진가를 알기 쉽지 않다. 음식 종류가 엄청나게 방대해서 오히려 힘들 수 있다. 처음 제이버스를 방문한 친구들의 이야기를 들으면 너무 종류가 많아서 무엇을 사야 할지 모르겠다고 하나같이 같은 소리를 한다. 나도 소개할 것이 너무 많아 무엇부터 소개해야 할지 모를 정도다. 일단 작은 카페에서 나오면 바로 옆에 본 매장 입구가 있다. 입구에

1 • 카페 진열대
2 • 다양한 종류의
　샌드위치 속 재료
3 • 카페 실내
4 • 현 주인이자 창업주의
　큰아들인 사울
　제이버Saul Zabar와 함께

들어가자마자 있는 올리브 진열대부터 보는 것도 좋다. 진열된 올리브만 해도 종류가 스무 가지는 족히 넘는다. 먹고 싶은 만큼 원하는 것을 골라서 빈 포장 용기에 넣으면 된다.

치즈는 종류가 얼마나 되는지 아예 세어볼 생각을 안 하는 것이 좋다. 치즈 애호가에게는 천국과 같을 것이다. 치즈 판매대를 지나면 온갖 유제품, 각 나라의 버터와 요구르트를 진열해놓은 것도 보인다. 훈제 햄, 통닭, 오리구이 등과 같은 메뉴도 끝없이 이어진다.

이 집의 수프 판매대 앞에서는 특히 더 오래 머물게 된다. 여름에 먹을 만한 차가운 수프뿐만 아니라 오이와 요거트가 만난 '큐컴버 요거트 수프Cucumber Yogurt Soup'도 신선하다. 따뜻한 수프 종류는 열 가지가 넘는데, 크리미한 랍스터 비스크를 특히 추천한다. 이 바로 앞에는 헤아릴 수 없을 만큼 많은 다양한 조리 음식과 훈제 고기, 말린 고기를 파는 진열대가 있다. 또 그곳에서 대각선으로 반대편에 있는 훈제 생선과 캐비어 판매대도 놓칠 수 없다. 신선도를 보면 이 집의 훈제 생선이 얼마나 많이 팔렸는지를 알 수가 있다. 다만 가격이 워낙 고가라 구매할 때 가격의 단위가 1파운드1LB인지 아님 0.25파운드0.25LB인지를 잘 확인해야 한다. 훈제 생선을 주문하면 점원이 직접 손으로 잘라 포장해주는데, 훈제 연어는 얇게 잘라준다. 뒤가 투명하게 비칠 정도로 얇게 잘라야 입에 넣었을 때 살살 녹는다. 여기도 줄이 길더라도 번호표를 받고 꼭 주문해서 먹어볼 것을 추천한다. 직원 중 게리Gerry가 가장 얇고 반듯하게 잘 잘랐는데, 퇴직하고 이제는 사람이 아주 많은 휴일에만 일한다. 이미 만들어 놓은 샌드위치를 살 수도 있고 이곳에서 주문해도 된다.

지갑이 두둑하다면, 혹은 뉴욕으로의 여행을 자축한다는 의미에서 캐비어를 주문해봐도 좋을 것이다. 바로 옆 냉장고에서 캐비어의 단짝인 블리니를 구입할 수 있다. 크림치즈나 포장된 훈제 생선, 크림소스를 더한 청어절임 등도 구입해볼 만하다. 궁금하다면 유대인의 전채 요리 중 하나로 여러 생선 맛을 동시에 맛볼 수 있는 게필터 생선Gefilte fish도 조금 사서 맛을 봐도 좋다. 여러 생선을 갈아 만들어 어묵과 비슷하지만 생선살 함량이 우리의 어묵보다 훨씬 많고, 차갑게 먹는다는 점이 다르다.

설명이 끝도 없이 늘어지는 것으로 짐작할 수 있듯이 제이버스에는 여러 가지 음식이 압도될 정도로 많다. 우선 쭉 둘러보고 난 후 금방 먹을 수 있는 것들을 사서 근처 공원으로 가서 먹거나 여행 중 하루는 침대를 잔디밭 삼아 깔개를 갈고 음식들을 늘어놓고 침대 피크닉을 해보는 것도 좋겠다.

My Pick

훈제 은대구(농어)

Smoked Sablefish

연어 외에도 훈제 생선의 메뉴가 다양하게 있다. 은대구,
철갑상어, 화이트 피시, 처브, 숭어, 노란 참치, 후추 뿌린
고등어 등이다. 훈제 은대구는 가운데 가시를 중심으로
발라서 훈제한 것으로, 한쪽은 생선 껍질이며 뼈가 있었
던 살의 단면에는 파프리카 가루를 뿌려 주황색을 띤다.
훈제 연어보다 두툼하게 썬 한 조각을 입에 넣는 순간 버
터가 녹듯 입안에서 사르르 사라진다. 나의 비싼 다이어
트 음식이다.

price $19.75/0.25LB

캐비어

Cavia

큰 명절 후 가게 앞에 쌓아 놓은 빈 캐비어 깡통의 수를
보면 놀라게 된다. 그 정도로 판매량이 많다는 것은 그만
큼 캐비어의 유통기간이 짧아 신선하다는 뜻이다. 주로
서너 종류의 캐비어를 판매하고 있으며 가장 작은 사이
즈를 하나 구매해 샴페인과 함께 즐겨보는 것도 여행의
좋은 기념이 될 것이다. 다만 비싸다는 것을 기억하고 구
매하도록.

price $124.00~$150.00/50g

스트루델

Strudel

이곳에서는 다양한 재료로 속을 채운 독일과 오스트리아식 페이스트리인 스트루델을 판매한다. 크게 달지 않은 사과도 좋고, 살구와 치즈를 함께 넣은 것도 맛있다. 한 개 길이가 40cm 정도로, 반 개도 구매할 수 있다. 따뜻하게 데워 바닐라 아이스크림과 함께 먹으면 금상첨화다.

price $8.00

게필터 생선

Gefilte Fish

세 가지 생선을 익혀 갈아서 만든 것인데, 작게 자른 당근이 따로 들어가 있다. 그냥 먹어도 좋고 홀스래디쉬와 같이 먹어도 좋다. 생선 젤라틴과 같이 나오는 것이 있고 없이 나오는 것이 있다. 유대인 음식임에도 대부분의 유대인 친구들조차 표정을 찡그리는 생선 젤라틴을 좋아하는 나로서는 이것이 포함된 메뉴를 항상 고른다. 다만 이집의 생선 젤라틴만 즐겨 먹는다는 것.

price $8.98/4개

시골 햄

Country Ham

다른 곳에서는 잘 볼 수 없는 컨트리 햄도 주문해볼 만하다. 돼지 다리를 꺼내 직접 손으로 잘라주고, 0.25파운드 단위로 판매해 맛보기용으로 주문할 수도 있다. 이곳에서 파는 모든 햄과 고기 말린 것과 훈제한 것 등등은 샤퀴테리Charcuterie 종류로 만든 샌드위치로 주문할 수도 있다.

price $14.98/1LB

부록

Tourist Information
뉴욕시 관광 정보

뉴욕시 5구와 거버너스섬

뉴욕시는 미국의 50개 주의 하나인 뉴욕주에 속하며, 맨해튼, 스
태튼아일랜드, 브루클린, 퀸스 그리고 브롱크스 5개의 구로 이루
어져 있다. 이외 뉴욕시 소유의 땅으로 거버너스섬이 있다.

맨해튼 **Manhattan**

지형적으로 맨해튼은 뉴욕시 4개 구와 뉴저지주New Jersey로 에워싸인 섬이다. 북쪽으로 할렘강Harlem River이, 동쪽으로는 이스트강East River이, 서쪽으로는 허드슨강Hudson River이 흐르며, 이스트강과 허드슨강이 만나는 남쪽에 스태튼아일랜드가 있다.

행정적으로 지정해놓은 것은 아니나 보통 맨해튼을 크게 세 지역으로 나누면 남단에서부터 14가까지를 다운타운Downtown이라 하고, 14가부터 센트럴 파크가 시작되는 59가까지 미드타운Midtown, 그 위부터를 업타운Uptown이라 한다.

맨해튼은 대체로 계획된 도시이며, 주소로 거리를 찾는 원리만 알면 지도 없이도 길을 찾기 쉽다. 하지만 도시계획 이전에 맨해튼으로 건너온 유럽 이주민들에 의해 만들어진 길은 주소로만 찾기가 힘들다. 바둑판 모양의 도시계획은 1811년부터 19세기 말까지 하우스턴가Houston Street부터 남북으로 연결되는 11개의 주요 번가(애비뉴avenue)와 동서로 연결되는 221개의 가(스트리트street)로 완성되었다. 여기서 '가'는 숫자 1에서 221까지 해당되며 당연히 0 street라고 하는 지번은 없지만, 하우스턴가가 사실상 0 street에 해당된다. 6번가 서쪽 편으로 하우스턴가와 14가까지 해당되는 지역을 제외하고는 대부분이 지번으로 되어 있어 길을 찾는 데 수월한 편이다. 다만 사선으로 남북을 잇는 브로드웨이Broadway가 있다는 것을 염두에 두면 좋다.

스태튼아일랜드 Staten Island

가장 남쪽에 위치한 스태튼아일랜드로
가려면, 맨해튼과 바로 연결되는 다리가
없어 뉴저지주나 브루클린 쪽으로 우회
하거나 출퇴근용 페리를 이용해야 한다.
차를 선적할 수 있으며 선임료는 무료
다. 페리로 가는 동안 사진으로 자주 접
했던 경관들을 실제로 볼 수 있는데, 한

세기 전에 지어진 옛 고층 빌딩과 함께 다양한 구조의 최첨단 고층 빌딩들로 빼
곡한 맨해튼의 빌딩 숲과 스카이라인을 감상할 수 있다. 항로에서 서쪽으로 눈
을 돌리면 자유의 여신상도 보인다. 출퇴근 시간을 제외하면 스태튼아일랜드로
가기 위해 이 배를 타는 사람보다는 배 위에서 뉴욕 전경을 구경하려고 배를 타
는 여행객들이 더 많다. 이 배를 타려면 그 날의 일몰 시간을 먼저 알아보고, 일
몰 40분 전에 선착장에 도착하면 된다. 날씨가 좋다면 배 타는 방향에서 오른쪽
맨 위 갑판대로 올라가면 뉴욕의 장관을 가장 다채롭게 볼 수 있다. 이 관광에
서 관건은 사실 날씨다. 비가 오는지 꼭 체크하고 가자.

브루클린 Brooklyn

브루클린은 스태튼아일랜드의 북동쪽에 위치하며, 스태튼아일랜드와 베라자노
내로스교Verrazano-Narrows Bridge로 연결되어 있다. 뉴욕은 글로벌 경제와 문화예
술의 중심지로서 미국뿐만 아니라 전 세계 재능 있는 젊은이들이 꿈을 이루기
위해 모여드는 도시다. 또한 전 세계의 부유층이 모여드는 도시이기도 하다.
맨해튼의 월세가 오르면서 많은 젊은이들이 맨해튼 대신 브루클린을 선택했다.
현재는 젊은 예술가와 디자이너 들의 작업실, 유통사들의 물류창고, 그와 유관
한 산업들이 지역에 생겨나면서 개발붐이 이뤄지고 있다. 물론 20년 전부터 조

금씩 발전을 거듭해왔으나, 맨해튼으로 출퇴근하는 선박이 생기면서 강가 지역으로 더 많은 개발자원이 몰리고 있다.

짧은 여행 시간을 쪼개면서까지 많은 여행객이 브루클린을 찾는 이유는 브루클린교Brooklyn Bridge를 직접 걸어보려는 목적이 대부분일 것이다. 현재 하나의 해저터널과 세 개의 다리가 맨해튼과 브루클린을 잇고 있다. 남쪽으로부터 휴칼리터널Hugh Carley Tunnel, 브루클린교, 맨해튼교Manhattan Bridge, 윌리엄스버그교Williamsburg Bridge가 있다. 이 중에서 가장 유명한 것은 1869년에 착공해 1883년까지 총 14년에 걸쳐 완성된 브루클린교다. 뉴욕의 상징 중 하나로 꼽힌다. 중후한 석조 주탑과 그 주탑에서 다리 상판까지 연결된 케이블은 멀리서 보면 수많은 실 가락처럼 보인다. 중후한 석탑과 가는 케이블의 대조, 고전적 세부 조형물이 끊이지 않고 흘러가는 물 위에, 또 끊임없이 변하는 하늘을 배경으로 조화를 이루며 놓여 있다. 밤에 조명이 들어오면 뉴욕의 또 다른 아름다움을 감상할 수 있다.

뉴욕의 그 어떤 다리보다 브루클린교를 직접 걸어서 건너볼 것을 추천한다. 왕복해 건너는 것이 힘들면 브루클린에서 걷기 시작하는 것도 괜찮다. 보통 사람의 걸음으로 한 번 건너는 데 대략 30~40분이 걸리니까 그날의 일몰 시간을 먼저 알아보고, 일몰 시간에 다리 중간 지점에 도착하도록 시간을 조정하는 게 좋다. 물론 다리 위에서 사진 찍고, 구경하는 시간은 각자의 취향과 여건에 맞게 조정하면 된다.

퀸스 **Queens**

퀸스 서남쪽으로 브루클린이 있고, 동쪽으로는 롱아일랜드Long Island가 있다. 뉴

욕으로 이주해온 많은 한인이 처음으로 정착했던 곳이 플러싱Flushing이라는 지역인데, 퀸스에서 가장 동쪽에 있는 곳이다. 지금은 플러싱 접경이나 롱아일랜드의 베이사이드Bayside, 뉴저지주 북동쪽인 버겐카운티Bergen County로 많이들 이주해 갔는데, 한인 이민의 역사가 길어지고 이

민자의 수가 늘어나면서 미 동부 여러 곳으로 분포하여 정착하게 되었다.

퀸스에서 동부로 가면 뉴욕시는 아니나 뉴욕주에 속하는 롱아일랜드가 있다. 이름 그대로 동쪽으로 좁고 길게 뻗은 섬으로, 주택과 여름 휴양지가 많다. 롱아일랜드의 중간 부분이 포크처럼 갈라졌다고 해서 남쪽을 사우스 포크South Fork, 북쪽을 노스 포크North Fork로 부른다. 대서양을 접하고 있는 사우스 포크에는 전 세계 유명인들과 갑부들의 여름 별장이 많은데, 그중에서도 사우스 햄튼South Hampton을 중심으로 여러 고급 별장들이 밀집해 있다. 사우스 포크 동쪽 끝에 있는 몽탁Montauk이라는 마을은 해돋이 명소로 유명하다. 노스 포크에는 캘리포니아 와인만큼 유명하지 않으나 서른 곳이 넘는 와이너리가 있고, 시음 시설을 갖춘 식당도 많다. 특히 성수기 주말에는 음악 연주와 함께 야외 식당에서 식사하는 당일 와이너리 관광도 좋고, 여유가 있으면 주말여행을 해보는 것도 추천한다.

브롱크스 Bronx

뉴욕 자치구 중 가장 북쪽에 있다. 할렘강을 건너 맨해튼과, 이스트강을 건너 퀸스와 마주하고 있다. 브롱크스의 북쪽은 뉴욕주의 근교인 웨스트체스터 카운티Westchester County와 접해 있으며, 뉴욕시의 5개 자치구 중 유일하게 미국 본토와 육지로 연결되어 있다. 브롱크스 동물원Bronx Zoo과 브롱크스 식물원Bronx

Botanical Garden이 이 지역의 볼거리다. 여행을 왔다면 브롱크스의 리틀 이태리Little Italy라 불리는 '아서 애비뉴Arthur Avenue'도 그냥 지나칠 수 없다. 전통적으로 이탈리아 문화가 강세였던 이곳은 지금도 이탤리언 음식점과 식료품점, 상가 들이 즐비한데, 이곳에서 파스타를

먹고 천장에 걸린 소시지나 모차렐라 치즈를 사와도 좋다. 최근에는 영화 〈조커The Jocker〉의 주인공이 춤을 추며 내려온 브롱크스의 계단이 관광명소가 되고 있다. 야구를 좋아한다면 뉴욕 양키스 경기 관람도 해볼 만하다.

거버너스섬 **Governors Island**

1613년 여름, 네덜란드 선박인 존 토비아스Jonge Tobias 호가 거버너스섬에 도착했다. 포르투갈계 아버지와 아프리카계 어머니 사이에서 태어나 라틴계 이름을 가진 흑인 얀 호드리게스Jan Rodrigues가 섬에 혼자 남아 정착하게 되었다. 북미 원주민을 제외하면 최초의 뉴요커New Yorker인 셈

이다. 함께 온 사람들과 돌아가지 않고 홀로 섬에 남은 이유에 대해서는 정확히 알려진 바 없지만, 선원들과의 갈등으로 인해 선장으로부터 퇴선 명령을 당한 것으로 추정된다. 이후 이 섬을 뉴네덜란드New Netherland로 개척하기 위해 네덜란드 출신의 30가구가 이곳에 더 유입된다.

여의도의 사 분의 일 크기인 거버너스섬은 맨해튼의 남쪽과 브루클린의 서쪽에 있는데, 현재 이 섬과 연결된 육로는 없어서 배로만 이동할 수 있다. 현재 섬 남

쪽 땅은 매립공사를 통해 면적이 두 배 확장되었는데, 1911년 맨해튼의 렉싱턴 애비뉴Lexington Avenue 지하철 공사 때 파낸 흙도 여기에 쓰였다.

거버너스섬은 미연방 정부 관할지로 약 200년 동안 해양경비대가 주둔해 있다가 2003년 뉴욕시 정부가 1달러에 섬을 인수했다. 그 후로 매년 5월 1일부터 10월 31일까지 일반인에게도 섬을 개방, 무료 여객선을 제공하고 있다. 음악회, 무용, 옥외 미술품 전시, 야외 무료 영화 상영 등 많은 행사가 열린다. 이 시기에 뉴욕을 방문한다면 이 섬에 한번 가보는 것도 색다른 경험이 될 것이다.

매년 6월과 8월에는 재즈 정원 파티Jazz Age in Lawn Party가 열리는데 여기도 가볼 만하다. 재즈의 시대라고 하는 1920~30년대 분위기를 재현했다. 연주자들은 하얀 셔츠를 입고, 여기에 멜빵, 나비넥타이, 창이 짧은 흰 밀짚모자로 그 시절을 떠올리게 했다. 포마드를 발라 기름진 곱슬머리를 한 지휘자와 그 당시 할리우드 영화에서 봄 직한 반짝이는 복장을 한 여성 무용수들의 공연도 볼 수 있다.

갑자기 과거로 돌아가는 영화 속 주인공이 된 것 같은 착각을 불러일으키는 이 파티의 또 다른 묘미는 관객들의 의상이다. 〈위대한 개츠비〉에서 본 듯한 장면이 끝없이 펼쳐진다. 무릎까지 오는 짧은 바지인 니커 팬츠Knicker Pants를 입고 멜빵을 맨 남자들도 눈에 자주 띈다. 1920년대 복장이나 행동 등에서 관습을 깨뜨린 신여성을 플래퍼Flapper라 불렀는데, 짧은 단발에 새털 혹은 구슬로 장식한 플래퍼 스타일의 여성들도 볼 수 있다. 그 시대를 재현하는 다양한 의상과 장식들을 보는 것만으로도 눈을 어디에 두어야 할지 모를 정도다.

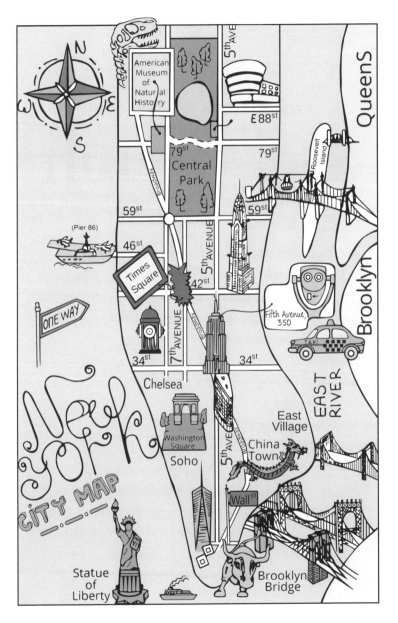

American Museum of Natural History

5th Ave

E 88st

N

S

Queens

79st

79st

Roosevelt Island

Central Park

(Pier 86)

59st

59st

5th AVENUE

Broadway

46st

Times Square

42st

ONE WAY

34st

7th AVENUE

Broadway

34st

Chelsea

Fifth Avenue, 350

TAXI

EAST RIVER

Brooklyn

New York

CITY MAP

Washington Square

Soho

5th AVE

Broadway

China Town

East Village

Wall st

Statue of Liberty

Brooklyn Bridge

1

금융가, 차이나타운, 리틀 이태리

뉴욕의 중심이 되는 맨해튼에서도 특히 남쪽은 미 대륙 발견과 밀접한 곳으로 과거와 현재가 공존하는 곳이다. 뉴욕 경제의 중심이며, 월가, 뉴욕증권거래소 등이 위치한다. 14가 이남 맨해튼 남쪽을 로어 맨해튼Lower Manhattan 혹은 다운 타운Down Town이라 부른다. 뉴욕 이민 초반기부터 형성되었던 터라 역사가 오래 된 업소들이 가장 많이 위치해 있다.

로어 맨해튼의 남쪽으로 금융가와 북동쪽으로 사우스가 항구 지역이 있다. 금 융가 북쪽으로 가다 보면 뉴욕시청과 법원들이 나오고 북동쪽으로 조금 더 올 라가면 차이나타운과 리틀 이태리로 이어진다. 캐널가Canal Street 북동쪽 끝에 있 는 곳이 로어 이스트 사이드Lower East Side이다. 그리고 로어 이스트 사이드에서 서쪽으로 소호Soho 지역이 있다. 그리고 로어 이스트 사이드와 소호 사이에 노 리타Nolita라는 지역이 새로 형성되었다. 또 소호에서 서쪽으로 가면 뉴욕의 여 느 광장보다는 덜 알려진 허드슨 스퀘어가 있다. 이곳에서 캐널가 남쪽으로, 금 융가에서 북서쪽으로 트라이베카TriBeCa가 있다. 허드슨 스퀘어에서 하우스턴가 북쪽으로 그리니치 빌리지Greenwich Village가 있으며, 그중 서쪽 지역을 웨스트 빌리지West Village로 나누기도 한다. 그리니치 빌리지에서 동쪽은 이스트 빌리지 East Village이다. 이 작은 지역들을 다 합해 로어 맨해튼 혹은 다운타운이라 한다.

금융가 **The Financial District**

세계 금융시장의 중심으로 세계 제일의 규모를 자랑하는 뉴욕증권거래소를 비롯해 주요 주식시장과 현물시장이 집중되어 있으며, 전 세계 금융과 관련된 대형 증권회사와 은행이 모여 있다. 9 · 11 테러 후에 증권거래소 내부 관람은 더 이상 허용되지 않지만, 금융가 볼링 그린Bowling Green에 있는 황소상은 월가의 상징으로 많은 관광객이 찾는 명물이 되었다. 이곳 황소상에는 월가 황소Wall Street Bull, 돌진하는 황소Charging Bull, 볼링 그린 황소Bowling Green Bull 등의 여러 이름이 있다.

자유의 여신상을 보려면 스태튼아일랜드 페리를 타거나 선착장 옆에 있는 배터리 파크Battery Park로 가면 된다. 여건이 되면 배터리 파크와 연결된 강변 산책로도 꼭 걸어볼 것을 추천한다. 주거용 고층 건물과 금융회사가 있는 배터리 파크 시티Battery Park City와도 연결된다. 이곳은 테러로 붕괴된 쌍둥이 빌딩을 정비할 때 퍼낸 흙으로 만든 매립지대다.

9 · 11 참사 이후 희생자를 잊지 않기 위해 지어진 '프리덤 타워Freedom Tower'의 '원 월드 전망대One World Observatory'도 추천한다. 뉴욕시의 지리와 역사를 훑어볼 기회가 될 것이다. 동쪽으로는 허드슨강과 서쪽으로는 이스트강이 맨해튼을 에워싸고 흐르는 모습과 양옆으로 뉴저지와 브루클린, 두 강이 만나는 지점에서 스태튼아일랜드, 또 그보다 작은 거버너스섬을 찾아본다. 뉴욕의 전망대 중에서 가장 추천하며, 전망대를 올라가는 승강기 안에서부터 볼 것이 시작되므로 되도록 승강기 가운데 서는 것을 추천한다.

금융가에서 놓칠 수 없는 곳이 또 하나 있다. 하늘을 향해 날개를 편 새의 모습을 연상시키는 조각물처럼 생긴 큰 건물이다. 오큘러스The Oculus라 불리는 이 건축물은 9 · 11 테러 현장 부지에 스페인 건축가인 산티아고 칼라트라바Santiago Calatrava가 설계한, 뉴욕과 뉴저지를 연결하는 월드트레이드센터역World Trade Center Station(PATH)으로 교통의 허브 역할을 한다. 오큘러스 안에는 카페, 식당, 의류 판매장 등의 다양한 매장들이 입점해 있다. 지하로는 배터리 파크 시티의 겨울 정원Winter Garden과도 연결된다. 외관상으로는 별 기대가 없을 수 있으나 실내로 들어섰을 때 입을 다물지 못할 정도의 광대한 자연광과 가슴이 탁 터지는 듯한 시원한 입체 공간을 감상할 수 있다.

사우스가 항구 South Street Seaport

이스트강가 쪽으로 가면 아마도 뉴욕에서 가장 오래된 유서 깊은 건물들이 모여 있는 사우스가 항구 지역이 나온다. 옛날에 지어진 건물들이라 규모는 크지 않다.

사우스가 항구 지역을 금융가로 포함시키는 이들도 있다. 1625년 이곳에 선착장이 생기면서 왕성한 상업 교류가 이루어졌다. 그와 동시에 무법 시대에는 바다의 해적, 강의 해적 등 많은 해상 범죄가 성행했다고 한다. 브롱크스로 이전하기 전인 2005년까지만 해도 이 지역에 해산물 도매업이 있었다. 지금도 오래된 항구였던 것을 증명하듯 항구 주변 커다란 돛배들이 정박해 있다.

뉴욕시청사 New York City Hall

금융가에서 브로드웨이를 따라 북쪽으로 올라가면, 뉴욕시청 공원이 나온다. 이 공원 안에 뉴욕시청사가 자리 잡고 있다. 시청 건물을 둘러싼 공원 내에는 둥그런 모양의 낮은 석조 분수대가 있고, 그 주변에는 신데렐라 영화에서 나올 법한 가로등이 보인다. 아직도 가스로 점화되는 등이라서 불꽃의 움직임이 매우 섬세하며, 특히 여름밤에는 분수대 물줄기 소리에 맞추어 움직이는 것처럼 보인다. 날씨가 좋은 밤에 이곳에서 사랑스러운 연인이 되어보는 것도 좋겠다.

시청 공원 안에서 북쪽으로 가면 1803년에 착공해 1812년에 완성된 뉴욕시청사가 있고, 시청사 주변으로 여러 연방 주정부 및 시정부 관련 부서들이 들어선 건물들이 있다. 동쪽으로 가면 도보로 연결된 브루클린교가 나온다. 시청의 오른쪽으로 난 파크로우가Park Row Street로 걸어가면 센터가Center Street로 이어지고, 또다시 라파예트가Lafayette Street로 갈라지면서 가슴이 확 트이는 넓은 광장이 나온다. 유난히 높은 빌딩 숲 사이에 있는 뉴욕의 교차로는 순간적으로 하늘이 드러나는 '하늘의 오아시스' 같다. 이 광장에는 검은색 조각이 있는 원형 분수대인 폴리 스퀘어Foley Square가 있다. 광장 주변으로 유럽에서 흔히 볼 수 있는 그리스 신전 같은 건물이 있는데, 뉴욕주 대법원과 뉴욕시 법원 청사로 쓰이는 건물이다. 이곳을 배경으로 사진을 한번 찍으면 아주 잘 나온다.

차이나타운 China Town

다섯 개의 길이 만나면서 생긴 열린 공간을 '파이브 포인츠5 Points'라 하는데, 초창기 뉴욕 이주민들의 처절한 삶이 배어 있는 곳이기도 하다. 그때의 흔적을 더이상 찾아볼 수 없는 지금은 그 자리를 중국인들이 채우고 있다. 콜럼버스 공원Columbus Park을 지나면 차이나타운이 나온다. 셀 수 없을 정도로 많은 가게가 즐비해 있다. 차이나타운에 있는 모든 중국음식점에서 한 번씩은 직접 먹어보겠노라 마음먹어본 적도 있지만, 터무니없는 목표였다. 흰색 테이블보와 깨끗한 냅킨으로 차려진 포멀한 음식점부터 만두 한 접시에 1달러를 받는 음식점까지 다양하고 저렴한 식당들이 밀집한 동네다.

이제는 중국인들이 보워리가Bowery Street 동쪽이나 퀸스로 많이 이주했지만 재래시장 느낌의 차이나타운은 여전하다. 물론 현대적인 대형 식품점도 많이 생겼다. 꼭 중국 식자재가 아니더라도 차이나타운 식품점에서는 고기, 생선, 채소, 과일이 다른 곳보다 훨씬 저렴하고 구색도 다양하다. 이전에는 온갖 잡화와 가짜 명품의 온상이었지만 최근에는 경찰의 단속으로 많이 줄었다. 아직도 사진을 보여주며 유혹하는 길거리 상인을 종종 볼 수 있지만 말이다.

리틀 이태리 Little Italy

이탈리아 출신의 사람들이 많이 모여 살아 리틀 이태리라는 별칭이 붙은 곳이지만, 지금은 타이니 이태리Tiny Italy라 불러야 할 정도로 입지가 작아졌다. 지금의 리틀 이태리는 아래로는 캐널가에서부터 위로는 브룸가Broom Street까지 해당되며, 동서로는 기준이 좀 모호하다. 멀베리가Mulberry Street 양쪽으로 주로 분포되어 있고, 1890년경에는 미국으로 이주해온 이탈리아인 절반 이상이 이 지역에 거주하며 상권을 이뤘으나, 현재 이곳 가게들은 리틀 이태리라는 이름에 기대 간신히 명맥을 이어나가고 있다. 이탤리언 음식점, 디저트 가게, 카페 밀집도가 높은 지역이자 관광지다.

초창기 이탈리아 이민자 중 나폴리 출신이 가장 많았는데, 그래서 나폴리의 수호성인인 산 제나로San Gennaro(혹은 성 야누아리오St Januarius)의 기념일인 9월 19일을 기준으로 약 11일 동안 '산 제나로 축제Fest of San Gennaro'가 진행된다. 1926년부터 이어져 온 종교행사다. 축제 기간에는 길 곳곳을 이탈리아 국기 색으로 장식하고, 이탈리아 음식과 제품을 파는 노점들이 거리를 메운다. 북적이는 인파에 몸을 맡기고 무엇을 먹을지 고민하며 여기저기를 기웃거리는 재미가 있는 축제다.

2

로어 이스트, 노리타, 소호

어느 도시나 마찬가지지만, 뉴욕의 젊은이들이 모이는 장소는 시대에 따라 변한다. 내가 처음 미국에 왔을 때만 해도 커피전문점은 흔하지 않았다. 뉴욕대학교가 있는 그리니치 빌리지 근처에 몇 군데 있을 정도였다. 그보다는 라이브 음악을 들을 수 있는 술집이 더 흔했다. 더군다나 블리커가Bleecker Street는 미국 록 음악의 전설들이 무명의 시절을 보냈던 곳이기도 하다. 큰 대로인 하우스턴가 남쪽 지역은 싸구려 의류 소매점만이 있던 동네다. 그 동네 건물은 저렴한 월세를 찾아다니는 예술가들의 보금자리였다. 바로 그 지역이 그 유명한 소호Soho다. 소호는 '하우스턴가의 남쪽South of Houston Street'의 앞 두 글자에서 나온 이름이다.

소호를 중심으로 큰 공간이 필요한 화랑이 하나둘 생기게 되었다. 화랑 덕에 멋진 음식점과 술집 들이 들어섰고, 그곳을 중심으로 자연스럽게 철새처럼 돌아다니는 젊은 뉴요커들이 몰려들었다. 하지만 소호의 인기는 급격한 임대료 상승을 불러왔고, 이를 감당할 수 없는 기존 예술가와 상인 들은 이곳을 떠났다. 그 자리에 유명 브랜드의 매장들이 들어오면서 관광객들을 끌어모으기 시작했다.

비싼 임대료 때문에 소호를 떠날 수밖에 없었던 가게들은 소호의 동쪽 지역으로 밀려났고, 이곳에서 새로운 상권을 형성해갔다. 이곳을 '노리타Nolita'라고 부른다. 여기서 동쪽으로 더 가면 로어 이스트 사이드가 나온다. 요즘 젊은 뉴요커들이 찾는 동네다. 로어 이스트 사이드는 지하철역이 많지 않아서 대중교통으로 쉽게 갈 수는 없다. 어떻게 보면 대중교통이 불편했기 때문에 옛 모습이 오래 보존될 수 있지 않았을까 한다. 하지만 요즘은 새로운 교통수단인 우버Uber나 리프트Lyft 등이 생기면서 이곳에도 많은 변화가 생기고 있다.

로어 이스트 사이드 Lower East Side

지명에서 대략적인 위치를 가늠해볼 수 있다. 로어 이스트 사이드 지역의 가장 남단에는 캐널가가 있고, 차이나타운이 바로 옆에 있다. 하지만 지역 경계선도 세월에 따라 조금씩 바뀌면서 현재는 남쪽 브루클린교가 있는 길 위까지를 두루 포함하게 되었다. 그리 크지 않았던 차이나타운이 점점 상업화되면서 중국계 이민자들의 거주지도 캐널가까지 확장되었고, 현재는 북쪽으로 확장되고 있다.

로어 이스트 사이드에서 자주 등장하는 도로명인 Houston Street의 'Houston'을 '휴스턴'으로 발음하면 잘 알아듣지 못할 것이다. 어느 한 정치인의 이름에서 유래된 도로명인데, 뉴요커들은 이를 꼭 '하우스턴'으로 발음한다. 하루 만에 뉴요커인 척할 수 있는 가장 쉬운 방법이다.

1600년경 유럽인이 처음 로어 이스트 사이드에 왔을 땐 이곳은 비옥한 토지에 나무가 무성했고, 야생 동물도 많이 살고 있는 곳이었다고 한다. 정착하기에 좋은 조건이다 보니 이곳을 중심으로 많은 농장이 자리를 잡았고, 자연스럽게 다양한 민족이 앞다투어 이곳으로 이주해와서 새로운 삶을 시작했다. 그중 19세기 중반에는 독일인과 독일계 유대인 들이 많이 몰려들었다. 독일 혁명으로 인해 정치적으로 망명했거나 새로운 삶을 개척하려는 이들이었다. 그래서 당시 이곳을 '클라인 도이칠란트Kleindeutschland', 즉 '리틀 저매니Little Germany'로 부르기도 했다.

지금은 잊혔지만, 뉴욕에서 일어난 대형 참사 중 하나가 독일 이민자와 관련된 사건이다. 1904년 6월 15일 1천여 명이 넘는 독일인들이 사망한 대참사였는데, 그들 대부분이 지역 독일인 교회 신도들이었다. 교회에서 제너럴 슬로컴General Slocum이라는 증기 여객선을 전세 내어 소풍을 즐기다가 참화를 당했다. 이스트 강을 항해하던 배에서 갑작스러운 화재가 발생했는데 이에 제너럴 슬로컴은 맨해튼 선착장에 정박을 시도하려 했다. 선착장의 나무와 기름 탱크에 불이 옮겨붙을까 봐 우왕좌왕하는 사이 결국 배가 전복되고 말았다. 이 사고는 결국 1,021명으로 추정되는 희생자를 낸 대참사로 기록됐다. 희생자 대부분이 리틀 저매니에 거주하던 독일인 이민자들이어서 참사를 겪은 유족들은 이곳을 떠나게 되었다. 지금은 뉴요커들도 이 지역이 한때 '클라인 도이칠란트'로 불렸다는 사실조차 모를 정도로 역사 속에 묻히고 만 사건이다.

로어 이스트 사이드는 뉴욕의 유대인 이민 역사에서도 빼놓을 수 없는 지역이기도 하다. 미국 각지에 사는 많은 유대인의 조상들이 미 대륙에서의 삶을 처음으로 시작한 곳이다. 1910년경, 로어 이스트 사이드의 인구수는 50만 명에 육박할 정도로 미국에서 인구밀도가 가장 높았다. 당시 그들이 거주하는 건물에는 상수도 시설과 중앙난방 시설이 없었고, 뉴욕시 화재의 절반은 로어 이스트 사이드에서 발생했다. 대부분 9평짜리 작은 집에서 약 10명의 식구가 살았다. 이렇게 많은 이민자가 한정된 지역에 정착하다 보니 생활환경은 열악했다. 하지만 종교적 탄압을 받았던 이들이 미국에서만큼은 자유롭게 자신들의 종교를 믿을 수 있다는 희망으로 살았다. 로어 이스트 사이드는 자연스럽게 '유대인의 빈민가'로 불리게 되었다.

이렇게 사람이 모여 살다 보니 이탈리아 마피아처럼 유대인 마피아 혹은 '코셔 마피아Kosher Mafia'도 생겨났다. 그래서 이 지역에는 두 가지 독특한 갱스터 투어가 있다. 하나는 유대인 마피아 투어와 이탈리언 마피아 투어다. 역사를 좋아한다면 흥미로운 관광이 될 것이다. '뉴욕 갱스터 투어'를 검색하면 정보를 찾을 수 있다.

소호 Soho

소호의 거리는 지번이 아니라 도로명으로 표시되는데, 이것으로도 이 지역이 뉴욕에서 꽤 오래된 동네라는 걸 알 수 있다. 소호는 하우스턴가의 남쪽South of Houston Street이라는 명칭에서 유추할 수 있듯이 하우스턴가 남쪽에서 캐널가까지 해당되는 지역이다.

소호를 돌아다니다 보면 독특한 구조의 건물들을 종종 보게 된다. 건물 정중앙에 출입구가 있고, 제일 위층에는 주철로 주물을 떠서 만든 그리스 신전 형태의 기둥 장식이 있는데, 캐스트 아이언Cast Iron 건물이다. 소호 지역 26개의 길에는 약 500개의 캐스트 아이언 건물들이 정교함을 자랑하고 있다. 벨지안 블록Belgian Block이라는 울퉁불퉁한 돌이 깔린 차도도 이곳의 특징이다.

원래는 초목지였던 소호는 도시의 인구가 급증하면서 빠르게 도시화되었다. 그러면서 주거지는 더욱 업타운 쪽으로 이동했고, 소호를 중심으로는 직물 및 봉제 공장, 의류 판매업이 성장했다. 그 결과 상대적으로 건축 비용이 적게 드는 캐스트 아이언 건물들이 산업용으로 지어지기 시작했는데, 2차 세계대전을 겪으면서 많은 건물이 방치되거나 버려졌고, 이에 도시도 쇠락하기 시작했다. 비어 있는 캐스트 아이언 건물에 다시 생기를 불어넣은 건 가난한 예술가들이었다. 상업용 건물을 주거용으로 사용하는 것은 불법이었지만, 건물주의 묵인하에 저렴한 월세와 높은 천장에 매력을 느낀 예술가들이 작업실 겸 주거 공간으로 버려진 건물들을 활용하기 시작했다. 이때부터 주거 공간과 작업 공간이 함께 있는 이러한 공간 형태를 아티스트의 로프트Artist's Loft로 부르게 되었다.

앤디 워홀Andy Warhol, 필립 글래스Philip Glass, 트와일라 타프Twyla Tharp, 장 미셸 바스키아Jean Michel Basquiat, 데이비드 보위David Bowie와 같은 예술가들이 힘든 시절을 이 지역에서 버텼다. 최근에는 젠트리피케이션이 진행되어 '세계 예술의 전당'은 역사로만 남았고, 지금은 관광객을 불러들이는 '세계 명품의 전당'으로 바뀌었다.

허드슨 스퀘어 **Hudson Square**

소호의 경계를 허드슨강까지로 본다면 허드슨 스퀘어도 소호에 포함되는 지역이다. 뉴요커들에게는 근처 다른 유명 지역에 가려져 쉽게 회자되지 않는 동네이기도 하다. 뉴욕은 정말 숨을 쉬는 것처럼 걷는 게 자연스러운 도시이지만, 허드슨 스퀘어에서 남쪽 트라이베카로 가는 길은 뉴저지와 연결된 홀랜드 해저터널Holland Tunnel로 진입하는 트럭 등의 차량이 많아 걷기가 어렵다. 바릭가Varick Street를 지나서야 걷기가 괜찮아진다. 뉴요커가 이 지역을 간간이 방문하는 이유는 인디 영화를 상영하는 필름 포럼이 여기에 있기 때문이다. 라이브 음악 연주를 들으며 춤을 출 수 있는 '사운드 오브 브라질Sound of Brazil, SOB'과 비교적 최근에 생긴 라이브 음악 와인 바 '시티 와이너리City Winery'도 가볼 만하다.

트라이베카 **TriBeCa**

허드슨 스퀘어에서 남쪽으로, 금융가에서 북서쪽으로 트라이베카가 있다. 트라이베카는 '트라이앵글 빌로우 캐널 스트리트Triangle Below Canal Street'의 줄임말로 과거에는 이곳이 뉴저지에서 배로 건너오는 각종 식료품 도매로, 이후에는 직물 도매업으로 번성했던 곳이다. 트라이베카 안에서도, 특히 강가 쪽에 있는 옛 건물들을 보면 특징이 하나 있다. 하나같이 건물 안으로 들어가기 위해서는 네다섯 개의 계단을 올라가야 출입문이 나온다. 건물 대부분이 창고로 쓰여서 트럭에 실린 물건을 아래로 내리는 수고를 덜기 위해 트럭과 같은 높이로 입구가 만들어졌기 때문이다.

1960년경에는 식료품 도매업이 브롱크스의 헌츠 포인트 시장Hunts Point Market으로 이전하면서 이 지역의 도매업 수요가 줄어들었다. 저렴한 월세와 큰 공간을 선호하는 예술가들이 빈 창고를 작업실 겸 주거 공간으로 사용하기 위해 모이기 시작했다. 소호보다도 공간 면적이 넓고, 월세가 더 저렴했기 때문이다. 1980년쯤부터는 서서히 주거 지역으로 변모했다. 그 당시만 해도 건물과 동네가 너무 휑해서 이런 곳에서 어떻게 살 수 있을지 의아해했는데, 지금은 로프트 아파트먼트Loft Apartment 개발업자들이 달려들어 맨해튼의 내로라하는 고급 로프트 아파트먼트 지역이 되었다. 업타운에 있는 주거지가 천편일률적인 것에 반해 트라이베카의 로프트 아파트먼트는 뉴욕의 부유한 젊은 가족의 주거지로 선호도가 높다. 금융 회사인 시티그룹이 트라이베카로 들어오고, 주위에 유명한 맛집과 고급 호텔도 생겼다.

2001년 9 · 11 테러 이후 소매업이 잠시 주춤했지만, 지역에 활기를 되찾자는 취지로 로버트 드니로가 2002년에 시작한 '트라이베카 영화제Tribeca Film Festival'가 이곳에서 매년 성황리에 열리고 있다. 또한 우리나라 셰프가 운영하는 미슐랭 가이드 2스타 레스토랑인 '정식Jungsik'도 이곳에 있다. 트라이베카의 유명세와 어울리게 메릴 스트립, 저스틴 팀버레이크도 이곳에 산다.

3

웨스트 빌리지,
그리니치 빌리지, 이스트 빌리지

그리니치 빌리지Greenwich Village와 이스트 빌리지East Village의 최남단은 하우스턴 가이며, 최북단은 14가다. 동쪽으로는 브로드웨이에서부터 허드슨강까지의 지역이 그리니치 빌리지에 속하는데, 뉴욕에서는 '더 빌리지The Village'로 불리기도 한다. 그리니치 빌리지 안에서도 서쪽을 웨스트 빌리지West Village로 부른다.

뉴욕에서 산 지가 꽤 되었는데도 웨스트 빌리지에서는 종종 길을 헤맨다. 누군가가 그리니치 빌리지를 두고 프랑스 파리의 실패한 모방품이라고 말하는 걸 들은 적이 있다. 지도를 안 보면 십중팔구 길을 헤매게 되는 파리도 좋아하지만, 생각지도 못했던 길이 자꾸만 튀어나오는 웨스트 빌리지도 좋다.

그리니치 빌리지 Greenwich Village

16세기경 그리니치 빌리지는 늪지대였다. 1630년대에는 네덜란드인들이 건너와 농사를 짓고, 목장을 만들었다. 노예 신분에서 자유로워진 아프리카인들도 이곳으로 이주해 농사를 지으며 정착하게 되었다. 영국인이 점령하면서 이곳을 작은 촌락이라는 뜻의 'Grin'wich'로 부르기로 했다는 기록이 있다.

이후 그리니치 빌리지는 많은 질곡의 세월을 거치며 역사를 항해해왔다. 1950

년대에는 8가에 있는 갤러리, 맥두걸가McDougal Street의 커피하우스, 블리커가 1층에 있는 극장을 중심으로 비트 문화Beat Movement의 성지가 되었다. 비트 문화는 2차 세계대전 이후 현대 산업 사회를 부정하고 기존의 질서와 도덕을 거부하는 방랑적 문학 예술가 세대가 시작한 문학 운동이다. 1950년 내내 그들의 많은 작품이 출판되며 대중화되었다. 비트 문화의 핵심은 표준 서사 가치를 거부하고 영적 탐구, 동양 종교 탐구, 유물론의 거부, 인간 상태의 명시적인 묘사, 환각제의 실험, 성적 자유와 탐험 등이다. 이 문화의 일부는 히피 문화로 변모해 나타나게 된다.

문학뿐만 아니라 음악적인 영감도 그리니치 빌리지에서 무르익었다. 1950~70년 사이에는 재즈 블루스, R&B, 로큰롤, 포크 뮤직 등 다양한 장르의 음악 공연이 열렸고, 즉흥 연주를 하는 밥 딜런과 지미 헨드릭스도 볼 수 있었다. 특히 1960년대에는 베트남전과 쿠바 미사일 위기가 고조되면서 반전을 주장하는 평화주의자들이 연주하는 포크 뮤직의 모태가 되기도 했다. 이처럼 그리니치 빌리지는 미국 음악사에 있어 혁명적인 운동의 중심이었다.

처음 뉴욕으로 왔을 때, 동성애자들이 주로 가는 술집에 미국인 친구와 함께 가본 적이 있다. 크리스토퍼가Christopher Street에 있는 작은 가게였는데, 게이들이 찾는 술집이라 온통 남성 사진들만 붙어 있었던 기억이 난다. 1960년대부터 웨스트 빌리지의 중심인 크리스토퍼가를 중심으로 동성애자 커뮤니티와 상권이 형성된 후 동성애자의 권리를 찾기 위한 전 세계적 운동이 이곳을 중심으로 이뤄졌다. 1969년에는 동성애자들의 성지로 유명한 술집 '스톤월 인The Stonewall Inn'에서 폭동이 일어났다. 경찰과 후원자 사이에서 일어난 대결로 동성애자 해방운동의 시발점으로 평가되는 사건이었다. 그 이후에도 그리니치 빌리지는 1970년대 반전 시위자들의 집회 장소가 됐고, 1980년대에는 후천성면역결핍증(에이즈)과 관련된 활동이 활발했다.

뉴욕은 전 세계 문화의 중심부로 자리 잡았고 창작의 도시로도 유명했다. 특히 그리니치 빌리지에 작가, 시인, 음악가, 화가, 무용가 등의 예술가들이 모여들었고, 그들로부터 잉태된 작품은 공연장, 화랑, 소설 및 시 낭송회 등의 다양한 방식으로 대중과 소통했다. 창작가들은 그리니치 빌리지에서 서로 교감을 나누며 성장했고, 사교도 이어갔다. 손에 꼽을 수 없을 만큼 많은 유명인이 이곳에서 무명시절을 보냈다. 그들이 무명이었던 당시만 해도 그리니치 빌리지 역시 지금처럼 부동산 가격이 높지 않을 때였다. 지금은 '꿈'만 있는 젊은이들이 모이기에 너무 비싼 동네가 되어, 부와 명성을 얻고 나서야 올 수 있는 지역이 되었다. 혹시 그리니치 빌리지를 지나다니다 익숙한 얼굴을 발견한다면 유명인일 거라고 생각하면 된다.

워싱턴 스퀘어 **Washington Square**

그리니치 빌리지에서 빼놓을 수 없는 곳이 워싱턴 스퀘어다. 날씨 좋은 날은 그저 돌아다니는 것만으로도 만족스럽다. 특별히 입장권도 필요 없고, 식사나 음료를 주문하지 않아도 어디선가 들려오는 각양각색의 음악 공연이나 웃음을 자아내게 해주는 공연을 심심치 않게 볼 수 있다. '코미디 셀러Comedy Cellar', '카페 와Café Wah', '블루 노트Blue Note', '라 란테르나 디 피토리오La Lanterna di Vittorio' 등이 가볼 만한 명소다.

이스트 빌리지 **East Village**

그리니치 빌리지를 가운데 놓고 웨스트 빌리지와 이스트 빌리지로 나뉜다. 웨스트 빌리지에 비하면 이스트 빌리지는 여기저기 부서진 곳을 고치지 않은 건물과 재활용품을 활용해 장식한 정원들이 있는 동네다. 작은 규모의 가게가 줄지어 있는 것이 마구 엉킨 실타래처럼 느껴지는 동네이기도 하다. 나는 이곳을 '요지경'이라고 표현한다. 재미있는 일도 많고, 발굴하고 싶은 보물도 많다는 뜻까지 포함하는 말이다. 이스트 빌리지를 칭하는 말 중에 '알파벳 시티Alphabet City'

라는 표현도 있다. 이스트 빌리지 안에만 있는 남북으로 놓인 도로명(애비뉴)이 A, B, C, D로 되어 있어서 생긴 별칭이다.

분위기는 좀 험악해도 이스트 빌리지에서는 자유분방한 예술가들의 실험적이고 혁신적인 작품들을 자주 만날 수 있다. 이민 초창기엔 연예계 인맥들의 집성지였으나 이후에는 술주정뱅이들의 아지트로 변해버린 보워리가 있다. 이 길에는 무주택자나 빈민을 위한 구제소들이 있고, 'CBGB'라는 펑크록 공연장도 자리해 있다. 도대체 안을 들여다보기 힘들 정도로 온갖 낙서로 가득한 문을 열고 들어가면, 컴컴해서 아무것도 보이질 않는 곳이다. 다만 고막이 터질 듯한 음악만 존재해 이 음악을 방향키 삼아 들어가다 보면 그제야 내부가 조금씩 보이기 시작한다. 다른 주에서 공부하는 친구가 뉴욕으로 여행을 왔을 때 한번 CBGB에 같이 간 적이 있었다. 아마 남자의 자존심으로 드러내지는 못했지만, 입장하는 내내 두려운 마음이 들었던 것 같다. CBGB는 이스트 빌리지의 상징적인 존재이며 동시에 펑크록 역사의 산증인과 같은 곳이기도 하다. 지금은 사라졌지만, 전설은 여전히 인터넷을 통해 확인해볼 수 있다.

비록 최근에 고급 주택들이 들어서면서 동네 분위기도 많이 바뀌었다고는 하지만, 여전히 이스트 빌리지에는 다양한 지역 사회와 활기찬 나이트 라이프, 예술적 감각이 넘치는 살아 있는 곳이다. 이스트 빌리지는 여전히 '요지경'의 매력을 잃지 않았다. 아마도 이 동네에서 찾지 못하는 건 없을 것이다. 빈티지 제품에서부터 손으로 만든 장인의 제품까지, 작은 가게들도 많고 멋쟁이를 불러 모으는 카페와 술집도 수도 없이 많다. 동시에 이스트 빌리지의 알파벳 시티에는 고급 주택가와 저소득 계층의 주택가가 공존하고 있다. 아직은 '마을'의 정서를 가지고 있는 이 지역의 주민들을 결집시키는 것은 군데군데 자리 잡은 '커뮤니티 가든Community Garden'이다. 커뮤니티 가든은 세금이 밀려 건물주가 떠나고 방치된 빈 건물이나 화재로 생긴 공터에 주민들이 손을 보태 만든 작은 공원들이다. 현재 이 지역에 30개가 넘는 커뮤니티 가든이 있다. 낮에는 누구나 들어가 즐길 수 있으며 어떤 공원은 조경까지 잘 되어 있어 가볼 만하다.

웨스트 빌리지 West Village

웨스트 빌리지는 하우스턴가에서 북쪽으로 있는데도 뉴욕의 바둑판 모양의 도시계획에서 벗어난 길과 가로수로 울창한 좁은 길에 줄지어 있는 자그마한 빨간 벽돌 건물로 대표되는 지역이다. 몇 번을 와도 작은 가게들의 위치가 헷갈리기 일쑤다. 요즘도 이곳을 지나가다 보면 미드 〈프렌즈〉를 찍은 건물 앞에 모인 관광객을 찾아볼 수 있다. 그들은 아마도 여기서 가까운 〈섹스 앤드 더 시티〉의 캐리 집도 찾아갈 것이다.

4

미드타운

미드타운은 넓게 보면 14가의 위로부터 센트럴 파크가 시작되는 59가 아래까지를 포괄하는 지역이다. 이 안에서도 5번가를 기준으로 미드타운 이스트Midtown East와 미드타운 웨스트Midtown West로 나뉜다. 미드타운 이스트는 스타이버센트 타운Stuyvesant Town, 그래머시Gramercy, 머리 힐Murray Hill로 작게 나뉜다. 행정상으로 구획된 것은 아니지만, 시대에 따라 그 지역의 특색을 잘 나타내는 새로운 지명이 등장해 구전되기도 한다. 미드타운 웨스트를 작게 나누면, 첼시 지역은 허드슨강 남쪽으로는 미트 패킹 마켓, 동쪽으로는 플랫 아이언 지역과 만난다. 첼시 지역 북쪽으로 가먼트 지역 그리고 헬스 키친Hell's Kitchen 또한 클린턴Clinton을 만난다. 그곳에서 5번가까지를 작은 의미의 미드타운 웨스트라 지칭한다.

그래머시 **Gramercy**

미리 정보를 꼼꼼히 챙기지 않고 새로운 도시를 방문했다가 큰 건물에 시야가 가려져 코앞에 명소를 놓친 경험들이 있을 것이다. 지금은 구글 지도가 이런 실수를 막아주지만, 기대하지 않았던 곳을 '우연히' 발견하는 즐거움도 여행의 묘미일 것이다. 아래에 언급하는 지역들은 맨해튼에 숨어 있는 보물들을 발견할 수 있는 곳들이다. 여행하면서 뭔가 덤으로 얻는 듯한 뿌듯함을 느껴보기를 강력히 추천한다.

파크 애비뉴Park Avenue와 3번가3rd Avenue 사이의 길지 않은 길을 어빙 플레이스Irving Place라고 한다. 어빙 플레이스는 14가에서 시작해 20가에서 끝난다. 항상 시끌벅적한 유니언 스퀘어 파크Union Square Park에서 동쪽, 14가에서 위로 올라가는 길은 대형 주상복합건물이 들어서면서 상업화되었다. 언뜻 보기에는 별 특별한 점이 없어 보이지만, 17가까지 오면 공기가 달라진다는 것을 느낄 수 있다. 이곳은 19세기 중반에 지어진 연립주택들이 그대로 남아 있어 '이스트 17가/어빙 플레이스 역사 지구East 17th Street/Irving Place Historic District'로 지정된 구역이다. 17가와 어빙 플레이스가 만나는 지점에서 남서쪽으로 있는 건물을 보면 동판으로 된 표지판이 있다. 〈슬리피 할로의 전설The Legend of Sleepy Hollow〉과 〈립 밴 윙클Rip Van Winkle〉을 쓴 미국의 작가이자 역사가이며 외교관이었던 워싱턴 어빙Washington Irving이 이 건물에 살았다는 표지이다. 하지만 진짜 그가 그곳에 거주했는지에 대해서는 논쟁이 있다.

여기서부터 어빙 플레이스가 끝나는 20가까지 걸어가다 보면 맨해튼의 숨은 보물을 자주 발견할 수 있다. 하나하나 보물이 숨어 있는 듯한 이곳을 구경하며 올라가다 보면 공원 하나가 나오는데, 그곳이 바로 그래머시 파크다. 맨해튼의 다른 공원에 비하면 아담한 규모이지만, 오래된 건물이 삼면을 접하고 있어 운치가 있다. 건물에 가려져 있어 한눈에 찾기는 힘들지만 일부러 찾아갈 만하다. 그래머시 파크가 생기기 전 이곳은 농장지대였는데, 사람들은 이곳을 '그래머시 농장'이라고 불렀다. 지금의 공원 부지는 늪지대 가운데 해당하는 부분이었다. 1831년, 변호사이자 개발자인 새뮤얼 러글스Samuel. B Ruggles는 이 일대 땅을 사서 일부는 공원으로 조성했다. 또 일부 땅은 분양해서 연립주택을 짓도록 했다. 땅 소유주들이 자연스럽게 공원의 주인이 됐다. 1844년에 조경을 완성했고, 지금 같은 금속으로 울타리를 만든 다음, 출입을 제한했다. 지금도 예전처럼 공원에 들어갈 때나 나올 때 열쇠로 문을 열어야 한다. 혹시 지나가다 운이 좋아서 누군가 문을 열 때 따라 들어갈 수는 있지만 나오지 못하는 낭패를 겪을 수도 있다. 이 공원 열쇠는 처음 개발 당시 땅을 분양받은 건물주들이 나눠 가지고 있다. 열쇠를 복제하기도 힘들어서 외부 사람은 쉽게 이 공원 안으로 들어갈 수 없다. 그래머시 호텔에 숙박하면, 호텔 직원이 공원 안까지 안내해주는데, 그게 아마도 이 공원을 출입하는 가장 저렴한 방법일 것이다. 안에 들어가 보지 못하더라도 이 공원이 이곳에 있는 것만으로 주변에 좋은 영향을 준다. 공원 주위를 걸으면서 그 주변 건물들을 보면 무슨 말인지 이해가 될 것이다.

그래머시 파크에서 남쪽으로, 20가에는 두 개의 프라이빗 클럽이 있다. 하나는 '더 플레이어스The Players'라는 클럽으로 19세기 말에 창단되었다. 당시 배우였던 창단주를 중심으로 유명 작가, 화가, 저널리스트, 사업가 등이 클럽 구성원으로 활동했다. 이 클럽이 소재하는 건물 입구에는 오래된 철제 주물로 만든 외등이 양쪽으로 달려 있다. 밤에는 특별히 이 두 외등이 전깃불이 아닌 가스로 켜져서 불꽃이 바람에 휘날리며 끊임없이 쉬지 않고 움직인다. 그 불을 가만히 응시하고 있노라면, 이 건물이 지어진 때로 잠시나마 돌아가는 것 같다. 바로 옆에는 19세기 말 건축가, 예술가, 시민운동가로 구성된 이들에 의해 설립되어 역대 대통령 세 명도 클럽 회원으로 둔 '내셔널아트클럽The National Arts Club'이 있다. 왜 뉴요커들이 그래머시를 좋아하는지는 이 클럽 2층에서 공원을 내려다보면 이해할 수 있다. 공원 주위를 한 바퀴 돌다 보면 프랑스의 영향을 받은 듯한, 정면에 발코니가 있고 철갑옷의 수문장이 서 있는 고딕 건물 외 다양한 건물들이 종종 눈에 들어올 것이다.

유니언 스퀘어 **Union Square**

과거 동대문시장이나 남대문시장을 가면, 행인의 눈길을 끌려고 파는 옷을 두건처럼 머리에 두르고 광대처럼 우스꽝스럽게 손뼉을 치며 호객행위를 하는 상인들을 종종 볼 수 있었다. 높은 선반에 올라가 행인들에게 농담까지 건네는 길거리 행상은 시장에서만 볼 수 있는 진풍경이다. 이렇게 번잡한 곳을 지나가다 보면 머릿속의 고민과 걱정, 우울함이 싹 사라진다. 이 번잡함과 아수라장 안에서 생존을 위해 내달리는 치열한 기운을 잠시나마 느껴볼 수 있다는 점도 좋았다. 한국 시장에 비하면 매우 정리된 곳이기는 하나 예사롭지 않은 에너지가 한국 시장과 비슷한 곳이 뉴욕에도 있다. 14가의 가운데 위치한 유니언 스퀘어다.

유니언 스퀘어의 한 가운데에는 작은 공원이 조성되어 있다. 그 공원이 유니언 스퀘어 파크Union Square Park다. 이 공원에서는 전 세계적으로 유명하다 자처하는 유니언 스퀘어 그린마켓Union Square Greenmarket이 열린다. 1976년에 시작해 일주일에 네 번, 월 · 수 · 금 · 토요일에 공원 북쪽으로 15~17가에 걸쳐 장이 선다. 제철 농산물과 자주 보기 힘든 희귀한 농산물을 보는 재미가 쏠쏠하다. 1970년 경에는 공원이 낙후되고, 마약중독자와 노숙자들이 곳곳에 늘면서 공원을 가로지르지 못하고 빙 돌아가야 했던 때도 있었다. 유니언 스퀘어 그린마켓은 공원 주변이 활기를 되찾게 되는 데 중요한 역할을 했다.

유니언 스퀘어는 타임스 스퀘어 다음으로 맨해튼에서 복잡하기로 유명한 곳이다. 관광객들도 있지만, 주로 뉴요커들이 많이 찾는다. 이곳으로 통하는 지하철로는 브롱크스와 브루클린을 연결해 맨해튼 동쪽으로 뻗는 4, 5, 6번과 퀸스와 브루클린을 연결해 브로드웨이로 나가는 N, Q, R, W 선이 있다. 만남의 장소이자 다양한 행사와 시위 현장이 된 이유 중 하나다.

첼시 & 플랫 아이언 지역 Chelsea & Flatiron District

첼시 지역을 더 세분하면, 첼시와 플랫 아이언과 헬스 키친의 일부가 첼시 지역 안에 들어온다. 플랫 아이언 지역은 뉴욕에서 가장 아름다운 건물이라 해도 손색이 없는 플랫 아이언 빌딩에서 남쪽 일대의 지역이다. 이 빌딩의 설계 당시의 이름은 풀러 빌딩Fuller Building이었으나, 건물 모양이 다리미를 닮았다고 해서 플랫 아이언 빌딩이라 불린다. 브로드웨이와 5가가 만나 삼각형 모양으로 땅이 만들어진 곳에 딱 맞게 설계된 건물이다. 평행선을 반복해 안정감이 있는 섬세하고 우아한 22층의 빌딩이다. 특히 건물 주위를 막고 있는 다른 건물들이 없어 이 빌딩의 두 면을 한 눈에 볼 수 있다는 것도 특별한 점이다.

첼시 & 미트 패킹 지역 Chelsea & Meat Packing District

첼시 지역은 14가에서 34가까지, 그리고 허드슨강가에서 6번가까지를 말한다. 6번가를 사이에 두고 동쪽으로는 플랫 아이언 지역이 있다. 1750년에 영국의 퇴직 장교였던 클라크Clark는 허드슨강가에서 8번가까지, 그리고 21가에서 24가까지 이르는 농장 대지를 매입했다. 그는 영국 런던에 있는, 퇴역 군인이나 부상 군인들이 지내는 요양소 '첼시 왕립 병원Royal Hospital Chelsea'을 염두에 두고 이 곳의 이름을 첼시로 지었다. 클라크 사후에 땅은 딸에 이어 그의 손자에게로 상속되었는데, 그 무렵 단독주택과 연립주택이 지어지면서 동네가 형성되기 시작했다.

또 허드슨강 부두 일대 지역이 산업화되면서 아일랜드 출신의 이주민들이 대거 유입했다. 당연히 그들이 기거할 주택과 건물이 곳곳에 들어서게 되었다. 화물 운송용 철로가 놓이면서 교통사고도 증가해 한때는 10가를 '죽음의 거리'로 부르기도 했다. 그 해결 방안으로 1934년에 고가 화물철로가 들어섰고 1980년까지 사용했다. 1999년, 20여 년간 방치되었던 이 화물철로를 재생하기 위해 '하이라인 친구들The Friends of High Line'이라는 비영리 시민단체가 설립되었고, 이 단체는 뉴욕시와 함께 하이라인 보존 및 재생 프로젝트를 기획, 2009년 처음으로 '섹션1Section 1'을 시민들에게 오픈했다. 현재는 갠스부트가Gansevoort Street에서 시작해 34가에서 끝나는 하이라인 공원의 모든 구간 공사가 마무리되어 대중에게 공개되었다.

20세기 말 치솟는 임대료를 감당할 수 없었던 소호의 많은 화랑이 첼시로 이주해오면서 첼시가 화랑가로 변화하게 되었다. 최근에는 하이라인 공원이 생기면서 첼시의 부동산 가격이 올랐고, 덩달아 첼시의 화랑들은 또다시 어딘가로 밀려날 처지에 놓였다. 첼시의 서남단은 웨스트 빌리지의 미트 마켓Meat Market으로 불리는 곳과 맞붙어 있다.

가먼트 지역 Garment District

가먼트 지역은 5번가에서 9번가까지, 34가에서 42가까지의 지역을 말한다. 한때는 이곳이 다운타운의 '파이브 포인츠' 지역만큼이나 험하고, 남루한 홍등가와 빈민가가 많았던 곳이다. 그 당시 사람들은 가먼트 지역을 두고 우리말로는 '안심'이라는 뜻의 '텐더로인The Tenderloin'이라고 불렀는데, 이 지역으로 부임해 온 어느 부패한 경찰이 어찌나 뇌물을 많이 챙기는지 그 상황을 고기에 비유해 생긴 말이 지역 별칭으로까지 불렸다고 한다. 동네가 흉흉해지다 보니 부동산 가격은 점차 떨어졌다. 반면 임대료 등의 비용을 줄이려는 다운타운의 극장들이 이 지역으로 이주해왔다. 생산부터 판매까지 의류 산업 관련 업종들도 대거 몰리면서 지역에 활기를 불어넣었는데, 그러면서 이 일대가 가먼트 지역으로 불렸다. 한국의 많은 이민자가 저임금 노동에 종사했던 시기이기도 하다. 현재는 극장들이 더 북쪽 방향을 올라가 타임스 스퀘어 지역에 자리를 잡았고, 가먼트 지역에 있던 메트로폴리탄 오페라는 더 북쪽인 어퍼 웨스트 사이드Upper West Side로 이전했다. 현재는 이곳에 코리아타운이 형성되었고, 5번가와 6번가의 32가는 코리아웨이Korea Way로 지정되었다.

미드타운 웨스트 & 클린턴 Midtown West & Clinton

동서로는 5번가에서 강가까지 남북으로는 42가부터 59가까지의 지역이다. 미드타운 웨스트 안에서도 서쪽을 헬스 키친 혹은 클린턴이라 부른다. 헬스 키친은 42가 남쪽에서도, 8가와 9가 사이의 '포트 어소리티Port Authority' 버스정류장 주변을 포함해 8번가에서부터 강가까지 펼쳐진 지역을 일컫는다. 예전에 이곳에 큰 농장이 있었는데, 강가를 따라 기찻길이 놓이고 산업용 부지가 늘면서 사라졌다. 여기에 무두질 공장과 쓰레기 소각장이 생겼다. 강가이다 보니 당연히 선착장도 많았다. 산업화의 바람은 이민자들에게 일자리를 제공했고, 자연스레 강가나 철로를 중심으로 남루한 판자촌이 형성됐다. 미국 남북전쟁 후 저소득층을 위한 건물들이 세워지고, 금주령 시대가 오면서 밀주 매매와 관련한 범죄 집단이 이곳을 장악했다. 한때는 이 지역을 미국에서 가장 위험한 곳이라 했다. 강가로 갈수록 더 분위기가 험악했고, 창고와 보조 사무실로 사용되는 건물들만 있다 보니 걸어다니는 사람도 찾아보기 힘들었던 곳이었다. 그러던 중 뉴욕시에서는 1970년경 지역 정화 운동 중 하나로 8번가와 9번가 사이 46가를 식당가 Restaurant Row로 지정했다. 그 거리를 중심으로 다양한 음식점들이 생기고 근처 브로드웨이 쇼를 보러 가기 위한 손님들이 드나들면서 '먹자골목'이 형성되었다. 이후로 9번가에서 10번가까지 상권이 확장되면서 다양한 요식업체들이 들어섰고, 그 덕분에 앉아서 다양한 나라의 음식들을 편하게 즐길 수 있게 되었다. 특히 뉴욕에서 야경이 좋은 루프톱 바가 이곳에 많다.

미드타운 이스트 Midtown East

미드타운 이스트는 42가에서 59가까지, 이스트강가에서 5번가까지의 지역을 말한다. 이 안에서도 터틀 베이Turtle Bay, 서턴 플레이스Sutton Place와 베이크먼 Beekman으로 불리는 지역이 있다.

'터틀 베이'라는 지명은 두 영국인이 소유한 40에이커(약 160㎡)의 '터틀 베이 농장Turtle Bay Farm'에서 유래되었다. 이곳에는 남북전쟁이 발발하던 당시 징병사무소가 있었는데, 이 사무소가 전소되는 사건이 있었다. 당시로서는 큰 액수인 300달러를 지불하면 징집에서 면제가 되는 것에 화가 난 사람들이 반란을 일으켰던 것이다. 특히 아일랜드 출신의 이민자들의 분노가 컸다. 남북전쟁이 끝나고 이곳은 주거지로 변모, 브라운스톤 건물들이 지어지면서 산업화가 진행되었다. 강가를 중심으로 대형 도살장, 발전소, 양조장, 세탁장 들이 들어섰다. 특히 막대한 양의 석탄으로 가동되는 전기발전소와 18에이커(약 73㎡)에 달하는 도살장은 가난한 이민자를 이곳으로 불러들였다. 19세기 말에는 이곳에 고가 철도가 세워지면서 공동주택용 건물들은 더욱 쇠락해갔다.

낙후해가는 이곳에서 가능성을 발견한 사람이 있었다. 샬럿 후너웰 소천Charlotte Hunnewell Sochan이라는 이 여성은 볼품없이 낡은 연립주택 여러 채를 산 다음, 그 뒷마당에 동네 정원 분위기의 '터틀 베이 가든Turtle Bay Gardens'을 만들었다. 그리고 나서 알고 지내는 유명인들에게 원가로 팔았다. 시끄럽고 매연을 뿜어대는 3번가의 고가 철로가 없어지면서 더욱 동네가 좋아졌다.

1952년 대형 도살장이 있던 자리에 유엔본부가 들어서면서 대부분의 영사관과 유관 사무실들도 들어왔다. 그 외에도 미드타운 이스트는 현재 많은 주거용 건물과 사무실 건물로 채워져 있다.

5

업타운

업타운은 센트럴 파크가 시작하는 59가 북쪽 지역이다. 공원을 가운데 두고 동쪽은 어퍼 이스트Upper East, 서쪽은 어퍼 웨스트Upper West로 나뉘어진다. 또한 센트럴 파크가 끝나는 110가의 북쪽을 할렘Harlem이라 하며, 그중 어퍼 이스트의 북쪽이면서 할렘의 일부가 되는 지역을 따로 이스트 할렘East Harlem으로 지칭하기도 한다. 서쪽으로는 컬럼비아 대학 주변을 모닝사이드 하이츠Morningside Heights, 메트로폴리탄박물관의 분관인 클로이스터 박물관과 공원 일대를 워싱턴 하이츠Washington Heights로 부른다. 워싱턴 하이츠가 끝나는 곳에서부터 맨해튼이 끝나는 지역까지를 인우드Innwood라 하며 이곳에 인우드 파크Innwood Park가 있다.

센트럴 파크 Central Park

센트럴 파크는 59가에서 110가까지, 5번가에서 8번가까지 이어지는 큰 규모의 도심 공원이다. 뉴욕의 5대 공원에 속하며, 남북 길이 4.1㎞, 동서 길이 0.83㎞의 직사각형으로 면적은 843에이커(3.41㎢)이다. 1821년과 1855년 사이 뉴욕시의 인구가 4배로 급증하고 맨해튼의 도시화가 가속화되면서 시민들을 위한 열린 공간의 필요성이 제기되었다. 이에 뉴욕시는 1853년 공원 부지를 확보하고, 이어 공원의 경관 설계 공모전을 실시했는데, 1857년 조경가인 프레더릭 로 옴스테드Frederick Law Olmsted와 건축가인 캘버트 복스Calvert Vaux가 공동 제안한 '풀밭의 기획Greensward Plan'이 당선작으로 선정되었다. 대량의 물적 자원이 투입된 공사에는 여러 관공서와 이해 당사자들의 의견이 큰 영향력을 행사하기 마련인데, 그들은 공원 입구에 큰 문을 세웠으면 했다. 하지만 옴스테드와 복스는 이에 반대하며 "지위나 부의 관계없이 모두를 환영한다는 뜻을 담기 위해 공원의 입구에 특별한 문을 만들고 싶지 않다"라고 밝혔다. 지금의 센트럴 파크는 뉴욕의 상징과도 같으며, 어느 계절에도 그 나름의 아름다움을 간직하고 있다. 맨해튼의 오아시스라고 부르기에 손색이 없다.

어퍼 웨스트 **Upper West**

남북으로 59가부터 시작하여 110가까지이며, 동서로는 센트럴 파크에서 허드슨 강가까지이다. 미국 대륙의 최초 이민자인 네덜란드인들이 이곳의 토착 인디언이라는 벽에 부딪혀 더 이상 북쪽으로 나아가지 못했다. 그들은 지금의 어퍼 웨스트의 북서쪽 지역을 블루밍데일Bloomingdale이라 부르며, 그곳에서 담배 재배를 시작했다. 수확한 담배는 114가에서 23가까지 운송되었는데, 그때 이용했던 길이 블루밍데일 로드Bloomingdale Road, 지금의 브로드웨이다.

18~19세기에는 블루밍데일 로드를 중심으로 고급 주택들이 지어졌으나, 19세기에 와서는 강변의 철로 건설과 센트럴 파크 공사에 투입된 노동자들이 늘면서 저소득층들이 주로 입주할 만한 집들이 들어서기 시작했다. 임시 숙박업과 술집도 성행했다. 19세기 말부터는 그 지역 북쪽으로 컬럼비아 대학이 이전해오면서 지역의 젠트리피케이션이 시작되었다.

센트럴 파크가 완공된 이후 한동안은 주변에 아무것도 없는 황무지였지만, 1884년 72가에 최초의 주거용 고급 건물 '더 다코타The Dakota'가 지어졌다. 마차가 주요 교통수단이었던 시대, 미국 중북부 캐나다와 국경을 접하는 노스 다코타주North Dakota나 사우스 다코타South Dakota주와의 거리만큼 센트럴 파크 일대를 심리적으로 꽤 멀게 느꼈던 이들이 건물 이름을 '더 다코타'라고 지었다는 후일담이 있다. 100년도 훌쩍 넘은 건물이지만, '더 다코타'는 여전히 건재하다. 집 앞 입구에서 저격을 당해 목숨을 잃었던 비틀스의 멤버 존 레넌John Lennon이 살았던 곳으로도 유명하다. 현재도 많은 셀러브리티가 이곳에 거주한다.

어퍼 웨스트가 공연 예술의 중심이 된 것은 1960년경 링컨 센터Lincoln Center가 이곳에 건립되면서부터다. 그와 더불어 명성 높은 줄리아드 음대와 맨해튼 음악학교가 이곳에 자리 잡으면서 특색을 갖추게 됐다.

어퍼 이스트 Upper East

남북으로는 59가부터 106가까지, 동서로는 이스트 리버에서 5번가까지다. 남북전쟁 전에는 중류층의 거주지였는데, 20세기 초반에 뉴욕 부자들이 5번가를 중심으로 앞다퉈 대저택을 지었다. 아직도 남아 있는 몇몇 저택은 박물관으로 쓰이며, 대부분은 고층 건물로 재개발되었다. 센트럴 파크 인근으로 미국의 부자들이 가장 밀집해 살고 있다. 5번가에 박물관이 밀집되어 있다 보니 5번가를 '뮤지엄 마일Museum Mile'이라 부르기도 한다. 일 년에 한 번씩 있는 '뮤지엄 나이트Museum Night' 무료 야간 개장 전시도 가볼 만하다.

이스트 할렘 East Harlem

동서로는 5번가부터 이스트 리버까지, 남쪽은 96가나 혹은 106가부터 북쪽 강가까지다. 이 지역에 고가 철도가 생기면서 가난한 노동자 계층의 독일인, 아일랜드인, 유대인, 스칸디나비아와 동유럽 이주민 들이 이곳에 정착했다. 그러다 1번가에 철로를 짓기 시작하면서 이탈리아 출신의 노동자들이 이 일대에 판잣집을 짓고 살게 된 것이 할렘화의 계기가 되었다. 이때 뉴욕에서 처음으로 '리틀 이태리'라는 별칭이 만들어졌다. 1980년부터 이탈리아인들이 많이 빠져나가고, 현재는 '스패니시 할렘Spanish Harlem'이라 불릴 정도로 푸에르토리코인들과 남미 계통 사람들이 많이 살고 있다.

뉴욕 백년 식당 정보

① 금융가, 차이나타운, 리틀 이태리

프런시스 태번 Fraunces Tavern
ADD 54 Pearl Street NY, NY 10004
TEL 212-425-1778
WEB www.frauncestavern.com

델모니코스 Delmonico's
ADD 56 Beaver Street NY, NY 10004
TEL 212-509-1144
WEB https://delmonicos.com

남와 티 팔러 Nom Wah Tea Parlor
ADD 13 Doyers Street NY, NY 10013
TEL 212-962-6047
WEB www.nomwah.com

카페 로마 Coffe-Roma
ADD 385 Broome Street NY, NY 10013
TEL 212-226-8413

패리시 베이커리 Parisi Bakery
ADD 198 Mott Street NY, NY 10012
TEL 212-226-6378
WEB www.parisibakery.com

롬바디스 Lombardi's
ADD 32 Spring Street NY, NY 10012
TEL 212-941-7994
WEB www.firstpizza.com

③ 웨스트 빌리지, 그리니치 빌리지, 이스트 빌리지

첨리스 Chumley's
ADD 86 Bedford Street NY, NY 10014
TEL 212-675-2082
WEB http://chumleysnewyork.com

화이트 호스 태번 White Horse Tavern
ADD 567 Hudson Street NY, NY 10014
TEL 212-989-3956
WEB www.whitehorsetavern1880.com

라페토스 Raffetto's
ADD 144 West Houston Street, NY, NY 10012
TEL 212-777-1261
WEB www.raffettospasta.com

맥솔리스 올드 에일 하우스 McSorley's Old Ale House
ADD 15 East 7th Street NY, NY 10003
TEL 212-473-9148
WEB https://mcsorleysoldalehouse.nyc

비니에로스 Veniero's Pasticceria
ADD 342 East 11th Street NY, NY 10003
TEL 212-674-7070
WEB http://venierosnewyork.com

12가의 존스 John's of 12th Street
ADD 302 East 12th Street NY, NY 10003
TEL 212-475-9531
WEB www.johnsof12thstreet.com

피츠 태번 Pete's Tavern
ADD 129 East 18th Street NY, NY 10003
TEL 212-473-7676
WEB www.petestavern.com

올드 타운 바 Old Town Bar
ADD 45 East 18th Street NY, NY 10003
TEL 212-529-6732.-Gerald
WEB www.oldtownbar.com

올드 홈스테드 스테이크하우스 Old Homestead Steakhouse
ADD 56 9th Avenue NY, NY 10011
TEL 212-242-9040
WEB www.theoldhomesteadsteakhouse.com

킨스 스테이크하우스 Keens Steakhouse
ADD 72 West 36th Street NY, NY 10018
TEL 212-947-3636
WEB www.keens.com

바르베타 Barbetta
ADD 321 West 46th Street NY, NY 10036
TEL 212-246-9171
WEB www.barbettarestaurant.com

더 랜드마크 태번 The Landmark Tavern
ADD 626 11th Avenue NY, NY 10036
TEL 212-247-2562
WEB www.thelandmarktavern.com

앨곤퀸 호텔의 라운드 테이블
The Round Table at the Algonquin Hotel
ADD 59 West 44th Street NY NY 10036
TEL 212-640-6800
WEB www.algonquinhotel.com/story/round-table

그랜드센트럴 오이스터 바 Grand Central Oyster Bar
ADD Grand Central Terminal, 89 E. 42nd Street ,NY, NY 10017
TEL 212-490-6650
WEB www.oysterbarny.com

P.J. 클락스 P.J. Clarke's
ADD 915 Third Avenue NY, NY 10022
TEL 212-317-1616
WEB www.pjclarkes.com

5 업타운

바니 그린그래스 Barney Greengrass
ADD 541 Amsterdam Avenue NY, NY 10024
TEL 212-724-4707
WEB www.barneygreengrass.com

제이버스 Zabar's
ADD 2245 Broadway NY, NY 10024
TEL 212-787-2000
WEB www.zabars.com